足迹

追寻秦少游

中华秦观宗亲联谊会 编著

苏州大学出版社

图书在版编目（CIP）数据

足迹：追寻秦少游 / 秦新华主编；中华秦观宗亲联谊会编著. —苏州：苏州大学出版社，2017.5

ISBN 978-7-5672-2120-8

Ⅰ.①足… Ⅱ.①秦… ②中… Ⅲ.①秦观（1049-1100）-人物研究 Ⅳ.① K825.6

中国版本图书馆 CIP 数据核字（2017）第 102085 号

书 名	足迹：追寻秦少游
编 著	中华秦观宗亲联谊会
责任编辑	倪浩文
装帧设计	倪浩文
出版发行	苏州大学出版社
印 刷	无锡市广新印刷厂有限公司（苏州市十梓街1号，215006）
开 本	700 mm×1000 mm 1/16
印 张	18
字 数	230千
版 次	二〇一七年五月第一版
印 次	二〇一七年五月第一次印刷
书 号	ISBN 978-7-5672-2120-8
定 价	九十八元

《足迹》编辑委员会

顾　　问：秦家骢　张秋红

总 策 划：秦保昕　秦志伟

编委会主任：秦　红

编委会副主任：秦保昕　潘建奇

编　　委（按姓氏笔画为序）：
　　　　　于铸梁　许伟忠　秦　红　秦进建　秦志伟　秦杜华　秦国强
　　　　　秦　易　秦岳明　秦炜立　秦春海　秦保昕　秦炳森　秦振庭
　　　　　秦晓悦　秦鸿跃　秦新华　黄　平　潘建奇

主　　编：秦新华

执行主编：许伟忠

总撰稿人：许伟忠

编　　审：秦振庭　于铸梁

摄　　影：杨建明　张延会　毛雅萍　倪浩文

序

秦观（1049—1100），字太虚，改字少游，号邗沟处士、淮海居士，学者称淮海先生，后世宗亲尊称少游公、淮海公。故居在江苏省高邮市武宁乡左厢里（今三垛镇少游村）。宋神宗元丰八年（1085）进士，除定海主簿，寻调蔡州教授。后任太学博士、秘书省校对黄本书籍，历官至国史编修官、左宣德郎、秘书省正字。绍圣初（1094）因党争故，先后被贬为杭州通判、监处州酒税，再贬削秩徙郴州，移送横州、雷州编管。至元符三年（1100）复宣德郎，放还北归途中，猝死于藤州（今广西壮族自治区藤县）光华亭。宋徽宗崇宁四年（1105），其子秦湛奉父丧归葬广陵（今江苏省扬州市）。政和年间，秦湛任常州通判，迁父灵柩于无锡惠山，与徐氏夫人合殡。宋高宗建炎四年（1130），朝廷下诏平反，追赠直龙图阁。一生创作涉及诗、词、赋以及策论等诸多方面，著有《淮海集》四十卷、《淮海后集》六卷、《淮海居士长短句》三卷。以词的成就最高，今存词虽不足八十篇，却风格独特，自成一家，在中国词史上占有一席重要位置，被尊为婉约派一代词宗。

古人常把人生比作一次漫长的旅行，有时平坦如砥，阳光载途；有时崎岖坎坷，风雨兼程。纵观少游公一生，似皆与"游"字结缘。文史界一般将少游公一生分为家居、出仕和贬谪三个阶段，他的一生就是"人在旅途"的最好注脚。皇祐元年（1049）腊月，其祖父承议公赴官南康（今江西省庐山市），道出九江之时，他在颠簸的旅途中仓促降生，预示了一生的坎坷不平、颠沛流离。青年时期的少游公性格豪隽，喜好广交漫游，崇尚读万卷书、行万里路，曾频繁出游扬州、镇江、泰州、淮安以及徐州等地。家居时期，他有过两次较长时间的漫游：一次是熙宁九年（1076），与孙莘老、参寥子同游历阳（今安徽省和县）汤泉，经六合、乌江等地，历时百日，得诗三十首，赋一篇；一次是元丰二年（1079），与苏东坡、参寥子同行，经扬州、镇江、无锡、松江等地，赴浙江探望祖父和任会稽尉的叔父秦定，游历了湖州、杭州、会稽等地，历时八月，得诗词百篇。他曾三次进京参加礼部会试，往来京师、高邮途中，游览名胜，交游文友。出仕以后，先后在蔡州（今河南省汝南县）、东京（今河南省开封市）为官，在繁冗的公务之余，游历了洛阳、商丘以及嵩山等地的山川名胜。绍圣元年（1094），被贬为杭州通判，踏上了漫长的迁谪之旅。从东京启程，未至杭州而改贬处州（今浙江省丽水市），再贬至湖南郴州、横州（今广西壮族自治区横县）、雷州（今广东省雷州市），历时达七年之久。放还北归途中猝死于藤州光华亭，时年五十二岁。因未获真正的平反，且朝廷对元祐党人的迫害再度升级，少游公灵柩不能获准还乡，藁葬长沙橘子洲四年有余。直至崇宁四年（1105），方获准归葬祖茔，落叶归根。灵柩从藤州经长沙返归故里，行程数千里。真个是生也飘泊，死也飘零。

青少年时代的少游公慷慨有大志，常怀建功立业、报效国家之志。《宋史·文苑传》称其"少豪隽，慷慨溢于言词。强志盛气，好大而见奇，读兵家书与己意合"。元祐三年（1088），他应召进京参加贤良方正能言直谏科制举，进策论五十篇，从政治、经济、军事、人材等方面，系统阐述自己的治国方略，展示出远大的志向和杰出的才华。他久陷残酷的党争旋涡之中，备尝宦海浮沉起落，始终没有身居要津而一展才华抱负。而终被贬出京，"岁七官而五遣，越鬼门之幽关"（《和渊明归去来辞》），身涉荒蛮之地，备尝人世艰辛，最终客死异乡。读史至此，常令后辈为之扼腕叹息。

少游公一生坎坷，仕途蹭蹬，命运多舛，壮志难酬，这是他个人的不幸；然而正是这些逆境中的经历，丰富了他的人生阅历和情感世界，丰富了他作品的思想内涵。文史界认为，正是他杰出才情、特殊禀赋与悲情人生的结合，成就了一个名垂史册的杰出词人。他游览足迹所至，交游政要，拜访名流，寄情山水，遍游名胜，留下了许多脍炙人口的名篇佳作，诗文与美景相得益彰。他在美景中陶冶了性情，升华了人格，美景因其美文而提升了美誉，更负有盛名。贬谪南迁途中，他时有佳作问世，或抒发人生感慨，胸中块垒；或描绘自然风光，风土人情。而正是这一

◆秦观像

时期的词作构成了淮海词最基本的艺术风格,他的迁谪之途就是一位迁客骚人的文化苦旅。如此,这又是少游公的大幸,中国文坛的大幸!南宋林机感慨道:"呜呼!士有穷而荣、达而拙者。公平生仕进,奇蹇不偶,竟不如志,一何不幸!至其为文,以苏公主盟于前,王公膏馥于后,将弥亿载而愈光,又何其幸耶!"(《淮海居士文集·后序》)

时光流逝,岁月悠悠。千百年来少游公留下的足迹并没有因为时光的消磨而黯淡甚至消弭,而是恰如前人所云"弥亿载而愈光"。当年少游公足迹所至,如今许多已成为当地著名的人文景观和游览胜地;他的生平事迹和不朽作品,成为一份珍贵的文化遗产和精神财富,得到重视、传承和弘扬;他的名字已经成为一些城市靓丽的文化名片。他的足迹散落在祖国各地的山川大地、城市乡村,有待人们去发掘、整理,以串联起这一个个闪光的足迹,让后人看到他坎坷而不平凡的人生轨迹。

2015年6月,中华秦观宗亲联谊会启动了"追寻先祖的足迹"项目,这是一项虽然艰难、却具有开创性意义的工作。他们通过大量阅读少游公诗、词、文作品以及秦谱、传记、地方志等历史文献,广泛吸收最新研究成果,梳理出少游公的行踪,编写出全书的框架目录和寻访提纲。在此基础上,组成寻访组,赴少游公曾经生活、漫游、任职以及贬谪的主要城市(乡镇),实地走访宗亲和当地文史部门。以"重走先祖路"为动力,对涉及少游公生平和作品的景观、遗迹一一走过,寻幽探胜,从知其然到知其所以然,并拍摄了大量珍贵的图片。实地寻访的时间跨度约两年,足迹遍及江苏、安徽、河南、浙江、江西、广西、湖南、广东等省份约五十个城市(乡镇),目的地城市三十多个,行程近八万华里。寻访的过程是艰辛的,有时为获得一个有价值的信息,要在崎岖的山间公路上来回颠簸十多个小时;有时为得到一个确切答案,披荆斩棘,攀爬荒山,累得汗流浃背,衣衫不整。过程的艰辛常常被收获的喜悦所取代,寻访中屡屡有新的、令人欣喜的发现,不断充实和丰富了原先掌握的资料,真正体会到古人名言"纸上得来终觉浅,绝知此事要躬行"所蕴含的深刻哲理。

◆《淮海全集》书影

经过近两年的努力,《足迹：追寻秦少游》这本厚重的书已经呈现在读者面前。仔细阅读，感觉这是一本特色十分鲜明的书。首先从结构上，不同于人物传记一般以时间为序的格局，在总体上将少游公一生分为家居、出仕、贬谪三个阶段，然后以空间的转换，即主人公足迹所及的城市为纵轴，形成一种时空交错、纵横结合的格局。既紧扣了"追寻"主题，又显得脉络清晰。在内容上，将少游公生平事迹与相关作品、寻访的历程、相关景观遗迹的历史和现状，简言之就是将少游公足迹、追寻者足迹和历史遗迹三者有机地糅合在一块，让读者较为清楚地了解少游公生平和作品与某一具体城市、某一景观遗迹的内在联系、相互影响以及发展变化的脉络，突出少游公的一生是具有远大志向并为之不懈奋斗的一生，是追求真爱并获得真情回报的一生，是才华横溢并创作出不朽作品的一生，是屡经挫折并最终铸就悲情的一生，又是虽然短暂却留下丰富文化遗产的一生，从而让读者十分信服地认同，少游公的人生轨迹就是一次漫长而崎岖的文化之旅；祖国山川大地长存，少游公和他的足迹将永世不朽。在风格上，以较精练的文字配以精美的插图，图文并茂。文字简洁流畅富有文采，可读性强；史料翔实准确，真实可信，具有较好的收藏价值；图片兼有写实性和艺术感，视角新颖，具有较强的视觉冲击力。且版式新颖，装帧精美，史料性、文学性、趣味性和审美性得到了较好的统一，堪称一本展示少游公杰出而不平凡一生的图传，一本与少游公生平事迹和不朽作品相关的旅游图册。读者可以在轻松愉悦的阅读中，走近少游公，感受他人格的魅力，领略他对山河大地的钟情和挚爱，感受他作品的审美价值和历史价值，增加相关的历史、地理和文化知识，陶冶情操，启迪心智。无疑，作为少游公后裔，还将增添一份由衷的自豪感。

秦新华
2016 年 12 月

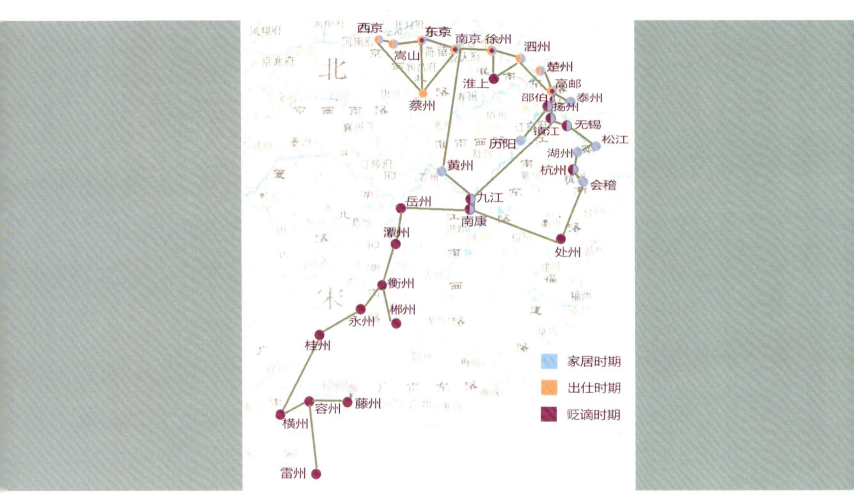

◆ 秦少游行迹略图

目录

序 /1

引子：降生道中 /1

上编　家居时期 /7
　　一、情钟故里（上）/8
　　二、情钟故里（下）/15
　　三、梦里扬州 /25
　　四、邵伯古埭 /36
　　五、金山抒怀 /41
　　六、游历汤泉 /47
　　七、拜谒徐州 /53
　　八、三过雪溪 /62
　　九、龙井留芳 /69
　　十、会稽省亲 /80

中编　出仕时期 /91
　　一、初仕蔡州 /92
　　二、南都题诗 /105
　　三、浮沉东京（上）/113
　　四、浮沉东京（下）/125
　　五、京畿远足 /137

下编　贬谪时期 /147
　　一、贬监处州 /148
　　二、庐山梦仙 /158
　　三、洞庭遥祭 /163
　　四、潭州绝恋 /167
　　五、郴州苦旅 /178
　　六、衡州乞梅 /190
　　七、浯溪摩崖 /200
　　八、授业横州 /209
　　九、鬼门历险 /222
　　十、远谪雷州 /230
　　十一、仙逝藤州 /242
　　十二、党碑沧桑 /252

尾声：情归惠山 /263

跋 /275

◆ 秦观像

引子：降生道中

宋仁宗皇祐元年，公元1049年。腊月。

凛冽的寒风中，一条并不豪华的官船鼓足风帆，搏击着江水缓缓前行。船上端坐着一位器宇轩昂的中年男子，他就是秦少游的祖父，少游诗文中称之为"大父"。他的大名史籍不载，因官职是承议郎，人们习惯尊称他为承议公。承议公是高邮秦氏一脉获得朝廷任命的第一人，此次是他正式赴任南康军（今江西省庐山市）。家族中哪些成员随行，无确凿史料可考。但是可以确认的是：正身怀六甲的儿媳、少游的母亲戚氏一道随船前往。

船从高邮（今江苏省高邮市）扬帆起航，从古运河进入长江后继续破浪前行，行程已逾千里。刚驶出九江地界，突然船舱内一阵混乱，女仆来报，少夫人要生孩子了！在这天寒地冻之时，浩渺江面之上，这消息委实来得有点突然。好在家人早有准备，一阵紧张的忙碌之后，舱内响起了一个男婴响亮的啼哭声，跟着

◆ 九江烟水亭

◆庐山

城市名片

名称：九江市（江西省地级市），古称浔阳、柴桑、江州。

庐山市（省直辖，九江市代管），别称星子、南康。

主要景点：庐山风景名胜区、鄱阳湖风景名胜区等。

地方特产：九江桂花酥糖、溪口板栗、庐康茶油、如意石耳、修水宁红茶、九江陈年封缸酒、星子青石砚等。

是一片祝福、喜庆之声。这个男婴正是秦少游，对于承议公来说，孙子来得仓促一些，但毕竟是自己的长房长孙。刚得承议郎官职，赴任途中又得嫡孙，正是双喜临门！

关于秦少游的出生，秦瀛《淮海先生年谱》（以下简称《秦谱》）记载十分简略："宋仁宗皇祐元年己丑，先生生。"成年后的秦少游在《书王氏斋壁》中的自述稍稍具体一点：

皇祐元年，余先大父赴官南康，道出九江，余实生焉。

如此简略的文字，给后人留下了一个谜：承议公为什么会带着足月临产的儿媳赴任，以至于孙儿仓促出生于"道出九江"之时呢？有学者分析，少游出生在途中是个意外，他是一个尚未足月的早产儿。倘若不然，承议公完全可以根据儿媳预产期，稍稍提前或推迟登程赴任。早产，极有可能是戚氏因为连日的旅途颠簸和劳顿所致。至于具体出生时间，少游五十岁生日时作《反初》诗云："一落世间网，五十换嘉平。"嘉平为古时腊月代称，由此可推知少游生于这一年的腊月。少游孕育在母腹之中就开始了一次漫长的旅程，又在湍急的江流中仓促来到人世，这是否预示着他一生的坎坷不平、颠沛流离呢？

2016年的10月12日，寻访组在结束安徽和县的寻访后，从马鞍山乘列车，当晚10点左右到达九江。第二天一早，便打车沿庐山东侧前往庐山市区。秦少游降生道中，他的自述涉及两个地名：南康和九江。"道出九江"，应该是过了九江、

◆ 星子古县城

尚未到达南康的中间地带,一个没有确切地名的地方。文史界有说少游出生在南康,有说出生在九江。不过,从隶属关系看,在漫长的历史长河中,南康大多隶属于九江;从距离看,高速公路约四十公里,当年走长江水路也不过五十公里左右吧?故而出生南康或九江两种说法应该都能成立。然实地考察,感觉还是说"降生道中"更为准确。

九江古代又称浔阳、江州,秦少游降生的这一段江面应该就是古诗文中常常提到的浔阳江吧?此前,唐代大诗人白居易贬任江州司马,写出了著名的长篇叙事诗《琵琶行》,诗句"浔阳江头夜送客,枫叶荻花秋瑟瑟"千古传唱，如今九江市区留有古迹琵琶亭。稍稍往后，传说宋江在浔阳楼题写反诗，被判死罪，从此落草为寇，啸聚梁山泊。浔阳楼至今仍是九江一个远近闻名的古迹。庐山市背倚风景奇秀的庐山，面临烟波浩渺的鄱阳湖，是东晋著名田园诗人陶渊明的故里，"采菊东篱下，悠然见南山"，南山者，庐山之谓也。大诗人李白的《望庐山瀑布》、苏东坡的《题西林壁》、周敦颐的《爱莲说》等名篇佳作都诞生在这里。秦少游降生在这样一个人文历史厚重、自然景观秀丽的"道中"，冥冥之中是否有天意的安排呢？

我们的车沿环庐山大道前行。车的右侧就是庐山，然云雾缭绕，只能看到一个大致的轮廓。车至庐山景区东门稍事停留，随行的的哥告诉我们，远处浓雾中影影绰绰的就是庐山五老峰，著名的三叠泉瀑布就在景区内。若是天气晴好，登含鄱口就可远眺鄱阳湖的壮观景色。

大约一个半小时行程，到达庐山市区。庐山市历史悠久，五代大和年间在庐山之南设星子镇，因境内有石（即落星墩）浮于水面如星状，因而得名；北宋太平兴国三年（978），星子镇升格为星子县；秦少游到来之前，太平兴国七年（982）设南康军，治所在星子县。撤星子县设庐山市则是寻访组到达前不久的2016年5月30日；现在的城关镇仍以南康命名。

当年在南康生活状况如何？成人后少游从上辈口中得知，那时他们一直寓居在一个僧舍之中，其生活状况之清苦可以想见。但是要寻访这个留下少游童年足迹的僧舍，几乎是一件不可能的事情。一则南康当年寺院达两百多座，少游没有记住，更没留下寺院的具体名称；二则市区内已寻觅不到古寺院的踪迹，北宋时期闻名遐迩的开先、归宗、栖贤等五大丛林皆不在市区。的哥对庐山市区情况较为熟悉，我们请他尽可能地多走老城区看看。

在市区环庐山公路大转盘处，渊明文化广场已经初步建成，陶渊明塑像高高矗立其中，塑像面朝东南方向的五老峰。请教当地市民，塑像落成于2006年的重阳，正是菊花傲霜盛开之时。落成时间和塑像朝向，暗寓了"采菊东篱下，悠然见

北魏郦道元《水经注》载："落星石，周回百余步，高五丈，上生竹木。传曰有星坠此以名焉。"

◆ 庐山市区渊明故里牌楼

南山"的诗意。塑像身后西北不远处是"渊明故里"牌坊，穿过牌坊继续向前，还有几座旧牌坊，大约都是清末民初的建筑，让我们多少感受到了一些昔日的气息。

南康，秦少游人生的第一站，孩提时代的他随祖父和母亲生活在此达五年之久，直到皇祐五年（1053），祖父任期届满，方随家人一道返回故里高邮。五岁之前的少游尚未记事，但是不可否认，庐山和鄱阳湖的湖光山色、浓厚的宗教氛围以及田园山水大诗人的名篇大作，对他日后的人

◆ 白鹿洞书院

生道路和思想形成有着潜移默化的影响。返回九江市区途中,寻访组顺道游览了白鹿洞景区,切身感受白鹿洞书院那浓郁的儒学氛围。

上编　　家居时期

宋仁宗皇祐五年，公元1053年，五岁的秦少游随祖父承议公从江西南康返回故里——高邮武宁乡左厢里秦家垛（今三垛镇少游村）。至元丰八年（1085）出仕为官，其间三十余年，在家乡高邮度过了多姿多彩的青少年时期。

那个时期的秦少游，风流倜傥，才华横溢，志向远大。《宋史》称其"少豪隽，慷慨溢于文词"。苏东坡称赞他"博综史传，通晓佛书，讲集医药，明练法律，若此类，未易一一数也"（《上王荆公书》）。他亦耕亦读，许多诗文直接描写家乡自然景物、田园风光和风土人情，倾注了酷爱家乡的炽热情感。在家乡，他收获了爱情和婚姻，构筑了温馨甜美的小家庭。为实现人生抱负，他曾三次赴京应举，终于一朝成名。他喜好广交漫游，常来常往于扬州、泰州、镇江以及楚州一带，还有过两次百日以上的游历，留下了许多传流后世的名篇佳作，为其登上婉约派峰巅作了坚实的铺垫。

情钟故里（上）

（一）

城市名片

名称：高邮市（隶属江苏省扬州市），别称秦邮、盂城、高沙等。

位置：江苏省中部、长江以北、里下河平原西部。

主要景点：文游台、盂城驿、龙虬庄遗址、镇国寺塔、净土寺塔、神居山、高邮湖、高邮湖芦苇荡湿地公园、清水潭湿地公园等。

地方特产：双黄蛋、高邮鸭、高邮湖大闸蟹、高邮大虾、界首茶干等。

高邮，秦少游的故乡，一座历史悠久、人文荟萃的古城。公元前223年，秦王嬴政在这里"筑台置邮亭"，故称高邮，别称秦邮，是全国两千多个县市中唯一以邮命名的城市；而秦少游，则被视作这座国家历史文化名城最为靓丽的一张文化名片。

高邮是秦少游人生的真正起点，自然被选为实地寻访点第一站。2015年8月下旬，寻访组赴高邮，开始实地寻访。高邮秦氏世居武宁乡左厢里（今三垛镇少游村），偏于高邮城区以东约二十五公里。武宁，这是一个十分古老的名字，因南朝梁简文帝之子武宁郡王封地而得名。位于这里的秦家垛，一个人杰地灵的村庄，孕育出了一代词宗秦少游。

25日上午，寻访组从高邮城区沿333省道向东，驱车二十公里到达古镇三垛。镇党委、政府领导陪同，从镇东沿安大公路折向北两三公里，到达"秦观故里"少游村。在村东入口处高大的"秦观故里"牌楼下，与高邮宗亲长全、瑞山、荣奎等会齐。牌楼为2012年新建，匾额和楹联

◆ 少游故里牌楼

皆出自少游三十三世孙、扬州大学教授秦子卿之手。穿过牌楼向东约500米，进入少游村庄台。《睡足轩二首》其二云：

数椽空屋枕清流，一榻萧然散百忧。
终日掩关尘境谢，有时开卷古人游。
鸣鸠去后沧浪晚，飞雨来初菡萏秋。
此处便令君睡足，何须云梦泽南州？

诗中"清流"指山阳河，体会诗意，当年的秦家临河而居。山阳河原名山阳渎，为古邗沟东道。雍正《高邮州志》记载，隋文帝于公元587年下令开山阳渎以通漕运。山阳渎经三垛桥口入射阳湖，达淮安山阳界，成为沟通长江与淮河的重要通道。山阳渎现名三阳河，是南水北调工程

的主干道。诗题中的"睡足轩",是当年少游拥有的书斋。秋日傍晚,细雨初歇,书斋周围鸟声啁啾,荷花映水,环境雅致,景色宜人。少游就是在这样优美自然的乡村之景中,遨游于诗文的海洋中,得到心灵的洗礼和净化。诗歌尾联化用杜牧"平生睡足处,云梦泽南州"(《忆齐安郡》)诗意,既紧扣了诗题,又点名了"睡足轩"斋名的出处。

秦少游喜爱广交漫游,山阳河是他出行的主要通道,因而这条河在他的人生经历中有着十分重要的意义。熙宁十年(1077),少游赴山阳(今江苏省淮安市)拜谒有神童美称的徐积(字仲车)。返程时因春旱水浅而受阻,赋《山阳阻浅》诗云:

一日行一尺,十日行一丈。

岂不叹淹留,所幸无波浪。

现在少游村位于三阳河以东,其直线距离约一公里,显然是后来的迁居之地。据宗亲介绍,迁居原因大致有二:一说是当时社会动荡,为防来往于河上的匪盗。另一说是一日夜间,有运粮船从河上经过,秦家垛有人急于过河,夜色中以为是渡船,呼叫甚急,被误以为匪盗劫粮。次日官兵烧村,村民被迫东迁。迁居时间应在明代。北宋末,秦少游子秦湛迁居常州。高邮《秦氏支谱》记载,秦湛子秦照后裔、少游公十三世孙秦昇号福陆公,于元末明初返迁高邮。而返迁秦家垛的始祖,为十七世孙秦锳。村庄虽然东移,庄名不变,秦氏家族继续在这片土地上生存繁衍。如今,少游村村民大多为秦姓。

秦氏高邮一族从少游祖辈、父辈到其子侄辈,四世同堂,四十余口,聚族而居。从祖父承议公开始,家族男性成员差不多都是走的一条读书仕进之路,多人金榜题名,成为朝廷命官,多人在文学艺术上成就突出,蜚声文坛。高邮秦氏虽不算达官显贵、豪富之门,却是一个地道的书香门第、官宦世家。

青少年时期,秦少游一直生活在秦家垛,对自己的家乡情有独钟。时间虽然已过去千年之久,但我们仍然可以从他的诗文中,感受到昔日秦家垛迷人的魅力。《秋日三首》其二描写的是他书斋中的生活细节:

月团新碾瀹花瓷,饮罢呼儿课楚词。

风定小轩无落叶,青虫相对吐秋丝。

雍正高邮《州志》:"山阳河在州治东四十五里,南通樊汊镇,接甘泉、泰州界。北自三垛桥口入射阳湖,达淮安山阳界。隋开皇七年,扬州开山阳渎以通漕运即此。"

◆ 秦氏宗祠石额

◆ 少游村秦家大屋

诗人静坐书斋，烹煮、品味香茗之后，将小儿叫至膝前，教读辞赋，尽享天伦之乐。而后两句则是院中叶落无声、青虫相对吐丝的一个特写镜头，充满一派安宁温馨的气氛。《王直方诗话》记载了这么一个故事：少游自己对这首小诗非常得意，曾将此诗工工整整地题于诗友邢敦夫的扇面之上。黄庭坚见到后按捺不住，提笔在扇背上画了一丛小草，并题诗一绝：

黄叶委庭观九州，小虫催女献公裘。

金钱满地无人费，百斛明珠蕙茈秋。

两诗题于同一扇子上，似有一比高下之意味。少游见到后说了一句："逼我太甚。"客观说，两诗各有千秋，少游之语究竟是自谦还是真的感到有压力呢？

《纳凉》诗描写的是秦家垛夏日静谧的夜景：

携杖来追柳外凉，画桥南畔倚胡床。

月明船笛参差起，风定池莲自在香。

柳树、画桥、月光、船笛、夜风和莲香，组成了一幅风格恬静淡雅的水乡夏夜图，给人以视觉、听觉、嗅觉和感觉上的美的享受。诗歌以自然流畅的笔法，写出了乡间生活的野趣，仿佛人间仙境、世外桃源，令人向往。古人评价说："少游此诗，闲雅严重。"（吕本中《童梦诗训》）"闲雅"是诗歌的风格，也是少游在秦家垛生活的写照。

漫步少游村，已经难觅当年秦家垛的踪迹。村庄内外河流纵横，河畔绿树掩映，苇叶灌木丛生。村西南一座枣红色仿古木桥，让人似乎还能感受到"画桥南畔倚胡床"的些许韵味。现存秦家大屋位于村主干道北侧，始建于清代末年，至今已有一百余年。老屋十分陈旧，青砖小瓦，木质梁柱门窗上的雕花依稀可辨，显示出饱经风霜的长者形象。现在老屋为高邮市文物保护单位，主人是秦少游三十三世孙、年已八十开外的秦振康先生。老人记忆中秦家垛曾建有秦氏宗祠，题有楹联"龙图世泽，淮海家声"。因水患等原因，曾屡

◆秦氏宗祠

毁屡建。"文革"初期尚存,后被拆毁。2015年4月,少游村启动复建工程,采用传统建筑工艺复建秦氏宗祠。工程奠基前,寻得"秦氏宗祠"石额一方,落款时间为"民国七年",即公元1918年,距今已近百年。2016年4月17日,宗祠竣工。来自全国各地宗亲代表300余人及地方党委政府相关领导汇聚于此,举行秦氏宗祠落成典礼暨祭祖仪式,盛况空前。

《秦谱》载:秦少游自幼聪颖过人,他五岁返回秦家垛,七岁入小学,至十岁已通《孝经》《论语》《孟子》大义。十九岁,娶潭州宁乡主簿徐成甫长女徐文美为妻,走进了婚姻的殿堂。其时,他的父亲元化公已经过世。少游作为承议公的长房长孙,秦家垛为他举行了十分隆重的大婚仪式。婚后生儿育女,在秦氏大家族中有了一个属于自己的幸福美满的小家庭。

元丰六年(1083),少游在秦家垛完成了一部重要著作——《蚕书》。《序》云:"予闲居,妇善蚕,从妇论蚕,作《蚕书》。"由此可知,《蚕书》是他和妻子徐文美合作的成果。文章从育种、喂食到缫丝,从育蚕、缫丝的器具到祭蚕神的仪式等,语言简约,准确精当,其风格已经超出了一般文学作品的范畴,《淮海集》将其归入

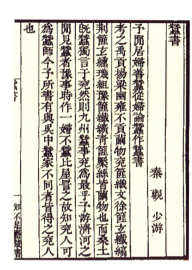

◆《蚕书》书影

秦观《徐君主簿行状》:"君姓徐氏,讳某,字成甫,其先泰州兴化人,远祖湘自兴化徙扬州之高邮,家焉。熙宁某年,以入粟试将作监主簿。又五年,始至京师,授潭州宁乡主簿。"

"杂文"一类；如果按照现代文章的分类标准，是完全可以归入"说明文"作为科普书籍来读的。有专家考证，这是中国最早的蚕桑专著，对高邮地区蚕桑业的延续和发展曾产生过十分重要的影响和作用。

雍正《高邮州志》收录有明代孙镛所作《蚕书·跋》，记载了一段鲜为人知的史实：高邮自古有从事农桑的历史，但在北宋之后若干年一度中断，以至于当地父老认为高邮"土薄水浅"，不适宜蚕桑生产。一直到两百多年以后的南宋嘉定年间，"谷贱而帛贵"之时，高邮来了一位关注民生、教民蚕桑的太守汪纲。他引导百姓说：你们说高邮不可以养蚕，那秦少游的《蚕书》是怎么写出来的，为什么高邮过去可以养蚕现在就不可以，为什么独独秦少游的妻子能养蚕其他人就不能？汪太守亲自下令重新刻印《蚕书》，使之广为流传，高邮的蚕桑业再度走向了兴盛。这个结果也许并非少游作《蚕书》的初衷，恰如古人所云："有心栽花花不发，无心插柳柳成荫。"从这一意义说，高邮人以少游为骄傲的理由，就不仅仅是他对宋词、对中国文学的杰出贡献，他对高邮蚕桑业的延续和发展、对高邮经济的贡献也是名标青史的。

家居时期，秦少游亦耕亦读，时常参加一些田间劳动，留下了许多描写故里的田园诗、农家诗，最具代表性的要数《田居四首》。四首诗分别描写秦家垛四季的田园风光、劳动场景和生活习俗，仿佛四轴景色各异的水墨风物条屏，乡土气息十分浓郁。其一云：

鸡号四邻起，结束赴中原。
戒妇预为黍，呼儿随掩门。
犁锄带晨景，道路更笑喧。
宿潦濯芒屦，野芳簪髻根。
霁色披宵霭，春空正鲜繁。
辛夷茂横阜，锦雉娇空园。

春耕时分，少游晨起带着劳动工具与乡邻们走向田野，关照妻儿带上门户，准备好午饭。一路上欢声笑语，景色清新秀丽。乡邻们有的就着积水的田垄洗洗草鞋，有的摘下路边的野花，随手插在发髻上面。新雨过后，空气新鲜，视野开阔，田垄上野草丰茂，天空中野鸡起舞，一切都显得那么生机勃勃，令人神往。其二描写夏日的秦家垛桑柘茂密、遮蔽村庄的景象。"入夏桑柘稠，阴阴翳墟落"，桑树和柘树皆

◆ 少游文化中心秦少游手迹漆器

为饲蚕的乔木，可证秦家当年曾经是蚕桑专业大户。其三、其四分别描写秋收前后田间景物的变化，以及乡邻们其乐融融的冬闲生活，充满情趣，展示出一幅幅真实而淳朴的民风民俗图画。

时值8月下旬，寻访组顶着烈日，走进少游村附近的田间地头，领略少游笔下展示的乡村风情，所见田野庄稼茂盛，青翠诱人。稍感遗憾的是，未能寻觅到当年秦家垛"入夏桑柘稠"特有景象。

青年时期的秦少游既有宁静淡泊的一面，也有慷慨豪隽的一面。他好读兵家书，常怀献身疆场、报效国家之远大志向。早年他取字"太虚"时，直抒胸臆说：

往吾少时，如杜牧之强志盛气，好大而见奇，读兵家书，乃与意合，谓功誉可立致，而天下无难事。顾今二虏有可胜之势，愿效至计，以行天诛，回幽夏之故墟，吊唐晋之遗人，流声无穷，为计不朽，岂不伟哉！于是字以太虚，以导吾志。（陈师道《秦少游字序》）

二十四岁那年，少游作《郭子仪单骑见虏赋》，热情赞颂唐代名将郭子仪单骑见虏、威震敌酋的胆略和气魄，抒发自己建功立业、报效国家的志向，展示了一个热血男儿的胸怀和抱负。元丰元年（1078）、五年和八年，他先后三次进京应举，希望走读书仕进之路，进而实现自己的人生目标。第一次科场失利后，他志向不改，回归故里，闭门谢客，在睡足轩中刻苦攻读。再次失利后，他冷静客观分析原因，总结自己少时虽有过目成诵的才气却"不勤"，年长后虽努力却又"善忘"。少而不勤，已经无可追悔；长而善忘，乃可以勤补之。他振奋精神，并依据科举新法，调整攻读方向。天道酬勤，他终于在元丰八年金榜题名。从此走出了高邮，走向了他所向往的人生道路。

故里人民十分景仰怀念秦少游，将其视为家乡的骄傲，以秦少游为旗帜，致力打造历史文化名镇。2012年，三垛镇在镇政府西侧征地六十亩，建起了少游文化广场和少游文化中心。漫步广场，寻访组一行满怀崇敬之情瞻仰了高耸的秦少游铜像，观摩欣赏了秦少游生平事迹浮雕和秦少游诗词书法百米碑廊等景观。少游文化中心位于广场西侧，是一个综合性文化活动中心。门厅迎面墙上有以少游《书摩诘

◆ 三垛镇少游文化广场

郭子仪（697—781），唐玄宗时为朔方节度使，平定"安史之乱"功居第一。唐代宗永泰初，吐蕃、回纥等分道重兵来犯。郭子仪单骑入回纥大帐，以至诚征服回纥大酋，会军同破吐蕃而解重围。累官至太尉，封汾阳王，德宗即位，尊其为尚父。

◆ 三垛少游文化广场诗词长廊

◆ 金水湾人口文化广场石雕

辋川图跋》手迹制作的大型漆器。此手迹原作现藏台北"故宫博物院",是海内外留存不多的少游书法珍品。

秦少游居家期间,在事亲、友弟、教子诸方面身体力行,开创了秦氏家族"书史传家""孝友传家"的优良家风。秦氏家风中蕴含着中华传统文化美德,千年以来,秦氏后裔恪守祖训,其优良家风成为家族繁衍兴盛的源源不竭的精神动力。如今,秦氏家风已经成为故里人民一份珍贵的精神财富。2013年,高邮卫计委在三垛镇区金水湾广场建起了一个主题文化广场。广场花木亭阁之间,间以一组大理石雕刻,以图文并茂的形式,阐释了"传承秦氏家风,建设幸福家庭"的主题,同时精选《淮海集》中精美诗文进行解读,凝练而系统地诠释了秦氏家族的传世家风。

情钟故里(下)

二

高邮城区的寻访开始于2015年8月24日的下午,第一个寻访点是文游台。

文游台,高邮城区最具地标性的文物景观,是有关秦少游最为重要的历史遗迹,为省级文物保护单位,国家3A旅游景区。其址位于高邮古城以东二里许土山之上,原为东岳行宫,俗称泰山庙,始建于北宋太平兴国年间,是全城制高点所在。车驶上文游路,远远就能看见巍峨耸立的文游台。

北宋元丰七年(1084)仲冬时分,文坛领袖苏东坡风尘仆仆莅临高邮。作为东道主,秦少游与另一位高邮乡贤孙莘老及寓贤王定国在泰山庙后的土山上,迎候这位他们所仰慕的挚友。四人登高望远,载酒论文,风雅无边,风流千古。南宋初年诗人曾幾的《文游台》诗道出了聚会的盛况和影响:

忆昔坡仙此地游,一时人物尽风流。
香莼紫蟹供杯酌,彩笔银钩入唱酬。

曾幾生活的年代与少游相距仅半个世纪,由此可知,文游台应始建于北宋末

◆文游台秦少游青铜塑像

"盍簪堂"匾额由当代著名书法大家沙梦海题写;"盍簪"典出《易经》:"勿疑,朋盍簪。"意为朋友快来相聚之意。

◆ 文游台牌坊

《高邮州志》载:"宋苏轼过高邮,与寓贤王巩,郡人孙觉、秦观,载酒论文于此。时守以群贤毕集,颜曰'文游台',李伯时作图刻之石,以为淮堧名胜之地。"

或南宋初。明代初年,文游台又陆续建成四贤祠、盍簪堂等配套建筑。期间多次倾圮,南宋、明、清以及民国年间,高邮地方主政官员,都先后主持过文游台的修缮或复建,《高邮州志》收录了历代名家撰写的《重修文游台记》。新中国成立以来,虽经"文革"浩劫,文游台仍得以幸存,1980年、1996年曾两次大修。正是一代一代有识之士的接力,方使得文游台历经千年而风采依旧。清初诗坛领军人物王士禛曾经无限感慨道:

国士无双秦少游,堂堂坡老醉黄州。高台几废文章在,果是江河万古流。

文游台之所以受到如此的重视和推崇,深层次的原因在于:北宋时期,以秦少游为旗帜,高邮形成了一个蔚为大观的文人群体,高邮文坛呈现出一个前所未有的繁盛时期。文游台已经成为一个象征,一个标志,象征着高邮重文崇儒的传统,标志着古城的文脉传承,文风昌盛。

进入文游台景区,首先看到的是一座三间四柱牌坊,匾额"古文游台"为王士禛题写。走过玉带桥,置身宽广的大理石广场,扑面而来的是古色古香的门厅,"淮埧名胜"匾额出自清末康有为女弟子、著名书法家萧娴手笔,笔力苍劲,古朴厚重。"埧"意为城郭、宫殿、庙宇或水边的空地,高邮地处淮河以南,文游台位于高邮古城之外,故云。

穿过门厅,映入眼帘的是主干道上高高耸立的秦少游青铜塑像。少游手持书卷,目视远方,长衫飘拂,神采俊逸,凸显出风流倜傥的形象。行家评价,这是国内少见的古代人物塑像中形神兼备的成功作品之一,也是目前国内最经典、最具艺术魅力的秦少游塑像。

登上青砖铺就的高高台阶,来到盍簪堂内。盍簪堂最为珍贵的是嵌于四面墙上的《秦邮帖》石刻和《东坡小像》《东坡祝寿图》等画像石刻。由清嘉庆年间高邮知州师兆龙收集苏东坡、黄庭坚、米芾、秦少游、秦少仪、董其昌等名家书法真迹,著名金石家钱泳勒石,具有很高的文物和艺术价值。《兴龙节》为苏东坡醉后挥毫,两百多字,真草隶篆,一气呵成,被赞为"字字珠玑"。秦少游的《获款帖》和其弟少仪(秦觏)的《喜闻帖》,篇幅虽短,然皆是海内难觅的少游兄弟书法真迹。"文革"之初,一位不曾留下名字的高邮人,用灰浆涂抹在碑刻表面,让这些珍贵的文物躲过了一劫。依据《秦邮帖》石刻拓本出版的《秦邮帖》深受文史、书法爱好者和游客的欢迎,已一版再版。

文游台主楼上层,有依据北宋著名画家李伯时《西园雅集图》制作的刻漆落地屏风。米芾《西园雅集图记》云:"人物秀发,各肖其形,自有林下风味,无一点尘埃气。……二人坐于盘根古桧下,幅巾

◆文游台四贤祠砖雕

◆ 秦观词社

青衣,袖手侧听者,为秦少游。"图中人物众多,但依据米芾介绍,我们很快找到了少游。楼下有当代著名画家范曾创作的《四贤聚会图》瓷壁画,画风古朴,人物生动。楼内陈设以及碑刻、楹联、匾额等古色古香,耐人寻味。

"秦观读书台"位于文游台主楼西侧,是秦少游读书会友的地方。"四贤祠"建于明代,原名为"崇贤祠",绘有苏东坡、秦少游、孙莘老、王定国等四贤画像,以供后人思古拜贤,今不存。四贤祠今存门厅三间,祠宇三间。门厅砖雕门楼,门额上方刻有"泰山北斗"四字,凸显出后世对苏东坡、秦少游等"四贤"历史地位的高度评价和崇敬之情。秦观词社位于文游台内东侧一座典雅的四合院内,词社内有秦少游半身塑像及生平事迹展览,门额

"秦观词社"由全国人大常委会原副委员长李铁映题写。

千百年来,历朝历代来此追思前贤的名流政要、文人墨客络绎不绝,并且留下了许许多多题咏四贤的诗文佳作。清乾隆帝六下江南,皆途经高邮。在忙于视察河工、慰问灾民的间隙,曾不止一次抽身去文游台,还留下了题咏文游台的诗歌:

郊东尚有高台见,宋代闻因雅会留。

何必当时嗟禄薄,却教终古羡文游。

这位皇帝感慨:无须为少游当年仕途坎坷嗟叹,文游台流芳千古才真正令人羡慕呢!秦少游二十八世孙秦瀛也曾留下《文游台》诗:

南国几人同载酒,西风劝我独登台。

人间无地乌沙落,淮海飘零只一杯。

文游台广场位于文游台东侧,环境雅致。广场东面和北面矗立着两面词碑墙:一面为毛泽东手书《鹊桥仙·纤云弄巧》,一面为明代著名书法家董其昌手书《满庭芳·山抹微云》。《鹊桥仙》被誉为千古爱情绝唱。词云:

纤云弄巧,飞星传恨,银汉迢迢暗度。

金风玉露一相逢,便胜却人间无数。

柔情似水,佳期如梦,忍顾鹊桥归路。两情若是久长时,又岂在朝朝暮暮?该词取材于中国经典的爱情故事《牛郎织女》。在秦少游前后,众多文人墨客皆以此为题材填词赋诗;而少游独出机杼,一改以往"欢娱苦短"的哀怨主题,赋予这一传统故事以崭新的思想内涵。"两情若是久长时,又岂在朝朝暮暮",揭示出爱情的真谛,成为同类题材中最脍炙人口的名篇佳作。明人沈际飞评价:"(世人咏)七夕,往往以双星会少别多为恨,而此词独谓情长不在朝暮,化臭腐为神奇。"(《草堂诗余》)

一代伟人毛泽东十分喜爱少游词,称秦少游为"宋大词人",曾圈点《淮海集》。20世纪60年代初,分别用硬笔和毛笔书写了《鹊桥仙》词,其手迹被收入1983年文物出版社、档案出版社编印的《毛泽东手书古诗词选》。2010年,高邮市在筹建文游台广场时,少游三十三世孙振庭先生向高邮提供了毛泽东手书《鹊桥仙》的信息。近年,高邮市努力发掘、传承、弘扬蕴涵在少游词中的中华传统美德和健康向上的爱情观,组织开展丰富多

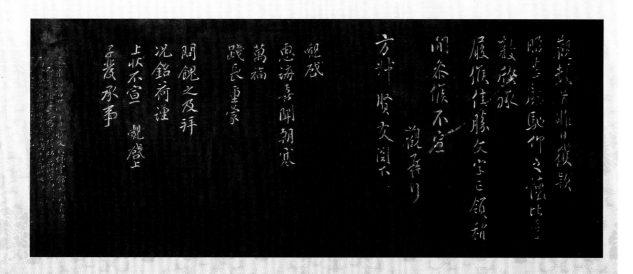

◆《秦邮帖》局部

雍正《高邮州志·祠祀志》载:"四贤祠,在文游台上。祀宋苏公轼、孙公觉、王公巩、秦公观。有司以羊一豕一,春秋二仲祀之。"《礼乐志》载:"四贤祠,旧制春秋二仲月,州正择期帅师生割牲致祭。"

彩的活动，致力打造"爱情之都"品牌。2011年以来，连续举办"少游故里七夕节"主题系列活动。与江苏省电视台联合举办"我们的节日·七夕——鹊桥仙"音舞诗画晚会；与省邮政部门合作，举行宋词邮票（《鹊桥仙》）和《浪漫七夕·情定高邮》纪念邮册首发式；举办"情系七夕、爱在秦邮"征文大赛，通过网络广泛征集诗、词、楹联和论文；还举办"缘牵七夕""乞巧晒幸福""少游故里话七夕"等活动，产生了广泛而强烈的社会反响。

沿环绕文游台的小河走到主楼的后身，有一片茂密的树林。一块碑石刻着毛体的《鹊桥仙》名句"两情若是久长时，又岂在朝朝暮暮"，另一块刻着"爱情林"三字。仔细看去，许多树上红丝线系着刻有情侣姓名的心形牌子，原来这是一对对情侣们亲手植下的象征爱情长青的爱情树。

高邮雅称"盂城"始于南宋年间，其出处是秦少游的诗歌。秦少游热爱家乡，高邮的自然风光和古城风貌常常成为他题咏的对象，《送孙诚之尉北海》就是一首高邮人耳熟能详的诗歌：

吾乡如覆盂，地据扬楚脊。

环以万顷湖，黏天四无壁。

覆盂者，倒扣之水盂也，形状为中部高四围低。宋代高邮湖为甓社湖、新开湖等三十六湖，累累相贯。熙宁九年（1076），少游送挚友至高邮湖畔，极目四望，水天一色，茫无际涯，心潮激荡，写下了这首脍炙人口的诗歌。开头以大写意手法，描绘出高邮作为"盂城""水城"的自然环境和地理特征，气魄宏大，境界开阔。后人曾依据秦少游"黏天四无壁"诗意，特意在湖边建"天壁亭"，今不存。

"甓社珠光"为"古秦邮八景"之一，是一个充满神奇色彩的美丽传说。皇祐元年（1049），乡贤孙莘老在湖边筑室读书。一天傍晚，庄客报湖上出现神珠。只见湖上光明如月，一个芦席大小的蚌蛤张开，一壳浮水上如小船状，一壳竖起如张帆状，疾如迅风。派飞舟追赶，终不可及，最终消失在水天之间。《孙莘老秦谱》和北宋著名科学家沈括在《梦溪笔谈》中对此事均有生动记述。高邮民间传说神珠出现是祥瑞之兆，孙莘老当年金榜题名就是最好的例证。秦少游以凝练的诗句描写了这颗神珠：

嘉靖《扬州府志》载："天壁亭在高邮北新城多宝桥西，以秦观诗'黏天四无壁'云。"

蜿蜒戏神珠，正昼飞霹雳。

草木无异姿，灵气殊郁积。

所以生群材，名抱荆山璧。

秦少游对"霹社珠光"的传说深信不疑，末句还把优美的自然环境与丰厚的人文资源结合，把神珠的出现和名人辈出相联系，充满对家乡人杰地灵的赞美之情，以及作为一个高邮人的无限自豪之感。但是有一点少游没有提及：神珠出现的时间与他自己出生的年份巧合。少游正是出生在这一年的腊月，故此人们认为，高邮湖出现神珠不仅预兆了乡贤孙莘老科举高中，也预兆了秦少游这颗文坛巨星的诞生。

秦少游乡居期间，曾多次舟行邗沟，或在湖边流连，赋有多首精美的小诗，留下了一幅幅古邗沟和高邮湖的经典画面。《秋日三首》其一写船行邗沟之上的见闻：

霜落邗沟积水清，寒星无数傍船明。

菰蒲深处疑无地，忽有人家笑语声。

北宋时期，古邗沟高邮城区段河湖一体。诗歌描写芦花飞雪的深秋季节，霜落水清，寒星映水，突出了一个"清"字。菰蒲（即茭白）满湖，一望无际，不知船行何处。忽然菰蒲深处传来人声笑语，令人既感意外又感亲切。全诗轻灵明快，摇曳生姿，令人自然联想到南宋诗人陆游的名句，"山重水复疑无路，柳暗花明又一村"，只不过一个写水乡，一个写山区；少游诗在前，陆游诗在后而已。

《还自广陵四首》其四捕捉住大自然中的一个精彩瞬间，情趣盎然：

天寒水鸟自相依，十百为群戏落晖。

过尽行人都不起，忽闻冰响一齐飞。

画面中人与自然和洽相处，诗句自然天成，毫无雕琢痕迹，为历代传诵的宋诗名篇。

寻访组经高邮运河二桥到达高邮湖畔时，已经是下午五点钟光景。太阳透过云层，洒在浩瀚的湖面上，波光粼粼，金辉荡漾，时有湖鸥与不知名的水鸟掠过水面。摄影师认真体会少游诗歌的意境，连连按下快门，定格了一个个精美的瞬间。

一行人依依不舍地离开湖边，走向与之紧紧相依的镇国寺。镇国寺始建于唐僖宗（874—888）年间，为僖宗之弟举直禅师修行的寺院，寺名为僖宗亲赐，后改为光孝禅寺，因寺内有醴泉，又名醴泉寺。举直禅师圆寂后，他的弟子建镇国寺塔珍藏其舍利和经卷。塔四面七层，素以"南

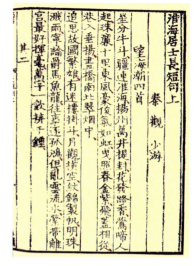

◆《淮海居士长短句》书影

方大雁塔"之称而闻名遐迩。千余年来，镇国寺、塔屡圮屡建。1956年，京杭大运河高邮段疏浚拓宽，裁弯取直。为保古塔，在运河中留下一块近四十亩的小岛，形成了河心有岛、岛上有塔的独特景观，成为几千里运河上一道靓丽的风景线。2014年6月，随着中国大运河申遗成功，镇国寺塔成为全国重点文物保护单位，成为大运河沿线一个重要的世界文化遗产点。

这座历史悠久的唐塔，也留下了秦少游的印记。北宋年间，重修镇国寺、塔之时，方丈芳公长老慕少游才华，特邀其作《醴泉开堂疏》。少游文中追溯了镇国寺、塔的历史，文曰"塔阁连环之玉骨，殿藏成锦之贝文"，举直禅师脊骨舍利数截相连，故称"连环之玉骨"。寻访组走进寺内之时，整个寺院在落日余晖中显得一派宁静安详。镇国寺塔巍峨的身躯倒映在缓缓流淌的运河中，摄影师久久守在运河边的灌木丛中，捕捉到了一组精美的"河光塔影"画面。

在高邮，慕少游才名，请其为寺院撰文的不仅仅是镇国寺。宋代高邮城区有乾明寺，少游先后应方丈之请作《乾明开堂疏》《高邮长老开堂疏》《庆禅师塔铭》等文章。寺院今不存。另少游曾于元丰二年（1079）正月十五日，游高邮东南城郊的华龙寺，为寺内《五百罗汉图》所吸引，细加揣摩后作《五百罗汉图记》。图中五百尊罗汉以佛祖为中心，举止神态各异。少游以细致入微的观察和谋篇布局的能力，从容不迫地进行描述，给人以条分缕析、脉络分明之感。最后对《五百罗汉图》进行点评，认为画面虽人物甚众，但构思谨严，布局合理，实为不易，必是积数年研思而成，绝非率然急就之作。《五百罗汉图记》一经问世，获得极佳口碑。宋人邓椿在《画继》中评价：《罗汉图》固属"数年研思"之精品，然少游在简短的篇幅内，对如此浩繁的画面做出清晰的描述，精当的评点，实非易事，其研思精深绝不亚于图之作者。惜寺院和画作今皆不存。

熙宁九年（1076）八月至岁暮，秦少游与孙莘老、僧友参寥子同游历阳（今安徽省和县）之汤泉，途经高邮湖西面的神居山。神居山又称天山，"神山爽气"为"古秦邮八景"之一，并因在20世纪80年代初"天山汉墓"的考古发掘而名

嘉庆《扬州府志·高邮州》："五百罗汉院在焦里村，宋僧诸千建，一名存居寺，又名华龙寺。宋秦观作《五百罗汉图记》。"

天山汉墓位于高邮市送桥镇神居山，系西汉广陵王刘胥夫妇同茔异穴合葬墓。两墓葬均为大型竖穴岩坑，"黄肠题凑"结构木椁墓，以珍贵金丝楠木制成。黄肠题凑为汉代一种高等级葬制，只有皇帝或皇帝赏赐的诸侯王、重臣方可使用，在国内为首次发掘。

◆镇国寺塔夕照

闻天下。山上的悟空寺是建于北宋初年的古寺。少游《游汤泉记》记述：

出高邮西郭门，驰六十里，宿神居山之悟空寺。神居高不逾三四引，而股趾盘薄甚大，旁占数墟，俗呼土山。或曰昔老姥炼丹于此，功成仙去。今寺有石药白者，乃其遗物也。

北宋时期悟空寺有房屋九十多间，香火鼎盛，少游等人当晚就曾留宿寺中。少游此行目的地不是神居山，仅是路过而已，但是文中记述简练而翔实，包括距离、高度、占地面积，还包括相关的神话传说及其遗物，是已发现的最早的关于神居山、悟空寺的文字记载，已成为研究神居山不可多得的珍贵资料。

25日下午，寻访组结束了三垛镇的行程后，不顾天气炎热，调转车头，向西经过高邮湖大桥，行程约五十五公里到达神居山脚下。正是盛夏中午，周围几乎不见行人。在一个卖香烛的老妇指点之下，方才打听到上山的路径。神居山虽不高，却很有气势，特别是山巅之处的古银杏树，传已有三百余年历史，古朴苍劲，仿佛一位饱经沧桑的老人。遗憾的是较长时间的

◆神居山

开山取石，山体已被削掉许多。寺院也没有少游时期的繁盛，仅剩下一座大殿。没有香客游人，仅有一个值守的年轻僧人。倒是清代大学士阮元一副长联依然引人注目：

　　峭壁贯东南，石棋匝地，银杏参天，望盂城双塔悬空古寺，好修佛果；

　　长湖绕西北，松泉飞瀑，药臼含云，看瞽社一帆稳渡名山，定有仙居。

长联以广阔的视野描写了神居山所处的山川地势，还写到了悟空寺和石药臼，写到了秦少游尚未见到的石棋和参天银杏。阮元游神居山距今大约已有两百五十年，古银杏有三百年历史应该不虚。地方政府近年制订了开发神居山旅游景区的计划，新的悟空寺大殿已近落成。倘能参照秦少游游记和阮元长联，融入一些历史文化的元素，相信神居山将有不俗的开发前景。

梦里扬州 三

扬州自古繁华，素有"月亮之城""诗词之城"之雅称，以其富有、绮丽、浪漫和高雅，成为历代名流雅士寻梦、追梦的中意去处，也成为秦少游最为心仪的城市。出仕之前，秦少游出游最多的城市就是扬州，扬州的繁华胜境、寻常巷陌，处处留下了他的履痕芳踪。

秦少游对扬州的偏爱，不仅由于他诗人的气质、浪漫的情怀和喜好广交漫游的天性，还在于他难以割舍的扬州情结。秦少游自号淮海居士，学界雅称淮海先生、秦淮海。淮海为古代扬州的代称，《书·禹贡》云："扬州北据淮、南距海。"故有淮海之称。黄庭坚诗云："东南淮海唯扬州，

◆ 京杭大运河扬州城区段

国士无双秦少游。"少游在许多场合常自称"淮海小臣""淮海一介之士"。专家考证，少游俨然将自己当着一个扬州人，这与他的家族、身世相关。

少游诗云："吾宗本江南，为将门列戟。中叶徙淮海，不仕但潜德。"（《送少章弟赴仁和主簿》）可知秦氏先祖从江南刚刚迁徙过来之时，落脚之地就是扬州，高邮秦氏则为其中的重要一支。秦氏祖茔在扬州西山蜀岗以南。《秦谱》记载，少游叔父秦定和婶婶去世后都安葬在扬州祖茔。少游猝死于放还北归途中，崇宁四年（1105），其子秦湛奉父灵柩归葬于"扬州西山蜀岗以南，祖茔之旁"，迁葬无锡惠山那是后来之事。少游裔孙、扬州大学教授秦子卿考证认为，秦氏祖茔大概位置在今仪征市新集镇张集地带的蜀岗山麓。

2015年7月8日，寻访组与宗亲长鹏等在扬州会合。寻访从东关古渡起步。这里本来是古邗沟（今京杭大运河）在扬州市区的一个渡口和码头。春秋末期，吴王夫差自邗城（今扬州）开凿邗沟沟通江淮；隋文帝开邗沟东道（山阳河），恰好从少游故里秦家垛经过。少游来来往往于高邮、扬州之间，一般都是乘船循邗沟水路，而扬州第一个落脚点当是东关古渡。元丰元年（1078）寒食节，少游到扬州祭扫祖茔，返程时赋《还自广陵四首》，其一云：

薄茶便当乌程酒，短艇聊充下泽车。
坟墓去家无百里，往来仍不废观书。

他以短艇（小船）代车，薄茶当酒，优哉游哉，好像一次郊游远足，就连看书都不耽误，口气非常轻松。如今东关古渡已开发为扬州古运河的一个著名景点，在此登乾隆号游船，沿途可游览瘦西湖、高旻寺、文峰塔、普哈丁墓园、古茱萸湾及瓜洲古渡等景点。

沿古运河前行，不一会来到位于竹西寺遗址南首的竹西公园。竹西寺又名禅智寺、上方寺、上方禅智寺等，本是隋炀帝行宫，唐代改造成为一个著名寺院，成为扬州名胜之地。"竹西"一词出自唐代诗人杜牧"谁知竹西路，歌吹是扬州"的诗句。由唐至宋，竹西一带逐步形成了月明桥、竹西亭、蜀井、芍药园等"竹西八景"。秦少游不止一次来此游览，赋诗《题蜀井》云：

乍饮肺肝俱澡雪，久窥杖履亦轻便。

城市名片
名称：扬州市（江苏省地级市），别称邗城、广陵、维扬、江都。
位置：江苏中南部，长江下游北岸，江淮平原南端。
主要景点：瘦西湖、大明寺、个园、何园、东关街、竹西公园、茱萸湾等。
地方特产：扬州酱菜、"三头宴"、扬州包子、大煮干丝等。

炊成香稻流珠滑，煮出新茶泼乳鲜。 初饮蜀井之水，心胸清净，久窥步履轻松；炊饭饭香，煮茶茶鲜。蜀井之水在少游笔下显得鲜活而神奇，令人心向往之，与《扬州府志》所载"其水味如蜀江，甘洌冠绝诸井"如出一辙。

元丰七年（1084）十月，苏东坡与少游等人相会于镇江金山寺，后移舟至扬州竹西寺。少游时年36岁，与东坡会面之前，曾请名家为自己作小像一幅。东坡见到小像，赞不绝口，称其"传神奇妙之极"。少游抓住机会，请东坡为小像作赞（古代一种描摹、评介人或事物的文体）。东坡欣然应允，深思熟虑后，于竹西寺中写成《少游真赞》。文不足百字，却画龙点睛地刻画出少游的外貌和精神世界。"其服野，其行方"，是一个出世的隐士形象；"其言文，其神昌"，则是一个用世的士大夫形象。知少游者东坡也，纵观少游一生，正是徘徊在用世、出世之间，东坡之评精当之极。

1989年，扬州以唐宋"竹西八景"为主体，兴建竹西公园，再现昔日的古风雅韵。从竹西路进入园内已是中午，想象中应是游人如织的场面，然园内悄无人声，除了从事正常维护的园工，就只有我们几个了。史载，唐宋时竹西寺名声远胜于大明寺，"竹西"经历代诗人的反复吟唱，一度成为扬州的别称。此一时彼一时也，如今已很难与大明寺鼎盛的香火相提并论了。转念一想，这偌大一个园子，似专为我们而设；这幽静雅致的氛围不正合我们访古寻幽的心境吗？

园内山水、树木、亭阁相间，但是主宰者还是一片片、一丛丛的翠竹，果不负"竹西佳处"盛名。公园西北侧，立有一块"唐大云寺故址、鉴真和尚出家处"石碑。月明桥是一座单拱砖桥，桥身和岸边垂柳倒映在一泓碧水之中，如诗如画。桥西南侧的竹西亭，历史久远，宋初诗文中已经屡屡出现它的名字。亭为双层六角，虽为近代复建，但在翠竹、绿树的映衬下，仍显得沧桑老矣。在公园西北侧，我们找到了那一口曾经出现在少游笔下的蜀井。青石井圈呈六棱台，井口不大，内壁被井绳磨出了道道深痕。井旁石碑"蜀井"两个大字，落款为"淮海后裔秦子卿题"。

离开竹西公园，寻访组往瘦西湖、平山堂方向一路驶去。途经石塔路，街心绿

◆ 竹西寺蜀井

乾隆《江都县志》载："禅智寺在城北五里蜀冈上，即上方寺，本隋炀帝故宫；一名竹西寺，杜牧诗'谁知竹西路，歌吹是扬州'是也。"南宋姜夔的词句"淮左名都，竹西佳处"（《扬州慢·竹西佳处》）亦千古流传。

◆竹西亭

岛内矗立着广陵石塔。塔始建于唐代,原址在木兰院内。因得古佛舍利,建石塔珍藏,又称石塔寺。少游当年虽未入仕,但是作为一个才华横溢的青年才俊,得到许多扬州政要和各界名流的青睐,成为他们的座上常客。诗歌《与倪老伯辉九曲池有怀元龙参寥》,记述与扬州名士倪老、伯辉同游九曲池的情形。倪老即张倪老,名康伯,扬州人,时为南都教授,后官至吏部尚书。其弟康国,字宾老,官至尚书左丞。倪老母亲受封彭城郡太君,死后停殡于广陵石塔佛舍。倪老兄弟在其侧筑简易居室守丧,数月之后,室生灵芝,被视为祥瑞之兆。少游应倪老之请作《芝室记》,使这一奇迹广为传扬。如今,石塔寺已不存,少游《芝室记》中记述的"芝室"亦不见影踪,仅存石塔一座。塔五层六面,造型古朴,风格凝重,佛像、龙凤牛马等雕刻图案仍依稀可辨。地处现代繁华的马路中央,给人一种阅尽沧桑而心静如水的静穆之感。

穿过"蜀冈·瘦西湖风景名胜区"牌楼,很快就到了瘦西湖。瘦西湖是由隋、唐、宋、元、明、清等不同时代城濠连缀而成的带状景观,文人雅士名之为"湖",并冠之以"瘦",又因位于城区西北,称之为瘦西湖,显得颇有诗味。瘦西湖是国家5A风景名胜区,主要景点有小金山、五亭桥、二十四桥、白塔、钓鱼台等。秦少游年代,瘦西湖远没有现在的规模,也没有如此多的亭台楼阁,而少游却在此留下了流传后世的佳话。

元丰七年(1084),吕公著任扬州太守。中秋之日,位于瘦西湖一带的云山阁落成,这是一件令人瞩目的文化盛事。吕太守大宴宾朋,少游也在受邀之列,并预作七律《中秋口号》庆贺。少游想象中秋之夜,必是月色清朗,故有诗句"照海旌旗秋色里,激天鼓吹月明中"。出人意料的是,当晚却有云彩遮月。吕太守惋惜地说:"可惜这好诗用不上了。"少游说"不妨",即席重新赋诗一首,末句云:"自是我公多惠爱,却回秋色作春阴。"切合了当晚的景色。在场宾客无不佩服少游才思敏捷,感叹说,"真所谓翻手作云也"。

后云山阁倾圮,南宋年间,权臣贾似道主政扬州,于小金山处重建云山阁,其址即今云山阁的位置。清雍正年间,晋商贺君召在莲性寺（法海寺）东建园，云山阁被列为贺氏东园十二景之一。20世纪90年代初，云山阁已残破不堪，于1998年与法海寺一并复建，2004年落成。

法海寺始建于隋，历史悠久，且由清康熙帝赐名。不过，瘦西湖景区导游图上并未出现"法海寺"，而云山阁似乎也从人们记忆中消失了。寻访组一路寻问，终于在五亭桥西北侧，一个四面环水的小岛上找到了法海寺。出发前查阅资料得知，云山阁坐落在法海寺大雄宝殿左侧的"莲界香云"月门内。这是一座地上二层、地下一层的三层仿古建筑。一层为念佛堂，二层为讲堂，是法海寺和鉴真学院女众部说法讲经之所；地下一层为五观堂，是僧人们的生活场所。但是，整幢建筑并不见"云山阁"标志，也没有想象中"云山"的气势巍峨。经当家法师确认，这确是云山阁无疑。当年，云山阁本是文人雅士饮宴雅集的场所，如今已成为僧众修行的法场。耳畔时闻诵经和钟磬之声，愈显得清幽静寂，在瘦西湖熙熙攘攘的氛围中，显出一种闹中取静之意。

青年时期的秦少游，不仅受到吕公著太守的赏识，与其他几任扬州太守亦多有交往，并留下了传世之作。元丰三年（1080），扬州太守鲜于侁领衔编纂《扬州集》。《扬州集》共三卷，是当时扬州历代诗文汇编，年方32岁的少游受邀担纲作序。

元丰七年，苏东坡好友杨康功任扬州太守。他收藏一奇石，状如醉道士。少游赋诗《题杨康功醉道士石》，有诗句"华阴杨公香案吏，一见遂作忘年友"。杨康功时为扬州的最高行政长官，少游诗中以"忘年友"相称，足见二人交情非同一般。

出瘦西湖往大明寺方向走去，沿宽阔而舒缓的石级上行，来到寺前宽阔的广场，迎面是一座庄严典雅的牌楼，匾额为篆书"栖灵遗迹"四字。大明寺始建于隋初，穿过牌楼，可见殿宇嵯峨，鳞次栉比，九层栖灵塔仿佛一柱擎天，直刺苍穹。唐代鉴真法师东渡日本前，曾为大明寺住持，更为大明寺积淀了深厚的文化内涵。平山堂位于大明寺西侧，北宋庆历八年（1048）欧阳修任扬州太守时所建。堂前花木扶疏，庭院幽静。伫立堂前，凭栏远眺江南，"远山来与此堂平"，故名"平山堂"。

◆ 广陵石塔

苏轼《少游真赞》："以君为将仕耶？其服野，其行方。以君为将隐耶？其言文，其神昌。置而不求君不即，即而求之君不藏。以为将仕将隐者，皆不知君者也。盖将挈所有而乘所遇，以游于世，而卒返于其乡者乎。"

平山堂是欧阳修游宴宾客、吟诗作赋的极佳去处。史载，适逢暑热，欧阳修公务之余携宾朋来此饮酒赋诗。席间"击鼓传花"，让人从湖中采来新鲜荷花，分插盆中，放置客人座前。令歌妓取一花传客，依次摘其瓣，谁轮到最后一瓣则饮酒一杯，赋诗一首。往往至夜，载月而归。如今堂上的"坐花载月""风流宛在"匾额，堂前楹联"过江诸山到此堂下，太守之宴与众宾欢"，正是欧公风流潇洒轶事的生动写照。后苏东坡任扬州太守常常来此，并在堂后建造"谷林堂"以追念欧阳修。

"文章太守"欧阳修是少游心目中的偶像，东坡亦是其景仰的恩师。宋释惠洪《冷斋夜话》载有一个十分有趣的掌故：早在熙宁七年（1074）十月某日，年方26岁的少游仰慕东坡而无缘识见，得知东坡将经过扬州，并将与政要、名流同游平山堂、大明寺等名胜，便仿其笔迹，在大明寺寺壁题诗一首，并且署上了苏东坡的名字。少游题诗，意在引起东坡的注意，举动虽然有些冒失，却取得了震撼性的效果，惠洪用"果不能辨，大惊"几个字来形容东坡见到少游题壁时的惊喜情形。少游能够模仿位居宋代四大书法家"苏黄米蔡"之首的东坡笔迹，以假乱真，连东坡本人都难以辨别，可见其书法也十分了得。后在高邮孙莘老家中读到少游诗歌手稿，东坡似曾相识，感叹道："向书壁者，岂即此郎！"可见已给东坡留下了难忘的印象。因为此次两人实际并未见面，所以文史界一般称之为秦少游与苏东坡的一次"神交"。

千余年来，大明寺屡经修缮、复建，寺名亦多有变更，如今要准确说出当年少游题壁何处，还真不是件容易的事。如果说少游的"仿作"只是留下一段佳话，那么，大明寺、平山堂以"淮东第一观"名扬天下，始于少游诗中名句，却是不争的史实。少游早年曾遍游扬州风景名胜，留下了许多名篇佳作，为扬州这座"诗词之城"增色许多。元丰三年（1080），东坡弟苏辙途经高邮、扬州，遍游扬州诸名胜，赋《扬州五咏》。少游和作《广陵五题》，即《题九曲池》《题平山堂》《题蜀井》《题摘星楼》和《题光化塔》，留下了一组弥足珍贵的关于扬州名胜的诗歌，一些名句千古传诵。《题平山堂》诗云：

栋宇高开古寺间，尽收佳处入雕栏。
山浮海上青螺远，天转江南碧玉宽。
雨槛幽花滋溅泪，风卮清酒涨微澜。
游人若论登临美，须作淮东第一观。

少游凭栏远眺，对面金山、焦山历历可见。颔联以"青螺"喻指远处青黛色的山峰，因金、焦二山有"浮玉山"美誉，故诗中以"碧玉"来形容。颈联将视线收回到堂内，描写众人饮宴时的情景，视野开阔而又收放自如，凝练而又传神地描绘出了平山堂的景物之美，最后以"须作淮东第一观"作为终结评价。宋代曾设淮南东路，治所在扬州，故称扬州为"淮东"。此后，"淮东第一观"由清代雍正年间书法家蒋衡题写，刻石嵌于大明寺东侧院墙之上，十分醒目，踏进景区远远就能看见。

在平山堂内的碑刻中，寻访组发现一块《苏轼次韵秦观见戏耳聋》诗帖手迹碑。东坡这首诗作于宋神宗元丰二年（1079），原作现藏台北"故宫博物院"。这一年，东坡由徐州改任湖州，正巧秦少游赴浙江会稽省亲，一路同行。此时距发生"乌台诗案"仅三个多月，苏东坡的政敌攻击他作诗讽刺新法，大有"山雨欲来风满楼"之势。好心人劝他"北客南来休问事，西湖虽好莫题诗"，不要议论国事，以免招祸。可是东坡我行我素，率性而为。可能是东坡此时听力有所减退，途中少游以"耳聋"跟他开了一个玩笑，无意却激起了东坡的诗兴。他借题发挥，笔墨恣肆，明喻暗讽，表示绝不会装聋作哑，超然世外。不久，东坡果然被御史台罗织罪名，逮捕下狱。撇开这首诗的政治背景不论，仅从诗题"见戏"二字而论，可见少游与东坡之间

◆扬州平山堂

无拘无束、亲密无间、亦师亦友的关系。

观音山位于大明寺东侧，是扬州城的自然制高点，隋炀帝曾建行宫"迷楼"于此。《迷楼记》载，迷楼由浙江匠人项升精心设计，内中宫室错综复杂，隋炀帝曾感叹说："使真仙游此，亦当自迷。"元丰三年（1080），秦少游重游扬州，足迹几乎遍及扬州诸名胜。他登上观音山，俯瞰扬城全景，抚今追昔，感而赋《望海潮·广陵怀古》词。全词是对扬州一次全景式的描述，上阕概写扬州的地理位置和城市规模，突出市井的繁华和人物的豪隽。下阕紧扣怀古主旨，铺写寻访隋炀帝遗迹的所见所闻和所感：

追思故国繁雄，有迷楼挂斗，月观横空。纹锦制帆，明珠溅雨，宁论爵马鱼龙。往事逐孤鸿。但乱云流水，萦带离宫。最好挥毫万字，一饮拚千钟。

少游感慨，当年隋炀帝的迷楼高可悬挂星斗，月观阁好似横绝苍穹。锦帆彩缆，明珠抛洒如雨，穷极侈靡。然而"往事逐孤鸿"，昔日繁华的离宫已经一片废墟，只有乱云流水萦绕，孤鸿翻飞。全词表达出一种强烈的历史反思意识，委婉而含蓄地传达出少游的历史观和人生态度。

观音山殿宇随山势而筑，有山门殿、天王殿、圆通宝殿、迷楼、紫竹林、上苑等建筑和景观。仰视悬崖上危楼对峙，气势轩昂。常感觉无路可行之时，忽然间曲径通幽，峰回路转。在大明寺，摄影师杨建明曾登上栖灵塔，拍下观音山俯视图。但见漫山古树苍绿，绵延起伏，崇楼杰阁，参差错落，山与寺浑然一体，真不愧"第一灵山"之称誉。

寻访组来到"双东"（东关街、东圈门）历史街区，走进琼花观。琼花观旧称"蕃釐观"，始建于汉代，至今已有两千余年历史。"蕃釐"出自《汉书·礼乐志》，意为"多福"。宋徽宗赵佶赐金字匾额题作"蕃厘观"。扬州琼花最早就生长在蕃釐观，故俗称琼花观。扬州琼花美丽独特，天下无双。欧阳修任扬州太守时，于观内筑"无双亭"观赏琼花。元丰年间，秦少游曾应邀与太守鲜于侁等人在亭内观赏琼花，饮宴赋诗。少游《次韵蔡子骏琼花诗》云：

无双亭上传觞处，最惜人归月上时。
相见异乡心欲绝，可怜花与月应知。

席间，少游还填词《醉蓬莱》：

嘉庆《扬州府志》载："炀帝时，浙人项升进《新宫图》，帝爱之，令扬州依图营建；既成，幸之，曰：'使真仙游此，亦当自迷。'乃名迷楼。"

见扬州独有，天下无双，号为琼树。占断天风，岁花开两次。九朵一苞，攒成环玉，心似珠玑缀。瓣瓣玲珑，枝枝洁净，世上无花类。

冷露朝凝，香风远送，信是琼瑶贵。料得天宫有，此地久难留住。翰苑才人，贵家公子，都要看花去。莫吝金钱，好寻诗伴，日日花前醉。

词上阕描写琼花的冰清玉洁和独特的花形，下阕赞美扬州琼花的稀世罕有以及文人雅士爱花惜花的心态。历经千年风雨，至清代琼花观逐渐衰败，民国时期观内建筑焚毁殆尽，现在所见蕃釐观为1993年恢复重修。观前石牌坊"蕃釐观"石匾为明代遗存。穿过山门殿，绕过"三清殿"，走进琼花园，只见曲桥流水，假山池沼，绿树繁花，亭台楼阁，充满江南古园林之韵味。而造型别致、巧夺天工的琼花台与无双亭就在园中。遥想少游当年置身如此美景之中，与扬州名流政要赏花、饮酒、赋诗，那是何等的风雅浪漫！今日，我们追寻少游的足迹，眼前之景令人赏心悦目，流连忘返。然此时已过琼花的花季，未能欣赏到琼花绽放的芳容，一饱眼福。

◆ 扬州大明寺"淮东第一观"刻石

东关街是扬州市区最具有代表性的一条历史老街，它不仅是古城扬州市民居住的中心，还是商业、手工业、娱乐业和宗教文化中心，是古城扬州繁华市井的一个缩影。这里，留下了少游当年频繁冶游的芳踪。《望海潮》词句"花发路香，莺啼人起，珠帘十里东风。豪俊气如虹。曳照春金紫，飞盖相从。巷入垂杨，画桥南北翠烟中"，描写出如诗如画般的美景，以及来往游人的豪俊洒脱。"珠帘十里东风"句，化自唐代诗人杜牧《赠别》诗：

娉娉袅袅十三余，豆蔻梢头二月初。
春风十里扬州路，卷上珠帘总不如。

诗歌以凝练的语言，描写了一位艳压群芳的扬州美女。诗句"春风十里扬州路"脍炙人口，千古传诵。与杜牧一样，少游也是一位情感世界极为丰富的才子，在美女

◆ 琼花观无双亭

如云的扬州，他找到了自己的红颜知己。《梦扬州》词云：

晚云收，正柳塘烟雨初休。燕子未归，恻恻轻寒如秋。小栏外东风软，透绣帏花蜜香稠。江南远，人何处？鹧鸪啼破春愁。

长记曾陪燕游。酬妙舞清歌，丽锦缠头。䌽酒为花，十载因谁淹留？醉鞭拂面归来晚，望翠楼帘卷金钩。佳会阻，离情正乱，频梦扬州。

体会"十载因谁淹留"词意，这是少游离开扬州以后，为怀恋一位歌妓而作。词上阕描写春寒料峭之时，闺中女子透过绣帏，凭栏远望，却不见思念中的恋人归来。鹧鸪声声聒噪，引起无限愁思。下阕叙事主体变为游子，他曾因迷恋歌妓，淹留扬州多年。时过境迁，仍回忆起当年燕游饮宴、轻歌曼舞、纵马郊游、带醉晚归的一幕幕情景。全词情景交融，铺陈细致，风格柔婉，极能体现出少游词的婉约风格。词牌《梦扬州》为少游自创，取自末句"频梦扬州"。词评家分析，词中游子应该就是少游本人。时隔十年仍然魂牵梦萦，并新创一个词牌，赋词倾诉思念之情，可见思念之深切，折射出少游丰富的情感世界和用情至真的真性情。频梦扬州的"频"字告诉读者，这不是一个梦，而是一组内容、情感、色彩大致相仿的梦境。

小令《浣溪沙》描写的也是一位深闺之中思念恋人的女子：

漠漠轻寒上小楼，晓阴无赖似穷秋，淡烟流水画屏幽。

自在飞花轻似梦，无边丝雨细如愁，宝帘闲挂小银钩。

这首词语言清丽精美，情感细腻婉曲，境界凄清温婉，尤其对女性情感世界的刻画生动而逼真，是唐宋《浣溪沙》一调中最为优秀的佳作之一，因而被词评家们推为宋词小令的压卷之作。此外，少游词《满庭芳·晓色云开》《八六子·倚危亭》《促拍满路花·露颗添花色》《沁园春·宿霭迷空》《望海潮·奴如飞絮》《阮郎归·宫腰袅袅翠鬟松》《河传·恨眉醉眼》等，专家考证，这些词记载的应该都是秦少游在扬州浪漫而丰富的情感经历。可以说，扬州是少游留下情词最多的一个城市。即使到了后期贬谪途中，扬州这座温柔多情的城市仍然时常出现在他的梦中，如《风流子·东风吹碧草》词云："青门同携手，前欢记，浑似梦里扬州。"

近代词学大师龙榆生先生指出："扬州自昔繁华，如少游《望海潮》所称'花发路香，莺啼人起，珠帘十里春风'，安得不使人沉醉？叶梦得称少游词'盛行于淮楚'，则扬州殆为淮海词流播管弦之发祥地。"（《苏门四学士·秦观》）龙榆生认为："淮楚"即指扬州，尽管少游词当年传唱极广，但首先是在扬州这个"诗城"唱响，然后才传遍大江南北、唱红全国的。因此，扬州城堪称少游词的起飞场、发祥地。"浪漫之城"扬州寄托了少游的青春之梦，孕育了以情感充沛、细腻著称的少游词；而少游丰富的情感历程和记录"扬州梦"的不朽诗词，无疑又为古城扬州添上了浓墨重彩的一笔。

如今，扬州"双东"已被打造成4A级旅游景区。重建后的规模虽然不及唐宋时期的"春风十里"，但仍千米有余。漫步在块石铺成的路上，看两边商铺连绵，传统工艺、特色土产等，行当俱全，有近百家之多。而名人宅第、私家园林、民居院落散落其间。小巷幽幽，庭院深深，青砖黛瓦，古朴凝重，令人仿佛有穿越时空的感觉。当天晚餐由宗亲如峰就近安排在东关美食城京东小院。小院仿古典民居风格装修，环境幽静，陈设典雅。席间，约请民乐团古琴演奏家演奏，似有重温古人丝竹弹唱、饮宴雅集之风韵。

从京东小院出来，天空细雨如丝，路边灯火闪烁，三三两两的游人似乎也和我们一样，并不急于避雨，甚至也不打伞，而是漫步雨中，希冀在夜色中细细体味少游诗词中扬州街市的古风雅韵，进而寻觅到散落在古城历史空间里的一个个扬州梦。

◆东关街夜景

邵伯古埭（四）

古镇名片

名称：邵伯（隶属扬州市江都区），古称甘棠、邵伯埭。

主要景点：邵伯湖、斗野亭、邵伯保卫战指挥部旧址、条石街、巡检司、大王庙、云川阁等。

地方特产：邵伯湖螃蟹、邵伯龙虾、邵伯咸鹅、昭关老鹅等。

阅读秦少游诗文，会碰到一个频频出现的地名：邵伯埭。

邵伯为古镇名，今为扬州市江都区邵伯镇，位于高邮城区以南约六十华里，高邮有民谣："高邮到邵伯，还有六十六。"埭是古代一种过船设施，功能类似于现代的船闸。邵伯本是周文王之子，周武王、周公旦的同父异母弟，与周公旦齐名的著名贤臣。因封地在召，故称召公或召伯，又作邵公、邵伯。嘉庆《扬州府志》载，建邵伯埭之人是谢安而非邵伯，故邵伯埭又称谢公埭。谢安字安石，是东晋杰出的政治家、军事家，著名的"淝水之战"的主要指挥者，官居太保、太傅，都督十五州军事，权重一时。因受到皇亲贵胄的嫉妒和谗言诽谤，被迫于太元十年（385）自请出镇广陵。期间，于邗沟之上筑堤蓄水利农，又筑埭方便过往船舶通航。地方民众感念谢安修湖筑埭之德堪比邵伯，故以邵伯名之，镇亦因此而得名。

邵伯埭自古就是重要的交通枢纽，秦少游南来北往常常途经于此。元丰元年（1078），少游往广陵祭扫祖茔返程时在邵伯埭停留，作《还自广陵四首》，其二云：

南北悠悠三十年，谢公遗埭故依然。

欲论旧事无人共，卧听钟鱼古寺边。

短短四句诗，既交代了写作的时间，又写出了邵伯埭的历史渊源、周边环境，还写出了独处孤舟，无人与共、衷肠难诉的孤寂心境。诗中古寺指甘棠庙，即祭祀谢安的谢公祠，今不存。

2015年7月9日下午，由宗亲长鹏陪同，寻访组从扬州城区出发，大约经过三十五公里车程到达邵伯镇区。"古镇邵伯"牌坊横跨镇区大道，牌坊建于2012年，邵伯获得国家历史文化名镇之时。一行人未作停留，直接赶往第一个寻访点：斗野亭。

斗野亭始建于宋熙宁二年（1069）。邵伯人十分自豪地认为，斗野亭是天下唯一以天文星宿命名的古亭。古代天文学将星座划分为二十八宿，并依据天人合一的观念，将地上人群生活之处对应天上的星宿来划分区域，因扬州属斗分野而得名。

北宋之时，斗野亭曾经是全国四大名亭之一，自然不是因为它的名字，而是当代名流大家经此并留下了诗篇和墨宝。

元丰二年（1079），北宋名臣、高邮籍诗人孙觉赴苏州经邵伯埭，登斗野亭，首题五言古诗《邵伯斗野亭》。此后，苏轼、苏辙兄弟，"苏门四学士"中秦少游、黄庭坚、张耒，以及诗人张舜民等先后来此，纷纷唱和。同一时代志同道合、名重海内的七人同题赋诗，一时传为文坛佳话，后人谓之"七贤诗"。斗野亭一时声名鹊起，游者云集。少游古风《和孙莘老题邵伯斗野亭》有诗句"菱荷枯折尽，积水寒更清"，描写的是斗野亭冬日之景色。后亭倾圮，至清嘉庆十四年（1809），邵伯进士徐元惠出资重建斗野亭，镌"七贤诗"嵌于壁。1930年旧亭再次毁于兵燹。2001年秋，地方政府仿宋斗野亭复建，并建小园。复镌"七贤诗"于壁，还集有宋代四大书法家苏黄米蔡的手迹。名诗翰墨，珠联璧合，成为古镇邵伯最为重要的名胜之一。

斗野亭濒临邵伯湖，雄踞高丘之上。楹联"江淮天设险，星斗地分维"，文字虽简洁，内涵却丰富。走进门楼，穿过小

◆秦少游诗碑刻

◆ 邵伯湖

院，进入亭内。壁上"七贤诗"碑刻十分醒目，皆有玻璃护罩。碑刻字迹十分清晰，东坡诗落款为"次孙觉谏议韵寄子由"；少游诗落款则是"秦观 和孙莘老题邵伯斗野亭"。出亭至湖边，远望绿草萋萋，湖光帆影，相映成趣，感叹真是一个凭高远眺、赏景休憩的绝佳去处。少游等古文人墨客至此，岂能不有感而发，一吐为快？

邵伯埭既是南北交通枢纽，又是高邮、江都两地交界之处。古人好客，嘉宾贵客远道而来，分手时一般要送至县界之处。所谓"长亭送别"，斗野亭最早的功能应该就是一个宾朋饯别之长亭。与七贤题诗斗

嘉庆《扬州府志》载："晋太傅谢安出镇广陵，修筑湖埭，民思其功，以比邵伯，故名。"

野亭相隔仅一年，元丰三年（1080）寒食节前，苏轼胞弟苏辙（字子由）贬监筠州酒税，途经高邮。尽管此时苏辙是戴罪之身，少游仍形影不离，相从两日。临行依依不舍，一直送行至邵伯埭。两人情深谊长，一路唱和。苏辙作《高邮别秦观三首》，其二云："送我扁舟六十里，不嫌罪垢汙交朋。"对少游不避嫌疑，热情款待，送行六十里至斗野亭深表感动。少游和诗三首，诗云："冠盖纷纷不我谋，掩关聊与古人游。"表明了不谋求显贵，只求与仰慕之人倾心交游的高洁境界。两人在斗野亭洒泪而别，又分别题诗。少游《次韵子由题斗野亭》诗云：

满市花风起，平堤漕水流。
不堪春解手，更为晚停舟。
古埭天连雁，荒祠木蔽牛。
杖藜聊复而，转盼夕烟浮。

解手即分手之意，荒祠指谢公祠。诗歌描写仲春之际，泊舟邵伯埭所见之景，情景交融，表达出分手之时难分难舍的心情。

离开斗野亭，寻访组改道邵伯船闸。这是在邵伯埭旧址上建成的一座现代化大型船闸，环境优美、设施先进，管理规范、远近驰名，曾被交通部授予"全国交通行

业文明示范窗口"称号。俯视京杭运河缓缓流去，环顾船闸周边美观雅致的环境，大家感慨颇多：若少游在此，当有感而发，又有新作问世了吧？

史载：江都历史上曾经出过一个勤政为民、廉洁自律的县令，而且与秦少游十分要好。邵伯古镇曾建有罗令祠，位于古法华寺侧，就是为纪念这位县令而建的生祠。罗令姓罗名适，字正之，元丰元年（1078）任江都县令。在任期间，他关注民生，兴修水利，施药于民，一方百姓皆得其惠。且学业有成就，凛然有节操，世人称其有国士风范。元丰四年，罗正之升任两浙提刑，民众追思其贤，议建罗君生祠，以使罗君之名与历史上的名臣邵伯、谢公共传而不朽。郡人仰慕少游才华，恳请作记。少游感罗君之贤德和民众之诚意，欣然命笔撰《罗君生祠堂记》，以简练的笔触，阐述民众追思邵伯、谢公以及罗君，在于他们一心为民，为百姓谋取福祉。文成请名家勒石，立碑于罗令祠内。祠今不存，碑却被保存下来。

这一方珍贵的古碑在邵伯中学校园内。碑高1.78米，宽0.81米，下有须弥座。底座略有缺损，然整个碑文仍清晰可辨。上部为篆文《罗君生祠记》文题，正文525字，楷书，落款为"淮海居士高沙秦观撰"。然此碑的年代以及书法、勒石

◆ 邵伯船闸

雍正《江都志》载："甘棠庙旧祀晋太傅谢安。"

◆《罗君生祠记》石碑（局部）

嘉庆《扬州府志》载："罗令祠，在邵伯镇法华寺侧，祀宋江都令罗适。宋秦观《罗君生祠记》曰……"

者等相关信息皆不详。

罗县令与少游交好，有诗为证。他曾经赠送少游一柄丝织素色团扇，并附七律一首。扇为古文人心爱之物，表明二人素有交谊。少游作诗《次韵罗正之惠绵扇》以谢：

吴扇新翻制素绵，名郎持赠意俱圆。
有人充户修明月，无女乘鸾向紫烟。
供奉宜升清暑殿，动摇合作御风仙。
谁知挥却青蝇辈，功在春蚕一觉眠。

诗首联叙述罗适赠扇，后面三联紧扣团扇的制作、功能展开描述，语言生动，想象丰富，畅言获赠团扇后的快意心情。尾联"青蝇"，典出《诗经·青蝇》"营营青蝇"，喻指品质恶劣的逸人。明写团扇驱赶蚊蝇，功在春蚕，巧妙地点明扇子的质地为蚕丝；暗喻罗县令不与逸人为伍的廉正品质。在罗适即将赴新任之际，少游又作《送罗正之两浙提刑》诗为之送行，称颂罗适的业绩，表达难舍难分的心情。

少游第一次经过邵伯埭为何时，一生经过邵伯埭多少次固然无法确考，然最后一次却有案可稽。绍圣元年（1094）初，少游被贬南迁，再次途经邵伯埭，赋《临江仙》词一首：

髻子偎人娇不整，眼儿失睡微重。寻思模样早心忪。断肠携手，何事太匆匆。
不忍残红犹在臂，翻疑梦里相逢。遥怜南埭上孤篷。夕阳流水，红满泪痕中。

南埭即邵伯埭。得知少游被贬南迁将经过邵伯埭，结发之妻徐文美从高邮家中匆匆赶来送别。"髻子"代指徐文美，她因夜不成寐而妆容不整，眼圈微肿，展现出一个"断肠人"的形象。"相见时难别亦难"，夫妻刚刚携手，却要匆匆分别。词句"夕阳流水"，营造出一种"夕阳西下、断肠人在天涯"的凄清氛围。

这是少游最后一次途经邵伯埭，此后，他的脚步再也没有踏上故乡的土壤。《临江仙》成了少游为家乡、为亲人留下的诀别之词。而少游在放还北归之时所表达的返归故乡的美好愿望，"及我家于中途，儿女欣而牵衣"，"依先茔而洒扫，从稚子而耘耔"（《和渊明归去来辞》），最终未能如愿以偿。

金山抒怀

其五

"山浮海上青螺远,天转江南碧玉宽",这是秦少游伫立扬州平山堂前,远眺对面润州(今江苏省镇江市)金山之壮观景象所写下的句子。

润州与扬州仅一江之隔,秦少游钟爱扬州,也心仪润州,更准确地说是心仪金山和金山寺。据可考的记载,少游出仕之前,或专程造访,或顺道经过,或与友人相约登临聚会,曾经八上金山,多次留宿山寺之中,并且留下了好几首与金山相关的诗歌。

元丰二年(1079)夏,少游与苏东坡、参寥子赴越途中因大风逗留金山寺两日,受到住持宝觉大师的盛情款待。少游作《次韵子瞻赠金山宝觉大师》诗有句云:

宿鸟水干迎晓闹,乱帆天际受风忙。
青鞋踏雨寻幽径,朱火笼纱语上方。

从"乱帆"之句可知,这是一个风雨交加

◆ 金山寺

城市名片

名称:镇江市(江苏省地级市),别称润州、京口。

位置:江苏南部、长江下游南岸。

主要景点:金山、焦山、北固山、南山风景区、西津渡古街等。

地方特产:镇江香醋、金山翠芽、扬中河豚、刀鱼、江虾、江蟹、秧草、丹阳黄酒等。

◆ 金山寺山门

连。特殊的地理位置，形成了金山特有的景观气象，也为少游等人状景抒怀提供了极好的对象。

元丰七年（1084）的八月和十月，秦少游与苏东坡等人两度相会于金山。八月初会，东坡作《次韵滕元发许仲涂秦少游》。诗题中的滕元发名甫，是东坡挚友，曾任翰林学士、御史中丞、开封府尹等职，此时以龙图阁直学士出任地方官。许仲涂名遵，时为润州太守，就是东坡诗中称之为"醉后狂吟许野人"者。

东坡这首诗对于秦少游来说，意义尤为重要。一是诗题中以"秦少游"称之。秦观字太虚，文史界一般认为改字"少游"是在元祐元年（1086）的二月，即其同门诗友陈师道作《秦少游字序》之时。而此时，"秦少游"三字已经赫然出现在苏东坡的诗题之中，这大约也是"秦少游"三字第一次正式见诸文字。其二，其时正是秦少游第三次进京赶考的前夕。少游虽有前两次科考的失利，但他并不气馁，东坡也十分看好少游，诗句云："何似秦郎妙天下，明年献颂请东巡。"给少游以热情鼓励并寄予厚望。次年，少游果不负众

的天气。东坡、少游一行脚穿"青鞋"，冒雨寻找上山之"幽径"。"朱火笼纱"则写出了宾主在寺院点灯夜话的温馨画面。

北宋时期，金山还是屹立于长江中流的一个岛屿，呈"万川东注，一岛中立"之气势，有"江心一朵芙蓉"之美誉。至清代道光年间，金山始与南岸陆地逐步相

望，一举金榜题名。

十月，东坡、少游等再度相会于金山，少游《宿金山》有诗句：

山南山北江水流，半空金碧随云浮。

我来仍值风月好，十月未寒如晚秋。

虽然时值晚秋十月，但诗人笔下风月姣好，情趣盎然，传达出他与东坡等文友再次相聚时的愉悦心情。夜晚，少游驻足金山之上，远眺弦月初上、水天一色的江上夜景，赋《金山晚眺》诗：

西津江口月初弦，水气昏昏上接天。

清渚白沙茫不辨，只应灯火是渔船。

一弯新月，水气接天，清渚迷茫，渔火闪烁，意境朦胧而优美，堪称宋诗中难得的写景佳作。作于同时的《和游金山》有诗句"汲新试团月，饭素羹魁芋"，记述了众人在金山寺品评佳茗和素筵的经历。

7月10日，寻访组结束扬州市区的寻访日程后，驾车经润扬大桥，到达金山脚下。远远就看见矗立于金山之巅的金山寺塔一柱擎天的雄姿。金山寺高大的石牌坊坐东朝西，高悬着一面古朴精美的匾额，"江天禅寺"四字为康熙御笔。据传，当年康熙临幸金山寺，题写的是"江天寺"三字。现在匾额上多出来的"禅"字，是1979年—1985年间寺院修缮之时模仿补添的。金山寺本来就叫"江天禅寺"，康熙为什么少写了一个字，这是一个谜，谜底大约只有康熙自己心知肚明吧。后人补添似乎就多此一举了。楹柱有一副每句二十字的长联，起头四字分别为"江水滔滔""天风浩浩"，既巧妙嵌入了"江天"

◆ 金山寺大殿

◆ 西津渡 昭关古塔

二字,又十分切合眼前之景。迎面墙上有两块牌子,其中一块为"水陆法会祖庭金山寺",下方有赵朴初题写的"东晋古刹"四个大字,显示着寺院历史的久远和在佛教界地位的重要。

金山寺始建于东晋明帝年间,距今已有一千六百多年的历史,是我国佛教诵经设斋、礼佛拜忏和追荐亡灵的水陆法会发源地,称"东晋古刹""水陆法会祖庭",名实相副。寺依山而建,山与寺融为一体,石级、曲廊和回檐相连,楼上有塔、楼外有阁、阁中有亭。远望只见楼阁而不见山,令人感叹其布局精巧,"金山寺裹山"之说名不虚传。金山天然形胜,风景幽绝,文化底蕴也极为深厚,许多名流大家都曾在此留下他们的诗文和墨宝,还有许多广为流传的历史典故与动人传说,比如,南宋巾帼英雄梁红玉擂鼓战金山的故事,著名戏剧《白蛇传》法海"水漫金山"的传说,金山上面至今还有一个"法海洞"。这些都更加增添了名山、名寺的神秘感和吸引力。

出金山寺向东不远,就是西津渡历史文化街区,一行人来此寻访秦少游笔下西津古渡遗址。元丰五年(1082)春,少游第二次赴京应试受挫,返乡后独自登临金山,赋《长相思》词:

铁瓮城高,蒜山渡阔,干云十二层楼。开尊待月,掩箔披风,依然灯火扬州。绮陌南头,记歌名宛转,乡号温柔。曲栏俯清流,想花阴、谁系兰舟?

念凄绝秦弦,感深荆赋,相望几许凝愁!勤勤裁尺素,奈双鱼、难渡瓜洲。晓鉴堪羞,潘鬓点、吴霜渐稠。幸于飞、鸳鸯未老,不应同是悲秋。

"铁瓮城高"三句,写登金山寺所见润州地势。铁瓮为古城名,蒜山渡是西津渡的别称。金山寺楼阁上接云霄,其境界开阔,意境高远,暗寓少游尽管科场受挫、仍然壮心不泯的情怀。少游于高楼之上,月光之下,开轩临风,举杯独酌。对岸扬州城灯火闪烁,让他回忆起与某歌女的一段旧情。下阕抒写旧日的缠绵往事以及眼下的书信难递、情感难诉。词句"晓鉴堪羞,潘鬓点、吴霜渐稠",写在镜中看到了自己斑白的鬓发,慨叹人生易老,光阴易逝,表达出科场失意后的复杂心态。

值得注意的是词中"难渡瓜洲"四

字。瓜洲是位于西津渡对岸扬州一侧的渡口，西津渡与瓜洲渡仅一水之隔。高楼上望去，思念中的美人似乎就在咫尺之间，却可望而不可即。"难渡"是实写也是虚写，词评家分析，此处少游是以美人暗喻自己的美好理想，寄寓了自己理想难以实现的惆怅。这让人自然联想起王安石的名诗《泊船瓜洲》：

京口瓜洲一水间，钟山只隔数重山。
春风又绿江南岸，明月何时照我还？

诗评家们也许更多注意到"春风又绿江南岸"中"绿"字的炼字是如何精当，但是细细体味，王安石感慨"京口瓜洲一水间"，天堑难于逾越，又何尝没有变法难以实现的惆怅呢？

西津古渡形成于三国时代，唐代已经具有完备的渡口功能。渡口原先紧临长江，依山临江，风景灵秀。清代以来，由于江滩淤涨，江岸逐渐北移，渡口遂下移到玉山脚下的超岸寺旁，当年的西津古渡现在离江岸已有300多米距离。随着现代交通的发展，特别是润扬大桥的建成通车，西津渡作为渡口的功能已经逐渐淡化和削弱。但是西津渡古街作为中国古渡活化石般的风貌却基本完好地保存了下来。以此为核心打造的西津渡历史文化街区，被视为镇江历史文化名城的"文脉"所在。

古街全长近千米，从东向西一路漫步走去，斑驳的青石路面，街道两边错落有致的小楼，雕花窗棂，木质铺门，仿佛向

◆西津渡古街区一角

游人娓娓诉说着"千年古渡,千年老街"昔日的繁华。漫步古道,感觉其风韵有点像扬州的东关街,所不同者东关街在运河之滨,一马平川;西津渡街紧邻长江,依山坡而建,青石板路梯次而下,车轮磨砺出的深深印辙显示出历史的厚重。四道跨街券门,青砖斑驳,石额上的题刻依次为"同登觉路""共渡慈航""飞阁流丹""层峦耸翠",昭示着古街所蕴含的宗教文化、津渡文化和民居文化,让游人感受到宗教与世俗、人文与自然的和谐交融。

古街区也是镇江市文物古迹保存最多、最集中、最完好的地区,有世界创建最早的江上救助组织遗址"救生会",全国保存最完整的租界西洋建筑群"英国领事馆",全国唯一保存完好的元代过街喇嘛塔"昭关石塔"等,因而被誉为"中国古渡博物馆"。值得一说的还有位于古街最西端的超岸寺,附近的玉山为当时渡口的大码头,来往行人均需在此候船等待过江。李白、孟浩然、王安石、陆游等名流大家都曾在此候渡,留下传流后世的诗篇。其中唐代诗人张祜的一首《题金陵津渡》更为人们熟知:

金陵津渡小山楼,一宿行人自可愁。

潮落夜江斜月里,两三星火是瓜洲。

唐代西津渡称金陵渡,诗人因为天晚未能顺利渡江,留宿于渡口小山楼上,夜不能寐,俯瞰斜月倒映江水之中,远望瓜洲渡灯火闪烁,而产生了漂泊异乡的"客愁"。诗歌意境凄美,画面感极强,与唐代诗人张继的《枫桥夜泊》异曲同工,各臻妙境。大约两百年后,秦少游至此,登高远望"灯火扬州",赋《长相思》词,感慨"难渡瓜洲",可谓人同此心,抒发的何尝不是一种难以排遣的"客愁"呢?

游历汤泉

熙宁九年（1076）的八月至岁暮，秦少游进行了一次历时百余日的漫游。这是他第一次真正意义上的漫游，始发地是家乡高邮城区，目的地是历阳（今安徽省和县）汤泉，主要目的是拜访分别已久的漳南道人，游览其隐修的汤泉山水，"驴友"是高邮乡贤孙莘老和僧友参寥子法师。

历阳地处皖东，因"县南有历水"而得名。境内覆釜山蕴藏的泉水，所含矿物质散发出淡淡的馨香气息，因而诞生了一个美丽的地名"香泉"。香泉有一个古老而美丽的传说，又因梁昭明太子萧统题写"天下第一汤"而名扬古今。

很久很久以前，覆釜山并无泉水。有一天，山峦间突然隆隆作响，仿佛水煮沸了一般。顷刻之间一股泉流冲破岩石，喷涌而出。随着一阵悦耳的仙乐，两个仙女从天飘然而降，在泉流中尽兴泳浴。浴罢飘然而去，留下一池馥郁香气，"香泉"从此得名。泉水热气蒸腾，探之如汤，古人多称之为"汤泉"；掬而饮之，甘醇可口，沁人心脾，又名"香淋"。

公元521年，年方二十岁的南梁昭明太子萧统，随父亲梁武帝萧衍来到历阳如方山，在萧家藏经寺读书礼佛。因身患疥癣，久治不愈，苦不堪言。后每天在汤泉沐浴，不久竟奇迹般地痊愈，皮肤白润如初。昭明太子兴奋异常，亲笔题写"天下第一汤"五个大字，梁武帝命之为"太子泉"。因汤泉治愈了昭明太子的沉疴，"平疴镇"因而得名。

秦少游历阳之行与以往出行多乘船走水路不同，而是骑马或徒步，途中作诗《落日马上》《马上口占二首》可证。这大约也是少游一生中为数不多且有明确记载的骑马旅行的经历。生长在水乡高邮的秦少游，竟也是一个善驭者。依据少游《游汤泉记》所载，漫游路线为：出高邮西郭门，驰六十里，经高邮神居山宿悟空寺；又驰四十里，因雨止宿黄公店；又驰六十里，经六合，留宿寿圣寺香积院；再驰七十里，到达距汤泉二十五里的真相院。少游一行贵客来访，一向隐修的漳南道人破例来此迎候。四人同行，骑行至汤泉，下榻漳南

城市名片

名称：和县（隶属安徽省马鞍山市），古称和州、历阳

主要景点：香泉生态旅游度假区、西楚霸王灵祠、鸡笼山国家森林公园等。

隐修的惠济院中。

漳南道人又称显之长老、昭庆禅师，俗姓林，福建泉州人氏。早年经商。出家之后，先后在高邮乾明院、历阳惠济院、广陵建隆院担任住持，晚岁寓居高邮镇国寺静修。显之长老精通佛法，是与少游交往较早、对其佛学影响最大的一位禅师，少游自云两人"缘契最深"。元祐四年（1089），显之长老圆寂，广陵建隆院为其建塔。建隆院特派寺僧智潭千里迢迢，专程赴蔡州（今河南省汝南县），乞请任蔡州教授的少游撰写铭文。少游欣然从命，为作《庆禅师塔铭》。

次日，少游一行就浴于汤泉之中。《游汤泉记》记述：

周袤不逾一成，有泉五：一曰太子汤，旧传梁昭明所游，今废于野；一在居民朱氏家；其三则隶于惠济……

当年，昭明太子浴于汤泉所传不虚；而在五百余年后，少游等人游历之汤泉，就是昭明太子所浴之汤泉，只不过分别是五个泉眼中的一个而已。

《游汤泉记》是一篇出色的游记散文，一路美景，尽收笔底，且融记叙、描写、议论、抒情于一炉，仿佛一位文化底蕴深厚的导游，让游人在观赏山水的同时，领略其美的内涵。少游如是描写汤泉：

泉输其中，晨夜不绝。其色深碧沸白，香气袭人。爬搔委顿之病，浴之辄愈，赢粮自远而至者无虚时。

泉水喷涌，昼夜不绝，静者碧，沸者白，香气袭人，且有治愈皮肤病之功效，因而携带干粮远道而来者不绝于途。寥寥数语，传神地描绘出泉水喷涌的动态、色泽、香气和神奇功效。少游还将汤泉与闻名于世的汝水、骊山温泉比较，感慨此汤泉不骄不隐，既"有功于尘垢疾病"，又"近于道"，赋予汤泉高尚的人格。描写精湛，议论独到。作于其后的《汤泉赋》以"余"与"野老"问对的形式，描写出汤泉的性状和特征，并与天下颇多负有盛名的温泉比较，揭示出历阳汤泉如隐士般高洁的品性，也展示出少游广博的才华。苏东坡读后十分感慨，欣然为《汤泉赋》题跋：

今惠济之泉，独为三子咏叹如此，岂非所寄偏远，不为当途者所溷，而为高人逸才与世异趣者之所乐乎？

"三子"即少游一行三人。东坡认为，汤

◆ "第一汤"碑

泉既没有被"弃于穷山之中",又没有为"当途者所溷"。"当途者",达官贵人之谓也;"溷"者,浑浊、污染之意也。此地汤泉没有被权贵们污染,因而为"高人逸才与世异趣者"钟爱。言语之中,既有对汤泉的赞美,也流露出对少游等人有幸沐浴于汤泉的歆羡之情。

2016年10月12日,寻访组与南京宗亲敏杰在南京火车站会齐。敏杰驾车,穿扬子江隧道,经过约80公里、一个半小时行程,到达和县香泉镇。泊车"香泉文化广场"附近,步行去寻访少游当年的足迹。

历经九百四十年的风雨沧桑,汤泉已经远非少游笔下描写的景况。北宋元祐五年(1090),即少游等人游历之后二十四年,知州王大过发现这一难得的温泉资源,修建汤池,周围达二十余丈,并建浴院及龙祠。其后泉眼虽喷涌不断,但浴场只剩下残垣断壁,废弃于荒草乱石之间。又过了约四百年,到明成化五年(1469),州同知董锡重修浴院,分设男女两池,清池白石,焕然一新。后明代嘉靖、清代康熙、乾隆、宣统以及民国年间曾多次修缮。2001年,镇政府投入资金修整扩建,当年的"第一汤"已经改建成一个对百姓开放的温泉浴场,位置就在镇区香泉街的尽头。

香泉街是一条老街,青砖路面,多为两层建筑,店面大多在近年装修过,显得狭窄而零乱。昭明太子亲题的"天下第一汤"碑刻下落不明,立在浴场入口的"第一汤"石碑,为乾隆三十八年(1773)州同知何飞凤题写。院内一面墙上嵌有三块古碑:一为明代嘉靖十一年(1532)梅花国人(刘节)题写的"香泉佳咏"诗碑,一为明代天启四年(1624)赵应期题写的"香泉赋"碑,还有一块是清宣统三年(1911)知州魏有声题写的"平疴汤"碑。

中午时分,寻访组一行在香泉度假村用便餐。了解到与历阳汤泉相关的昭明

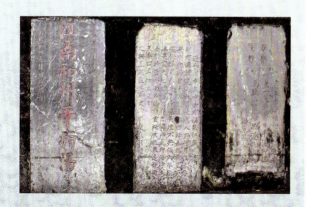

◆ 汤泉古碑

塔、昭明亭、昭明书院、香社寺、洗心亭、尔雅台、文选楼以及少游一行当年下榻的慧济院等名胜，大都已经湮没在历史的尘埃里；而汤泉这一独特的自然资源和深厚的历史文化资源正日益得到重视、发掘和弘扬。以大手笔规划的香泉生态旅游度假区，以山、湖、岛、泉、林等自然风光为主体，兼有众多人文景观，规划面积约二十平方公里，已经在分步实施中。来度假区的大巴络绎不绝，上下的客人大概都是冲着"健身除疴"的香泉美名而来，倒很类似于当年少游笔下"赢粮自远而至者无虚时"的场景。

沿昭明古道往东北出镇区继续前行，不远处有香泉湖，这是景区内面积最大的冷泉湖泊，又称戎桥水库。"戎桥碧波"为"香泉十景"之一。驻足湖边，碧波千顷，如万斛翡翠，景色诱人。

沿环湖路前行，远远可见矗立于观音山之巅的观音金身站像，像下面有名闻遐迩的观音洞。明万历年间，此处曾建观音庵，后毁于兵燹。20世纪八九十年代，本地高僧牵头募捐，地方百姓捐款，重建成现在的观音寺（又称金峰寺），成为香泉景区一个重要的人文景观。寺依山势而建，气势宏伟。我们穿过古朴、庄重的牌楼，攀上约三百级大理石台阶，一直寻到观音洞口。洞口周围满是枝叶藤蔓，大约是考虑安全因素吧，有一铁栅栏锁着，无法进洞一探究竟。站在观音寺东眺，一派湖光山色，"戎桥碧波"美景尽收眼底。山下回首，青山如屏，大佛庄严，清风徐来，鸟语花香，百鸟啁啾，仿佛佛国仙境，令人赏心悦目。

《游汤泉记》记述，少游沐于汤泉的后两日，高邮同乡、乌江县令阎求仁来邀，众人同游了东南八里之外的龙洞山。少游《和孙莘老游龙洞》诗有句云：

苇萧传火度冥冥，乍入清都醉魄醒。
草隐月崖垂凤尾，风生阴穴带龙腥。
壁间泉贮千钟碧，门外天横数尺青。
更欲仗筇留顷刻，却疑朝市已千龄。

点燃火把，进入幽冥昏暗的洞中，仿佛于梦中闯入天帝居所一般。隐约可见崖缝中奇草蔓延，洞穴中风声似乎带着龙体的气息。壁间源源渗出澄碧的清泉，仰视可见洞口一线青天。

这首诗是少游早年代表作之一，虽写洞中之景，然境界阔大，笔力沉雄，体现出早

◆观音洞

期诗歌风格的另一侧面。诗歌描写的龙洞景观特色，与地方志记载的龙泉洞怪石奇异、钟乳天成、飞泉溅落、大旱不竭的情状十分相似，应该就是同一个洞。但是询问当地人士，打开手机导航，均未有所得。考虑即使寻得，可能也会像观音洞一样，无法进入。故决定放弃，而赶往另一个寻访点：霸王祠。

少游自述，游历汤泉事毕，余兴未尽，又独与参寥子骑马西行，入乌江县（今和县乌江镇），偕县令阎求仁一同"谒项羽祠，饮系马松下，凭大江以望三山，憩于虚乐亭"。当年，西楚霸王项羽于此地自刎身亡，楚汉相争的悲壮历史宣告结束，留下了一个悲剧英雄的形象和许多历史遗迹，"系马松"相传就是当年项羽系乌骓马之处。

少游一行途中稍息于松荫之下，小酌抑或豪饮，凭乌江远望三山，遥想楚霸王宁死不过江东的悲壮往事，会触发起怎样的情怀呢？少游没有留下诗作，难以悬揣。在虚乐亭小憩时，少游赋诗《题阎求仁虚乐亭》，诗句"修竹回环扶碧瓦，小池方折转清流"，描写的则是一幅清幽可人的画面。虚乐亭在乌江广圣寺，寺、亭今皆不存，然少游题诗虚乐亭之事历阳地方志有载。

◆ 霸王祠

霸王祠全称西楚霸王灵祠，也称项亭、项王亭、楚庙、项羽庙，位于乌江镇东南约一公里的凤凰山上。公元前202年，项羽兵败自刎乌江，当地人安葬了他的残骸和血衣，称"衣冠冢"，并建"项亭"祭祀。唐初建祠，书法家李阳冰篆额曰"西楚霸王灵祠"。历代屡经修葺与扩建，唐宋许多诗词名家均有题诗。后屡遭兵燹，大部分建筑物倾圮。"文革"中，塑像、墓地被毁，仅存正殿三间与两侧厢房，改为乌江农业中学校址。如今的霸王祠为1984年在原址复建，是国家3A级旅游风景区。

追寻少游足迹，寻访组重谒项羽祠。景区入口处有一石牌坊，"霸王祠"匾额

《历阳典录》载："虚乐亭在乌江广圣寺，宋秦观《题虚乐亭三首》。"

为明代大书法家董其昌手迹。穿过古朴的汉阙门楼，沿景区大道向前就是巍峨的享殿。殿前有一棵"相依树"，枝叶婆娑，仿佛述说着"霸王别姬"的凄美缠绵的爱情故事。殿中有仿青铜霸王像一尊，上悬"叱咤风云"横额。殿后为墓区，石板神道两侧古松掩映，石人石兽两两相对。墓成椭圆状，四周仿白玉栏杆，立有"西楚霸王衣冠冢"碑石一方，左侧为墓道。

当年的乌江，因河水的涨圮已移位他处，而乌江亭、项羽的抛首石，与已移位的"乌江（今驻马河）"相距甚远，这边的"驻马河"也只是一汪清潭。景区碑廊规模较大，嵌刻历代诗词名家、名流政要的题诗，当代伟人毛泽东题写的诗碑十分引人注目。在景区内未能觅得少游文章中提到的"系马松"，转念一想，两千多年了，此松若在，倒真是奇迹了。但是，既然恢复了那么多古迹，又何在乎多"山寨"一棵系马松呢？

少游汤泉之行，时逾百日。三位诗友感山水之胜，诗歌唱和，其乐融融。汤泉是此行的主旨，故题咏诗文最多。少游赋有《次韵莘老初至汤泉二首》《题汤泉二首》，撰《汤泉赋》《游汤泉记》各一篇。归途中经建邺（今南京市）赋《木兰花慢》，有词句"过秦淮旷望，迥萧洒、绝纤尘"，描写一路所见景物，抒发归途心中感慨。

这次漫游堪称一次收获甚丰的文化之旅，少游自己小结说：

盖自高邮距乌江三百二十五里，凡经佛寺四，神祠一，山水之胜者二，得诗三十首，赋一篇。至于山林云物之变，溪濑潺湲之音，故墟荒落晨汲暝舂之状，悠然与耳目谋而适然与心遇者，盖不可胜记。呜戏，兹游之所得，可谓富矣。

历阳之行在地方史志中留下了清晰记载。光绪《直隶和州志·山川》载："惠济汤泉，州东北，本乌江县，今属江浦。宋秦观《游汤泉记》云云。"《历阳典录》等亦有记载。秦少游，一位杰出的历史文化名人，他在和县留下的足迹和如此多的诗词文章，是一份难得而珍贵的遗产，若能充分发掘、弘扬，必能为香泉、乌江的开发与发展增辉添色。

拜谒徐州 七

元丰元年（1078）夏四月，而立之年的秦少游第一次赴京应试，途经徐州，拜谒了仰慕已久、时任徐州太守的苏东坡。这是少游与东坡的第一次正式晤面，两人的命运从此紧紧地拴在了一块，同起落，共浮沉。少游跻身"苏门四学士""苏门六君子"之列，成为其中的佼佼者，名满天下；而其后半生深深卷入残酷的党争之中，一贬再贬，最终客死他乡，这次徐州之行早已留下了伏笔。

虽是首次拜访，两人一见如故，东坡十分高兴地接纳了少游这个弟子。少游的拜师仪式非常隆重，选择了良辰吉日，准备了丰盛的美酒佳肴和音乐，少游对东坡执弟子礼，许多文人雅士参加了仪式。与少游同为"苏门六君子"的陈师道时为徐州教授，记载了这一盛举：

扬秦子过焉，置醴备乐，如师弟子。其时余卧病里中，闻其行道雍容，逆者旋目，论说伟辩，坐者属耳。世以此奇之，而亦以此疑之，唯公以为杰士。（《秦少游字序》）

少游对东坡十分敬重，但毫不拘泥，言谈举止，雍容大度，潇洒倜傥。东坡一连数日，丢下冗杂的公务，与少游一道纵论诗文，亲自陪同游览云龙山等风景名胜。

少游如愿以偿，心情激动不已，临行前赋长诗《别子瞻学士》，诗句"我独不愿万户侯，惟愿一识苏徐州"，把对东坡的崇敬之情、知遇之恩、感激之意表达得淋漓尽致。"苏徐州"即苏东坡，因时任徐州太守，故称。东坡和诗《次韵秦观秀

◆ 道台衙门影壁

城市名片

名称：徐州市（江苏省地级市），古称彭城。

位置：江苏省西北部、华北平原的东南部。

主要景点：云龙湖、云龙山、彭祖园、龟山汉墓、楚王陵、汉文化景区、拔剑泉、快哉亭、黄楼、淮海战役烈士纪念塔园林等。

◆快哉亭

同治《徐州府志》载:"(快哉亭)在城东南,旧志宋熙宁末李邦直持节徐州,即唐薛能阳春亭故址构建。郡守苏轼名曰快哉,后明奎楼,俗名拐角楼。"

才见赠》中,以"一闻君语识君心""忽然一鸣惊倒人""天遣君来破吾愿"等诗句,激情赞赏少游才华,是天意安排了他们师生的"遇合"。

2015年9月12日晚,寻访组在徐州城区会齐,受到宗亲、徐州市名中医、云峰教授父女热情迎候。云峰中医药学造诣颇深,且有较深厚的历史文化知识,与寻访组一道认真商量了次日的行程。

徐州是两汉文化的发源地、千年帝都,素有"彭祖故国、刘邦故里、项羽故都"之称;联系我们这次寻访的主题看,徐州更是一座烙上苏东坡深深印记的文化古城,许多景观、名胜都带有鲜明的苏东坡文化符号。少游徐州之行的主要目的就是拜谒东坡,游览徐州名胜也是东坡陪同,因而寻访线路必然带有鲜明的东坡色彩。

次日,由云峰担任向导,保昕驾车,第一个寻访点是徐州古城墙。徐州古称彭城,是中华民族始祖黄帝的最早都城之一,历经约四千年城址位置基本未变。但徐州历代城墙或因战火破坏,或因洪水淹埋,形成了今日徐州老城区"城叠城"的奇观,城门与城门叠压,城墙与城墙、街道与街道重合。现存的古城遗址为清朝嘉庆年间沿袭明城墙城基重建。美国记者埃德加·斯诺名著《西行漫记》里,记载毛泽东主席曾在徐州古城墙绕行一周。

秦少游当年拜谒苏东坡,并举行拜师仪式的宋代州署衙门早已不存,但徐州古城的格局至今仍依稀可辨,一些衙署、庙宇遗址尚存,其中以徐海道署存留最好。徐海道署俗称"道台衙门",是明清两代徐州地区及民国时期徐海道的最高行政机关,现仅存大堂五间和影壁墙一座,为江苏省级文物保护单位。几经周折，寻访组最终在城区一条曲折的小巷深处，拍摄到了道台衙门的影壁墙。

快哉亭公园位于古城墙下，是在原唐代阳春亭旧址上改建而成。熙宁十年（1017）苏轼调任徐州太守，常约宾朋来此避暑雅会。新亭建成之日，僚属请东坡为之命名。东坡挥毫作《快哉此风赋》云："贤者之乐，快哉此风……"从此阳春亭易名为快哉亭。快哉亭此后几经兴废，1989年在原址上恢复重建，与新整修的快哉亭公园同时对外开放。

寻访组到达之时，正值夏秋之交。园内绿树与荷花相映成趣，香气四溢，石板路、假山、池沼、凉亭、曲桥、水榭布局精巧，赏心悦目。园内东南角有一高出地面约5米的独立院落，登上台阶，经过枣红色大门，进入幽静的小院，造型别致、古朴而秀美的快哉亭坐落其中。仿古敞廊环绕相连，花坛、太湖石和花草树木相映生辉。遥想当年，少游在东坡陪同下游览亭园，其心情不亦"快哉"！

出快哉亭公园，驱车来到故黄河畔。北宋熙宁十年（1077）秋七月，黄河决口，徐州遭遇特大洪水。刚到任不久的苏东坡亲率徐州军民，加固堤防，取得抗击洪水的胜利。为纪念战胜洪水之壮举，次年在徐州城东门之上建造黄楼。黄色代表土，取五行中土能克水之意，寓意希望徐州城永无水患之虞。九月初九日，徐州举行黄

◆黄楼

楼落成典礼，万人空巷，盛况空前。东坡邀请文人雅士聚集黄楼之上，饮酒赋诗。苏辙、黄庭坚、王巩等皆以"黄楼"为题作赋。少游时在高邮，东坡特意函请他与诸多名家同题作赋。少游虽未亲临徐州抗洪现场，但他生长在苏北里下河水乡，对水患为害之烈并不陌生。他精心构思酝酿，至岁末方才杀青。其《引》曰：

太守苏公守彭城之明年，既治河决之变，民以更生。又因修缮其城，作黄楼于东门之上，以为水受制于土，而土之色黄，故取名焉。楼成，使其客高邮秦观赋之。

《引》概述东坡建造黄楼的缘由，并点明是应东坡之邀而作赋。文中谦称"其客高邮秦观"，"客"有"门人、门生"之意。少游安排专人携《黄楼赋》并书简，还精选高邮土特产，作诗《以莼姜法鱼糟蟹寄子瞻》，一同专程送往徐州。

这是一首十分特别的诗作，以高邮方言写高邮土物，将礼品名称连缀成诗，并点明特色，是礼单、菜谱又是诗，诗题中就点明了所送礼品"莼、姜、鱼、蟹"等。诗中提到的"团脐紫蟹"是高邮湖大闸蟹的上品，"凫卵"即鸭蛋。高邮以双黄鸭蛋名闻天下，少游这首诗是目前已经发现的关于高邮鸭蛋的最早文字记载，表明九百多年以前，高邮人就已经把鸭蛋作为馈赠亲友的上好礼品。诗歌为高邮留下了一份十分难得的美食方面的文化遗产，近年，高邮烹饪界推出具有地方特色的"少游宴"，菜谱中的一些名菜，如先社芽姜、菰蒲嫩心、团脐紫蟹、"珠联璧合"等，就是从少游诗歌中直接拿来或转化而成的。2012年，在中国·江苏国际餐饮博览会暨第七届江苏省创新菜烹饪技术大赛上，"少游宴"通过了"中国名宴"专家组评审，正式入选"中国名宴"并获得授牌。

东坡读了少游的《黄楼赋》后，兴奋之情溢于言表，迅速作诗答谢："夫子独何妙，雨雹散雷椎。雄词杂今古，中有屈宋姿。"（《太虚以黄楼赋见寄作诗以谢》）赞誉少游的《黄楼赋》具有屈、宋之风韵。屈原、宋玉是楚辞的代表作家，"屈宋姿"对刚刚而立之年的少游来说，评价何其之高！少游复函中谦称："伏蒙奖与过当，固非不肖之迹所能当也。"表达了"愧不敢当"之意。

少游的《黄楼赋》能在许多名家的同题之作中脱颖而出，得到苏东坡的青睐，原因在于其鲜明的特色。明人胡应麟评价："苏长公极推秦太虚《黄楼赋》，谓屈宋遗风固过许，然此赋颇得仲宣步骤，宋人殊不多见。"（《诗薮》）仲宣即"建安七子"之一的王粲，胡应麟此说肯定《黄楼赋》继承了《楚辞》以及汉魏以来的赋体风格，是真正传统意义上的赋，这在宋代十分难得。与少游同为"苏门六君子"的李廌在《师友谈记》中写下了如此评语："少游之文，辞虽华而气古，事备而意高，如钟鼎然……宜乎东坡称之为天下之奇作也。"少游为徐州这座城市留下了名篇佳作，也因此为自己赢得了"屈宋之才"的美誉。

伫立故黄河大堤，眼前水面宽阔，水流清澈，两岸壮观的大理石护栏不见尽头。黄楼作为徐州市苏轼文化的重要符号，千年以来屡毁屡建。重修后的黄楼坐落于故黄河南岸大堤上，是徐州五大名楼之一。近年，徐州以黄楼为主体，建成了黄楼公园。入公园一路走去，有临水而建的精美船舫。园内一面宽阔的墙上嵌有表现苏东坡在徐州抗洪业绩的大型石雕组图，分为"抗洪保城、筑城安民、以诗会友、惜别徐州"四幅，黑色大理石，阴文线刻。其中"以诗会友"一幅刻有少游把卷挥毫的潇洒形象。

黄楼主体正在大修，被脚手架裹得严实。征得施工人员同意，我们钻进楼内，看到已经斑驳的《东坡在徐州》大型彩绘，林林总总嵌于壁上的诗文石刻。苏辙撰文、苏轼书写的《黄楼赋》石碑，立于一楼中间位置。走出黄楼，远距离仍可见黄楼的凌空飞檐。寻访组离开后半年之久，云峰发来了黄楼主楼大修后重新面世的图片，弥补了我们当初的缺憾。

距黄楼公园不远，有一座"五省通衢"牌楼。牌楼突兀立于故黄河岸边，壮观而有气势，凸显出徐州重要的交通战略地位。

云龙山自古为徐州名胜，位于徐州城西，因山间云气蜿蜒升腾如龙而得名。少游在徐州时间虽然短暂，但经东坡引荐，结识了隐修于云龙山的高士云龙山人。云龙山人姓张名天骥，字圣塗，东坡与之交厚。张山人三十八岁未曾娶妻，东坡曾热心为其作伐，虽未有结果，但也总算是一

◆ 黄楼公园碑墙上的秦观像

《名胜志》："云龙山。在徐州城西二里。山出云气，蜿蜒如龙，故名。"

◆《放鹤亭记》碑

元丰元年（1078）十一月初八日，东坡率"宾佐僚吏"入山访张山人，饮酒于放鹤亭，熙熙而乐，乃作《放鹤亭记》，中有放鹤、招鹤之歌：

　　鹤飞去兮西山之缺，高翔而下览兮择所适。翻然敛翼，宛将集兮，忽何所见，矫然而复击。独终日于涧谷之间兮，啄苍苔而履白石。

　　鹤归来兮，东山之阴。其下有人兮，黄冠草屦，葛衣而鼓琴。躬耕而食兮，其余以汝饱。归来归来兮，西山不可以久留。

《放鹤亭记》是一篇脍炙人口的散文，被选入《古文观止》，放鹤亭与云龙山因此名声大振。放鹤亭屡坍屡修，现在所见放鹤亭为清同治十一年（1872）复建，1979年重修。面阔三间，歇山飞檐，古朴幽雅，"放鹤亭"匾额为东坡手迹。南边10余米处的招鹤亭，规模比放鹤亭小得多。因正在维修，脚手架围绕，未能一睹庐山真面目。放鹤亭西侧有饮鹤泉，泉亭相依已逾千载。放鹤亭、招鹤亭、饮鹤泉共同构成文化底蕴深厚的云龙山景观名胜。

云龙山与东坡相关的景观远不止这段佳话吧。东坡《放鹤亭记》提到："熙宁十年秋，彭城大水，云龙山人张君之草堂，水及其半扉。明年春，水落，迁于故居之东，东山之麓升高而望，得异境焉，作亭于其上。"可知张山人草庐因大水而迁于现址。

放鹤亭周边风景奇异而多变化，"春夏之交，草木际天；秋冬雪月，千里一色。风雨晦明之间，俯仰百变。"张山人行为高洁，雅好养鹤。二鹤清晨放飞任其翱翔，傍晚望东山而归，故命其庐为"放鹤亭"。

些。从北门入山不久，山间石级旁边有一座以东坡《喜雨亭记》命名的"喜雨亭"，可供游人小憩赏景。半山腰还有一重要景观"东坡石床"。这一年的九月十九日，东坡携好友张山人、王巩等豪饮后，由黄茅岗登上云龙山。行至半途，感觉醉意十足，睡眼蒙眬，难以自持，便仰卧山石之上。堂堂太守醉卧于此，引得众人拊掌大笑。东坡乘醉吟诗道：

> 醉中走上黄茅冈，满冈乱石如群羊。
> 冈头醉倒石作床，仰看白云天茫茫。
> 歌声落谷秋风长，路人举首东南望。
> 拍手大笑使君狂。

后人为纪念苏东坡，将其所卧之石称作"东坡石床"，并修建了一座"醉石亭"，以保护"东坡石床"。20世纪末，又在醉石亭前塑立了一尊东坡石雕像。

少游来访，东坡陪同入山拜访张山人。少游与张山人虽是初会，却十分投缘，作诗《戏云龙山人二绝》。其二云：

> 选胜只携长胫鹤，入廛还驾短辕车。
> 时人若问虚玄事，笑答无过李老书。

诗歌描写出一个携长胫鹤、驾短辕车的世外高人形象。而初次见面，诗题中便用了"戏"字，可见两人一见如故、无拘无束的亲密感。放鹤亭的命名是在这一年的十一月，少游来访是在四月，其时虽有张山人草堂，尚未有"放鹤亭"之名，这大约是少游未有题咏放鹤亭诗歌的主要缘由吧？

下云龙山，来到云龙湖畔，一条新建成不久的高等级公路位于山脚与湖畔之间。向东眺望，云龙山蜿蜒起伏，仿佛游

◆ 招鹤亭

◆ 饮鹤泉

龙之状。绿色植被一派青葱苍翠，从山冈一直绵延到山脚。向西极目，云龙湖绿树环绕，碧波荡漾，宛若镶嵌在城市中心的一颗明珠。车行环湖路上，犹如行走在城市花园之中，令人赏心悦目。大家感慨，徐州是重要的交通枢纽，苏北地区一个重工业城市，以往给人的印象是雄浑、壮美。而眼前湖光山色相映成趣，让徐州这座历史厚重的城市平添了几许江南的秀美和妩媚。

云龙湖东、南、西三面群山环绕，唯有北缺一口，高处望去形如簸箕，故民间称之为"簸箕洼"，其名沿袭已有千年以

上。一次，苏东坡率僚属游云龙山、云龙湖。放眼望去，湖水状如一条大沟，三面环山，一面临城，遂赋诗云："笔踪好在留台寺，旗队遥知到石沟。"（《答王定民》）故云龙湖又别称"石沟湖"，民间讹为"石狗湖"。

在距城区西南二十余里的汉王镇丁塘山，有一古迹拔剑泉。史载，公元前205年春，受封汉王的刘邦被项羽追赶，兵退至丁塘山下，人困马乏，数日未饮滴水，军士饥渴难忍。刘邦走投无路，掷宝剑立于地，仰天长叹道："天亡我也！"没想到拔出宝剑，泉水从剑缝喷涌而出，源源不绝，形成了一个蓄水湖，后人名之为"拔剑泉"。东坡曾设想开辟拔剑泉通往石沟湖的水道，引泉水入湖，然工程尚未完成即已调任。为缅怀东坡的治水之功，云龙湖又有"苏伯湖"之称。20世纪80年代，徐州人在云龙湖畔建起一座苏公塔，五层八角，金琉璃饰顶，"苏公塔影"成为著名的"云龙湖十八景"之一。

在汉王镇拔剑泉景区，我们看到了那一眼带有传奇色彩的泉井，水清可鉴。放眼望去，湖水、长亭和绿荫相映成趣，一

边汉王仗剑塑像傲然屹立。午后，寻访组一行从拔剑泉返程，来到云龙湖景区，漫步深水廊道，欣赏神秘的湖底世界；在苏公塔前驻足留影，缅怀苏公当年的治水业绩；登上湖边观景船舫，饱览湖光山色之倩影。想到自己正是循着少游与东坡等名流游览的足迹，心境也如同眼前的景色一般，澄净透明，开阔而明朗。

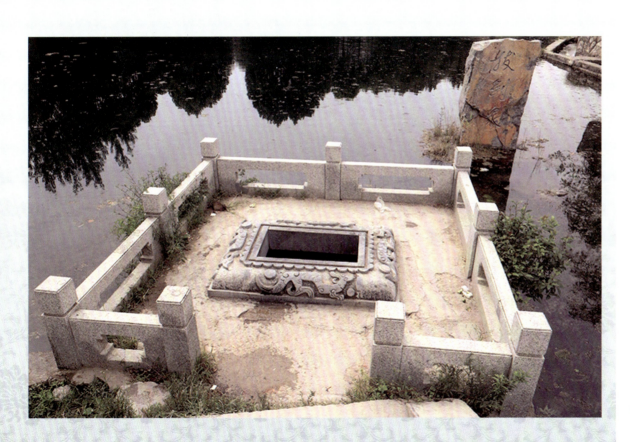

◆ 拔剑泉

三过霅溪 （第八章）

● 飞英塔

城市名片
名称：湖州市（浙江省地级市），
别称菰城、乌程、吴兴、湖城。
位置：浙江省北部，太湖南岸。
主要景点：飞英塔、铁佛寺、龙王山、莫干山、大汉七十二峰、安吉竹博园、莲花庄公园、霅溪馆等。
地方特产：湖丝、湖笔、羽扇、太湖三宝、安吉白片、莫干黄芽、顾渚紫笋等。

元丰二年（1079）夏四月初，秦少游开始了他人生最长的一次漫游。初行的目的，是赴会稽（今浙江省绍兴市）探望祖父承议公和叔父秦定。恰好苏东坡自徐州转任湖州太守，途经高邮，少游遂与僧友参寥子法师一同搭乘东坡官船顺流南下。此行从高邮至湖州，由文坛领袖苏东坡率队，经扬州、润州（今江苏省镇江市）、无锡和松江。每至一处，游览名胜，诗歌唱和，成果颇丰，成了一次名副其实的"文化之旅"。

到达湖州，已经是五月初。东坡是新任太守，他以东道主的身份，盛情款留少游和参寥子，安排他们下榻府西观音院中。少游赋诗《泊吴兴西观音院》，首句云："金刹负城阇，阒然美栖止。"描写观音院邻近城边，环境清净，是一个绝好的栖息之所。这一首诗歌风格豪壮，慷慨之气充盈其间，与其一贯的婉约风格差异明显。最末两句直抒胸臆：

志士耻沟渎，征夫念桑梓。
揽衣轩楹间，啸歌何穷已。

沟渎即沟渠，与之相对应的是大江大河。体会诗句，可以触摸到诗人旅途之中那种掩抑不住的逸兴豪情。而临窗"揽衣啸歌"则生动展示出青年时期的少游志在四方、壮怀激烈的形象。

次日，恰逢传统的端阳节，苏东坡陪同少游与参寥子泛舟城南，遍游观音院、玄妙观、天庆观和飞英寺等。众人游兴极高，分韵作诗。少游《同子瞻端午日游诸寺得深字》诗云："复登窣堵波，环回瞩嶔崟。""窣堵波"是梵文佛塔的音译，"嶔崟"则是小而高的山。众人一同登上飞英塔,湖州秀丽景色尽收眼底。少游有诗句:"双溪贯城郭,暝色带孤禽。"湖州古有苕、霅二溪,纵贯全城,光绪《乌程县志》载:"霅川漫流群山,环列秀气可掬,城中二溪横贯,此天下所无。"少游紧扣湖州这一景观特色,突出"双溪"和"孤禽"两个意象,境界开阔,静中有动,深得历代诗评家佳评。

诗句"挥箑订往古,援毫示来今",描写众人手挥羽扇,提笔赋诗,纵论古今,其才华横溢、指点江山、潇洒倜傥的气概呼之欲出。这一联诗句提及的箑(羽扇)和笔,皆为湖州特产。湖笔被誉为"笔中之冠"。湖州羽扇因用料考究、巧夺天工,自古享有盛誉。而笔和扇皆为古文人钟爱之物,想必少游此行一定获赠了湖笔和羽扇,故在诗中歌而咏之。

2016年9月19日,寻访组在无锡会齐,保昕驾车,开始了对湖州的寻访。湖州位于太湖南岸,与无锡隔湖相望,是环太湖地区唯一因湖而得名的城市,有"南太湖明珠"之美誉。追寻少游的足迹,我们的第一个寻访点就是观音院。

观音院即铁佛禅寺,位于湖州市区劳动路中段,寺前有高大的牌坊,广场肃穆庄严,闹中取静。寺僧介绍,铁佛禅寺始建于唐朝开元年间(713—741),原名开元寺,距今已有一千三百余年。唐天宝元年(742),鉴真大师三次东渡日本未成,从明州(今浙江省宁波市)阿育王寺经越州(今浙江省绍兴市)、余杭(今浙江省杭州市)来湖州,在此讲经授戒。开元寺常遭火灾,佛像每有毁损,鉴真大师提议铸一尊铁观音像。北宋天圣三年(1025),承鉴真遗愿铸成铁观音像供奉,改称铁佛观音院,一时名闻遐迩,香火极盛,苏杭二州都有成批的香客前来敬香礼佛。

少游下榻观音院时,铁观音像方铸成五十余年。明洪武二年(1369)寺院移至今址,改称铁佛禅寺。后寺院屡废屡兴,1963年被列为浙江省文物保护单位。"文革"当中,寺院被毁,改为湖州镇蔬菜大队耐火厂。现在的寺院为2009年在原址恢复修缮,占地约2500平方米,规模更胜从前。

走进寺院,迎面就是供奉铁观音像的观音殿。观音像上方有"宋铸铁观音"匾,像高2.15米,重约1.5吨。观音发髻高

相传秦大将蒙恬"用枯木为管,鹿毛为柱,羊毛为被(外衣)"发明了毛笔,因此湖笔之乡善琏镇建有蒙恬庙供之。

◆飞英塔内塔

不碎,炼而不化,仅仅失去一手指,一时传为佳话。后经专家分析,原因是铸像时加入了锰、铬、镍等十三种稀有金属元素,因能幸存至今。观音殿不算高,铁观音像体量也不算大,但是,历经炼火的铁观音像是铁佛寺无可争议的镇寺之宝。毫无疑问,我们所见和少游当年所见应为同一尊佛像,然时光流逝千年,其历史和文物价值又何止升值千倍!

走进塔下街,远远已见巍巍高塔直指苍穹。飞英塔始建于唐咸通十四年(873),高僧云皎得僧伽大师所授舍利七粒和阿育王饲虎面像,于此建石塔珍藏。塔成之日,有神光现于绝顶。北宋开宝年间,于石塔外建木塔罩之,形成独具一格的"塔里塔"景观。

飞英塔名源于佛经语"舍利飞轮,英光普现",这是正统说法;而民间传说则与一个凄美的爱情故事相关。南北朝陈朝开国皇帝武帝陈霸先是湖州长兴人,出身贫寒,从小父母双亡。15岁时,因犯命案,逃到湖州城中钱员外家中打工。钱员外家产百万,年过半百。有一女名飞英,才貌双绝,且与陈霸先同庚。因羡陈霸先年轻

踞,衣褶流畅,双手交叉,赤脚露趾,侧立于莲花座上,其体态丰腴,仪态端庄,神姿飘逸,有"东方维纳斯"美誉。据考证,这尊铸像开男相观音转女相观音之先河,在佛教造像史上具有划时代意义。在湖州民间还流传着一段传奇故事:"文革"中,寺院佛像被焚毁殆尽,而铁观音砸而

英俊，而生爱慕之情。她每晚在后花园陪陈霸先读书识字，偷学兵法，并勉励其将来干出一番事业来。如此三载，从未间歇，并互诉衷肠，私订终身。钱员外得知，恼羞成怒。为斩断女儿情丝，遂买通官府，将陈霸先打入死牢。陈霸先越狱投军，并与飞英誓约，绝不相负。

陈霸先登上帝位之后，旋即派钦差飞马赶往湖州，迎娶飞英小姐，谁知飞英小姐早已谢世。原来，陈霸先逃离后，钱员外屡逼飞英另择婚配，飞英誓死不从，父女反目。陈霸先多年音讯全无，飞英相思成疾，最后在抑郁中含恨死去。陈霸先痛心疾首，白衣素服，亲临湖州吊唁飞英，特造"塔里塔"，以"飞英"命名，以表永久怀念之情。

史载，飞英塔内外塔曾多次毁损。1929年，塔顶因长期漏损而突然倒塌，内、外塔均遭重创。1961年，飞英塔被确定为省级文物保护单位；1981年，国家文物局拨专款修缮，历时五年，这一国内罕见的古塔珍品重现昔日风貌。1988年，国务院公布飞英塔为全国重点文物保护单位。

飞英塔外塔是一座壮丽的砖木结构楼阁塔。沿楼梯走进塔内，一座造型独特的石塔突兀出现在眼前。塔顶已毁，塔身有多处破损，但其制作精美仍令人震撼。塔以一百多块青石按木构楼阁式塔的形式，分段雕刻叠砌而成，八面五层实心，每层每面都雕有佛像，整座石塔看上去就是一件巨型的唐代石雕艺术珍品。特别是须弥座，图案精美，栩栩如生，是石塔雕刻的精华所在。站在回廊上俯视园内景色，池中莲叶田田，池边绿树婆娑；六客堂、韵海楼、墨妙亭等亭台楼阁错落其间，增添了公园的文化内涵。

与苏东坡分手后，秦少游遂从湖州赶往会稽省亲。时隔仅仅三个月，形势急剧恶化，苏东坡于湖州任上被捕入京。其罪名因诗而起，案件由御史台举报并审理，宋代御史台又称"乌台"，故史称"乌台诗案"。少游闻讯，与参寥子急渡钱塘，赶赴湖州，找到与东坡相厚的陈书记、钱主簿等人，探询消息，商量营救之策。然少游与参寥子皆为平头百姓，陈书记、钱主簿也官微言轻，根本无力回天。东坡蒙难，少游眼望霅溪一片秋色，满目萧然，感而赋七绝《霅上感怀》：

七年三过白蘋洲，长与诸豪载酒游。
旧事欲寻无处问，雨荷风蓼不胜秋。

"霅"是一个象声词。湖州境内东苕溪与西苕溪发源于天目山，分流至湖州市区后汇合，溪水湍急，霅然有声，故名霅溪。苕溪与霅溪源出一脉，自古就是湖州的主要河流。因此，湖州又有霅上、苕霅、霅川等别称。唐代大书法家颜真卿在湖州任内曾建霅溪馆，作为聚会吟咏之所。"白蘋洲"在城区东南，诗中代指湖州。少游回忆此前"三过白蘋洲"，与师友们游宴赋诗、尽情欢聚的往事，与眼前东坡被捕后的满目凄凉形成强烈对照。诗作于秋七月，少游以"雨荷风蓼"这一霅溪特有秋色的渲染，景中寄情，表达出一种物是人非、无限伤感的情绪，抒发出因东坡被捕而难以承受的心灵之痛。

秦少游"七年三过白蘋洲"，三次时间皆可考。本年五月与东坡同船抵达湖州为第三次。第一次是七年之前的熙宁五年（1072），孙莘老任湖州太守，年方24岁的少游来访。原因一说是受邀任孙莘老幕府，一说只是来湖州漫游。逗留期间，少游在湖州留下了自己的墨宝。少游擅长书法，故而孙莘老亲撰《屯田郎中俞汝尚墓表》，特请少游代为书写。

第二次是在熙宁九年（1076）初，少游拜访湖州太守李公择。李太守倾慕秦少游才名，亲自陪同游览了湖州著名寺院及诸名胜，一同瞻仰了佛牙舍利。少游平素对佛道有着浓厚的兴趣和精深的研究，赋诗《陪李公择同观金地佛牙》，叙述佛牙舍利的由来，描写舍利如明珠般的宝色光泽，还抒发了观后的感慨："因悲人生信如梦，浪逐声势霜鬓须。"叙事、论理中直接运用了较多的佛门术语和典故，显示出深厚的佛学功底。诗歌虽未点明是何

◆ 霅溪风光

寺院，然湖州宋代有记载珍藏佛舍利的唯有飞英塔，因而大致可以推断佛牙是在飞英寺所见。

第二次来湖州，少游还拜访了当地名士白牛居士陈舜俞。舜俞字令举，与少游皆有才名，相互倾慕，相见恨晚。他在自家府邸设宴盛情款待，并请出一个名叫妙奴的小鬟歌舞助兴。少游为其盛情所动，即席赋《陈令举妙奴诗》，有诗句：

西湖水滑多娇嬬，妙奴十二正芬芳。
肌肤皙白发脚长，含语未发先有香。
溪上夜燕侍簪裳，皎如华月堕沧浪。
音声入云能断肠，不许北客辞酒浆。

诗歌描写了一位肌肤如雪、青丝细长、娇羞含情、香气袭人的西湖美女形象。妙奴的声音特别动人，因而劝酒的时候竟让少游感到难以推辞，只能一醉方休。《西湖游览志余》记载了少游这一段风流轶事："妙奴者，钱塘陈令举小鬟也。令举宴少游，出以佐诗，少游赠之以诗云。"史志虽有记载，然白牛村今日已经难以寻觅。

出飞英寺，寻访组改道去寻访少游诗歌中描写的雪溪和白苹洲。查阅资料，颜真卿所建雪溪馆在今湖州老城区馆驿河头。但是，走到老城区一条名叫衣裳街的步行街，导航显示已接近目的地，可询问当街市民和执勤民警，却不知道有个雪溪馆。沿熙熙攘攘的老街一路向前寻找，终于在街的右侧找到了馆驿巷。沿曲巷走到尽头，一条宽阔的河流出现在眼前。河边有"雪溪馆"石牌坊，河上石桥建有仿古亭阁。想必这就是那条"雪"然有声的雪溪了，然从桥上看去，河水荡漾着细细的

◆ 雪溪廊桥

《宋史·陈舜俞传》载："舜俞字令举，湖州乌程人，博学强记，举进士，又举制科第一。"后弃官归乡，居白牛村，自号白牛居士。

涟漪，一丛一丛绿萍样的水生植物浮于水面，显得十分安详，似乎已失去了当年的野性。霅溪馆面河而建，青砖黛瓦，仿古木格门窗。"霅溪馆"匾额为颜体，圆润厚重。门前一块石碑刻有"湖州古代贤守纪念馆"，右侧有苏东坡大理石的雕像，墙面是一幅《东坡会友图》浮雕。然馆门紧闭，看来平日并不开放，这大约也是市民知之甚少的原因所在吧？

◆ 霅溪馆东坡会友图浮雕

白苹洲位于湖州市区东南隅，风光旖旎，为一郡之胜。唐宋时代，诗人多以白苹洲代指湖州，唐代大诗人白居易曾写下《白苹洲五记》。少游离开后的若干年，宋末元初，白苹洲成为杰出书画家赵孟頫故居。他幼年在此读书，晚年回归故里，建造别墅，种植莲花百顷，因改称莲花庄。1986年，湖州市将其改造为一个古典园林式的公园。园内水面广阔，松雪斋、大雅堂、题山楼、晓清阁等楼阁邻水而立，假山、池沼与水面莲花相互映衬，赵孟頫书画手迹石刻以及近现代名家手迹点缀其间，体现出一派江南水乡的风韵，成为市民休闲的绝好之处。

出园门沿右拐前行不远，就到了中国湖笔博物馆。沿街制作、展示、出售湖笔的商店毗邻成片。中国湖笔博物馆与赵孟頫艺术馆相邻，建成于2001年。馆内展示湖笔简史、制作技艺、湖笔习俗、湖笔与名人等，是目前国内唯一系统介绍湖笔文化的主题博物馆，凸显出"中国毛笔之都"的文化特色和历史地位。

龙井留芳

九

元丰二年（1079），中秋后一日，秦少游自湖州返回会稽，途经杭州，接到了龙井寿圣院辩才大法师函邀，往龙井山一游。

"十五月亮十六圆。"在秦少游的记忆中，当晚月色分外明朗，银辉泻满湖光山色，"林间月明，可数毛发。"少游行船至雷峰塔下的普宁寺，与法师参寥子会齐。本有龙井派来的篮舆（竹轿）迎接，因时间错过，已先自返回。两人商议，若乘此月色，徒步夜访龙井，岂不更有情趣？于是弃舟登岸，沿湖边小径，策杖逶迤缓行。

少游后作游记《龙井题名记》，全文仅两百多字，记述一路经雷峰塔、南屏山、惠因涧、灵石坞，一直登上风篁岭，憩息

◆ 西湖

城市名片

名称：杭州市（浙江省省会），别称临安、钱塘、武林、余杭等。

位置：浙江省北部、钱塘江下游北岸、京杭大运河南端。

主要景点：西湖、灵隐寺、龙井寺、千岛湖、西溪国家湿地公园、钱塘江、良渚遗址、瑶琳仙境等。

地方特产：杭州丝绸、西湖龙井、西湖藕粉、西湖绸伞等。

◆ 龙井村秀色

于龙井亭中。从西湖到龙井，沿途还经过普宁寺等十余座佛寺，"皆寂不闻人声。道旁庐舍，或灯火隐显，草木深郁，流水激激悲鸣"。一路静谧幽绝，少游感慨，此情此景"殆非人间有也"！景美文亦美，《龙井题名记》文词空灵俊逸，读之有超凡脱俗、置身人间仙境之感。苏东坡专门写了《秦太虚〈龙井题名记〉跋尾》。宋人郑清之《跋》云："余每爱少游支筇步月，敲辨才门，夜半清话，殆非人间世。"评论界赞誉少游该文能与苏东坡的《记承天寺夜游》媲美，甚至有人（明徐渭）"疑似东坡作"。

辨才法师在龙井亭迎候少游与参寥子。这是一位极富传奇色彩的得道高僧，苏辙《辨才法师塔铭》与少游《录龙井辨

才事》都记载了他许多传奇轶事。辨才出生之时,左肩上有肉隆起,如袈裟条纹,八十一天后消失,与其终年八十一岁暗合。苏东坡《赠上天竺辨才师》描写出他的仙风道骨:

中有老法师,瘦长如鹤鹄。
不知休何行?碧眼照山谷。

更有一等奇事,辨才作《龙井十题》诗,东坡读后惊叹道:"辨才作此诗,时年八十一矣,平生初不学作诗,如风吹水,自成文理。"(《跋参寥辨才少游唱和诗》)少游亦为《龙井十题》作跋:

辨才法师谢天竺讲事,退休于龙井寿圣院,凡堂室斋阁,山峰水泉,皆名以新意。复作诗继之,号《龙井十题》。其言清警,发人之妙思,信非世间音也。

苏轼《秦太虚龙井题名记跋尾》:"览太虚《题名》,皆余昔时游行处,闭目想之,了然可数。"

平生未曾学诗，可是一旦出手，却是常人难及，可见辨才修为非凡人能比。《西湖志》记载，辨才有一个名叫怀楚的弟子，将少游题跋刻石立碑于龙井。碑今不存。

辨才法师德高望重，隐居龙井，慕名来访者络绎不绝。访客甚众，辨才年事又高，难以一一应承，于是立下一清规："殿上闲话，最久不过三炷香；山门送客，最远不过虎溪桥。"虎溪是龙井泉流下的一条小溪。有一次，东坡来访，相谈十分尽兴，送行时不知不觉过了虎溪桥。经左右提醒，辨才方才察觉，哈哈一笑，信口引用了杜甫的两句诗："与子成二老，来往亦风流。"并自吟古风一首记述此事，有诗句"过溪虽犯戒，兹意亦风流"，意思说虽然越过虎溪犯了自己定的清规，但也不失为一段风流佳话。这就是历史上"过溪犯戒"典故的由来。后来，人们在虎溪桥上建亭纪念，命名"二老亭"，又名"过溪亭"。

辨才法师兴致很高，陪同少游和参寥子一道登照阁、游观音洞和佛日净慧寺等景观，一路诗赋唱和。少游赋《照阁》《观音洞》《佛日净慧寺》等诗歌。大约是受辨才法师和周边环境的熏染吧，虽是写景诗，却字字句句透出浓浓的僧界气息，如《观音洞》诗云：

匹马骄嘶石路斜，观音洞口踏烟霞。
普陀风景差相似，只欠潮音小白花。

游览之余，众人折回龙井亭小憩，载酒论文，品茗听潮。酒酣之时，辨才恭请少游为龙井作记。少游游兴正浓，欣然从命，挥毫作《龙井记》。这是一篇关于龙井的"小传"。龙井，旧名龙泓，本是一眼山泉，位于风篁岭之上，深山乱石当中。传说龙井与海相通，汩汩泉水是从东海龙王那里流过来的，故龙井泉水终年不息。《龙井记》还借辨才法师之口，盛赞龙井之德：

此泉之德，至矣！美如西湖，不能淫之使迁；壮如浙江，不能威之使屈。受天地之中，资阴阳之和，以养其源。推其绪余，以泽于万物。虽古有道之士，又何以加于此！

少游用拟人手法，以西湖比其美，以浙江比其壮，受天地阴阳而润泽万物，将龙井描写成了一位得道的世外高人。

《龙井记》一经问世就广为传播，少

老龙井

游好友、著名书画家米芾亲笔书写《龙井记》，勒石立于龙井。历经五百多年的风雨沧桑，碑石文字渐渐模糊残缺。明代大书法家董其昌仰慕少游才华，曾亲笔书写少游《满庭芳·山抹微云》词。明天启二年（1622）游览龙井时，挥毫重书《龙井记》，由钱塘人金嘉会勒石，重立于龙井，这便是后来所见《龙井记》碑。

少游二十八世孙秦瀛任职浙江时，于嘉庆元年（1796）十二月新建淮海先生祠堂，请名家摹刻少游像，补录《龙井题名记》，刻之于石，请龙井寺僧嵌置于寺壁之上，作《龙井新建淮海先生祠堂记》云：

龙井之名何以著？以辨才僧居龙井著也。辨才居龙井何以著？以余远祖淮海先生为辨才作《龙井记》著也。

寥寥数语，揭示出龙井所以名扬天下与少游文章的内在关系。这并非少游后人的溢美之词，咸淳《临安志》中亦有大致相同的评价。杭州西湖以产龙井茶名扬天下，正是东坡、少游等文章圣手当年的文化之旅留下名篇佳作，辉映古今，遂使处于深山之中的龙井名扬天下，泽被千秋，惠及后世。

时光过去了九三七年，寻访组一行踏上了杭州的寻访之旅。古城杭州是吴越文化的发源地之一，素以风景秀丽著称，自古就有"上有天堂、下有苏杭"的美誉。而西湖及其周边众多自然及人文景观天下驰名，成为杭州城的象征。我们本打算选一个"历史上的今天"，即少游夜访龙井的农历八月十六日，赴西湖、龙井实地寻访，因G20峰会在杭举行，故稍稍推迟，于农历八月十九日（2016年9月19日）方启程。

沿西湖向西，就是风篁岭龙井寺。时间已是下午4点光景，原来晴好的天气渐渐转阴。找到龙井寺管理处的负责人，一位张姓女士，介绍了我们此行的意图，并就龙井的变迁以及秦少游相关遗迹等进行请教并交流。经张女士介绍并查阅相关资料，我们了解到：龙井寺的前身就是寿圣院，始建于五代后汉乾祐二年（949），原名报国看经院，北宋熙宁间（1068—1077）改称寿圣院。元丰二年（1079）初，高僧辨才法师自天竺归老此寺，修葺屋宇，整修路道，请苏东坡题写匾额，寺院

◆ 龙井记碑

光绪《杭州府志》载："秦观《跋辨才十题》。（《西湖志》：旧在龙井，元丰二年八月，秦观跋，辨才徒怀楚刻石。）"

◆ 秀萃堂

得到振兴。明正统年间（1436—1449），寺院移建于风篁岭下。历史上的寿圣院殿宇恢宏，香火鼎盛。清乾隆二十六年（1761），清乾隆帝南巡经此，观景品茗，兴致盎然，亲题"湖山第一佳"匾，又撰书"龙井八景"，分别为过溪亭、风篁岭、方圆庵、龙泓涧、神运石、翠峰阁等。后历经沧桑，多数建筑被损毁。新中国成立后，寿圣院荒废，其址改建为龙井茶室。而建于其侧的淮海先生祠堂亦荒废，少游像碑、《龙井记》碑以及《龙井题名记》碑等皆下落不明。2005年，杭州市以弘扬龙井茶文化为宗旨，深入挖掘人文内涵，力图将龙井打造成"茶为国饮，杭为茶都"的实证，按历史原貌整治了龙井泉和问茶古道，修缮、恢复了御书楼、翠峰阁、秀萃堂、听泉亭、清虚静泰、风篁余韵馆等殿阁，龙井寺呈现出昔日山水之胜、林壑之美以及泉文化、茶文化、佛教文化之厚重。

我们在龙井寺内外和风篁岭上下粗略浏览，待赶到龙井村时，天色已晚，还淅淅沥沥下起小雨。大家心想，苏东坡笔下的雨中西湖别是一番情趣，"水光潋滟晴方好，山色空蒙雨亦奇"；更何况 G20 峰会《最忆是杭州》演出之后，西湖灯光之美惊艳全球。天赐良机，今晚何不就此饱览一下细雨迷濛的西湖夜色呢？无奈天公不作美，细雨变成了大雨，只得留下一份遗憾，将寻访的行程推迟到第二天。

翌晨，第一个寻访点是少游文章中累累提到的雷峰，只是时间太早，雷峰塔景区园门尚未开放，只得先从其他景点起步。雨后的西湖，空气分外清新。我们从断桥、白堤、平湖秋月、曲院风荷、苏堤、杨公堤……沿湖一路细心寻觅少游的足迹。一湖碧水，涟漪轻漾；正是莲子结实的季节，弥望的莲叶，枝枝肥硕的莲蓬。环湖绿树参差，如烟似雾；亭台水榭，错落其间。从"平湖秋月"远眺对面雷峰塔，晨曦中显出绰约的风姿。西望苏堤横亘，郁郁葱葱；远处山外青山，起伏连绵；湖光山色，美不胜收。我们由衷地想起了那位给西湖留下无尽精神和物质财富的苏东坡，想起了他与秦氏兄弟的交往。

元祐四年（1089）夏四月，苏东坡出任杭州太守，少游三弟少章有幸从之为学，令人羡慕不已。黄庭坚为此写了一首很有名的诗《送少章从翰林苏公余杭》：

东南淮海惟扬州，国士无双秦少游。
欲攀天关守九虎，但有笔力回万年。
文学纵横乃如此，故应当年有季子。

诗中"季子"即指少章。少章得随东坡左右，经其点播，学业大进。正所谓"士别三日当刮目相看"也。此后不到两年，少章进士及第，虽有本人天赋和努力，而东坡等名家的指点、教诲当是助其成功的重要因素。《临安志》载，少章在杭州曾作诗《献东坡》：

十里荷花菡萏初，我公所至有西湖。
欲将公事湖中了，见说官闲事亦无。

苏东坡先后在杭州、颍州任职，两地皆有西湖，故诗云"我公所至有西湖"。诗歌称颂东坡政事宽简，《王直方诗话》载，

咸淳《临安志》载："二苏、赵、秦诸贤，皆与辨才为方外交，名章大篇，照耀泉石。龙井古荒刹，由是振显，岂非以其人乎？"

时人称东坡"但只消遣湖中，便可以了郡事"。泛舟西湖之中，就能将公事轻松处理掉，这是何等的洒脱！苏东坡赞美杭州西湖的名句"欲把西湖比西子，淡妆浓抹总相宜"为世人熟知；他也曾赋诗"大千起灭一尘里，未觉杭颍谁雌雄"，感叹杭州、颍州西湖之美相与媲美，各有千秋。南宋诗人杨万里有诗云："三处西湖一色秋，钱塘汝颍及罗浮。东坡原是西湖长，不到罗浮那得休？"则又增加了一个罗浮（即惠州）西湖。不仅如此，此前东坡任太守的湖州也有个西湖。后东坡贬谪途中经过雷州，与胞弟苏辙一同泛舟罗湖，雷州人为纪念此事，将罗湖改名为西湖。东坡真不愧是名副其实的"西湖长"。学者认为，《献东坡》更似少游语气，诗为少游所作。其实不管是谁所作，都体现了苏氏与秦氏兄弟非同一般的深情厚谊。

出西湖，从龙井路一直往西，直抵龙井村口，圆木结构的牌坊，简洁而质朴。沥青路面延伸进村里，沿街民居、店铺随山势起伏。不闻鸡犬之声，三三两两的游客显得十分悠闲。登上狮子峰，蓝天白云下面，漫山遍野的茶园一片碧绿，一幢一幢民居隐约其间，呈现出宁静而温馨的乡村气息。

从龙井村往回走约两三里，就是老龙井——少游为之作记的龙井。井壁圆形，高约50厘米，壁厚约15厘米。有游人正用水桶从井中汲水，井壁已被井绳磨出几道深深的凹痕。井壁正面镌刻"老龙井"三字，字体圆润饱满，传原为苏东坡题书。游人到此，总要在上面摸一摸，"老龙井"三字被摸得水光锃亮。几个村民热情地邀游客挨个挨个从井中打水，并介绍说井深有五六十米，井水很有灵气，这倒与少游《龙井记》记述龙井与东海相通之说吻合。虚虚实实，难以断定，但是可以肯定的是，这口千年古井，至今仍保持着旺盛的活力。

从老龙井前行500米左右，寻访组再访龙井寺，继续昨日未尽的寻访。入口处立一巨石，镌有"龙井问茶"四字。从"龙井"石牌坊下走过，沿石级下行，走过溪涧上的石桥，穿过"龙井问茶"门楼，是一个由殿阁围合的四合院。三面分别有清虚静泰、秀萃堂、岚翠浮香几座殿堂，而坐北朝南的是风篁余韵馆。馆内龙井茶文化陈列室以图版、实物、雕塑等表现形式，简介龙井寺的历史沿革以及龙井寺历代的茶事活动。迎面是一幅巨大的《三贤品茶图》。史料载：龙井寿圣院原有"三贤祠"，是南宋时供奉苏东坡、辨才和赵抃的。赵抃字阅道，号知非子，曾任杭州太守，是大名鼎鼎的一代能官廉吏。史载其"任殿中侍御史，弹劾不避权势，人称铁面御史"，晚年在寿圣院与辨才一块静修养老。

近年有学者依据元代杭州籍著名诗文家、书画家张雨《独游龙井方圆庵僧照请阅宋五贤二开士象》诗歌考证，龙井方圆庵曾供奉"五贤二开士"像。"五贤"为苏轼、赵抃、苏辙、秦观和胡则。诗歌对七位名士画像一一描述，有诗句"颍滨与淮海，秋色亚层峦"，其中"颍滨"指苏轼胞弟苏辙，号颍滨遗老；而"淮海"就是"淮海居士"秦少游。胡则字子正，曾任杭州太守，是北宋一位著名的清官。"开士"是菩萨的别称，是既能"开悟"自身，又能"开悟"他人的大德高僧，这里供奉的"二开士"就是法师辨才和参寥子。七人都是北宋名臣、名士，都与杭州、龙井有着不解之缘，在当地老百姓心目中享有崇高的声望，所以，也就有了"五贤二开士"共享香火供奉的殊荣。张雨这幅手迹现珍藏于香港中文大学文物馆，落款时间为"至正二年冬季十又六日"。至正二年为公元1342年，可见在此之前龙井已开始供奉"五贤二开士"。

风篁余韵馆西侧，过廊两边玻璃橱内陈列着六块明清古碑，有《龙井茶歌》《乾

◆ 风篁余韵馆

◆龙井泉

隆御题诗刻》以及龙井高僧墓志等，但是毫无疑问，最珍贵、最引人瞩目的还是秦少游撰董其昌书《龙井记》碑。《龙井记》碑于 2004 年在龙井景区被发掘，碑高近 2 米，宽约 1 米，右上角小部分残缺，中间偏上部有斜向断裂。碑文已漫漶模糊，但仍依稀可辨。碑尾小字乃董其昌所书跋语："此文见《淮海集》，此碑乃米元章书，今已不复存。壬戌元正晦秉烛记。其昌。"如今，米芾书《龙井记》碑以及秦瀛摩刻少游像碑、《龙井题名记》碑皆湮没，而此碑独存，成为佐证那一段历史，佐证秦少游与龙井密切关系的实物，其历史价值和艺术价值都极其珍贵。

出风篁余韵馆，一眼就看到了龙井泉。比之老龙井，井口直径大出许多，然井壁略矮略薄。搅动泉水，水面上会出现一条游丝般蠕动的由外向内渐渐缩小而消失的水纹，当地人称之为"龙须"。历经千年沧桑，寺院屡有兴废，但龙井泉依然清冽甘醇，一年四季，从未干涸。泉的一侧，山石嶙峋，近旁还有一眼听泉。山石之上，有依泉而建的听泉亭。沿山间石级盘旋而上，有依据乾隆御封"龙井八景"之一复建的翠峰阁。山道一侧，是乾隆御笔"湖山第一佳"摩崖。山岭最高处，有乾隆当年题写"龙井八景"的御书楼。复建后的御书楼殿阁巍峨，气象庄严，确是品茗赏景、寻古问茶的绝佳境地。

秦少游一生中，还任过一个"杭州通判"的官职。北宋时期，通判是太守的副职，大约相当于"二把手"吧。主要是为了防止州郡官不便管理而设立，作为与州守共同处理政事的官员。这是少游被贬后所任第一个职务。途经泗州时，曾作七绝《送酒与泗州太守张朝请》：

莫笑杭州别驾村，昔曾柱下数承恩。

而今虽是江湖吏，犹有当时七字尊。

因此时职务是杭州通判，故以"杭州别驾"自称；"柱下"，代指在京城为官，"江湖吏"与京官相对应。"七字尊"典出《宋史·吕溱传》。吕溱字济叔，扬州人，状元及第，曾任杭州太守。思维敏捷，善于议论；然为人矜重，接待宾客，不过数语，时人称之为"七字舍人"。此处少游以吕溱自喻，表明自己虽从京官贬为"江湖吏"，但是并不因此而自卑，人格的尊严并未改变。尚未到达杭州，行船至汴水之上，少游又作诗一首，诗题《赴杭倅之汴上作》。"杭倅"即杭州通判。诗中流露出消极出世思想，少游旋被削去杭州通判之职，被贬到更为偏远的处州（今浙江省丽水市）去了。

杭州西湖北边有一座山峰名曰秦亭山，地处西溪路口，是人们进入西溪景区的第一座大山。史籍中有将秦亭山讹传为秦望山，认为是秦始皇巡视留下的遗迹。有研究者对这一说法提出质疑，认为秦亭山与秦少游相关。少游喜好漫游，常以登山赏景为乐。任杭州通判时，筑亭于山上赏景。亭曰"秦亭"，久而久之，山也改称秦亭山了。此事并不见于杭州地方史籍，其依据主要是民国时期的一本导游书《实地步行杭州西湖游览指南》，其中有一段话："秦亭山，山上有圣帝庙，传秦始皇曾驻跸。或曰：宋秦观筑亭其上，故名。"仅凭一本《旅游指南》就确认秦亭为秦少游所筑，依据显然不够充分。诚然，秦少游作为朝廷正式任命的杭州城"二把手"，在山上筑一小亭，本也小事。但是一般史籍记载，少游尚未来得及到杭州就任，就于途中被贬到处州去了，又何能于此筑亭呢？不过我们想，否认秦亭山与秦始皇相关，而将其与秦少游联系起来，这恰恰折射出了杭州人对秦少游的一份素朴情感。

会稽省亲

十

◆ 兰亭碑

城市名片

名称：绍兴市（浙江省辖市），别称会稽、山阴、越州。

位置：浙江省中北部、杭州湾南岸。

主要景点：兰亭、大禹陵、鲁迅故里、柯岩、蔡元培故居、周恩来祖居、秋瑾故居、马寅初故居、王羲之故居、贺知章故居等。

地方特产：茴香豆、臭豆腐干、腐乳、绍兴黄酒、绍兴麻鸭、绍兴鳝鱼、绍兴乳黄瓜等。

元丰二年（1079），秦少游来到古吴越之地会稽（今浙江省绍兴市），探望祖父承议公和时任会稽尉的叔父秦定。

会稽之行是一次心情愉悦的休闲之旅，也是一次创作成果丰硕的文化之旅。在会稽，秦少游有幸结识了一位颇负文名和政声的官员，时任会稽太守程公辟。此时少游的身份还只是一个"白衣秀才"，但是程太守十分倾慕他的才华，给予极高礼遇。从夏至秋，亲自陪同游览会稽诸名胜，诗词酬唱。《秦谱》载，少游"东游鉴湖，谒禹庙，憩蓬莱阁，是时，给事广平程公辟领越州，先生相得甚欢，多登临唱酬之什，作《会稽唱和诗序》《录宝林禅院事实》，又作《会稽怀古》诸词"。

此次漫游，从四月初自高邮起航，至岁暮返乡，历时约八个月之久。这是少游一生中最长的一次漫游。在告别程太守之时，少游敬呈《谢程公辟启》云："潇洒兰亭，常继孙王而供笔；风流莲社，屡陪刘阮以焚香。"文中引用了"兰亭会"典故。因为同是在会稽，少游便信手拈来，把此次旅越与文人雅士相聚的风流韵事，比作又一次兰亭聚会。"从游八月，大为北客之美谈；酬唱百篇，永作东吴之盛事。"少游自信：八个月的漫游，将成为自己一生中的美好记忆；留下的百篇诗文，也将在吴越文化史上留下不可磨灭的一页。

绍兴的寻访以兰亭景区为起点。2015年12月15日上午11点多，寻访组从丽水市区赶往绍兴，行程约280公里，下午两点半左右到达景区门口。

兰亭位于兰渚山麓，春秋末越王勾

践曾在此种植兰花，汉代在此设驿亭，故有"兰亭"雅称。东晋永和九年（353）三月三日，时任会稽内史的王羲之邀集谢安、孙绰等名士41人，在此举行"修禊"盛会，临流泛觞，饮酒赋诗。王羲之即兴撰书《兰亭集序》，被誉为中国文学和书法史上的"双璧"，尤以"天下第一行书"享誉书坛。一千六百多年来，兰亭历经多次迁修和重建，而一直以我国著名的书法圣地名闻天下。

秦少游对王羲之十分仰慕，他的书法主要师承二王（王羲之、王献之），苏东坡曾评价说："少游今日学书，便有东晋风味，有绢临《兰亭》。"书界一般认为，少游书法风格"遒媚，深有二王楷法"。

漫步景区，群山苍翠，茂林修竹，溪水淙淙，清雅之气袭人。经鹅池、兰亭、王右军祠、碑林和御碑亭等景观，因少游赋有多首以流觞亭为题的诗歌，故我们在"曲水流觞"处较多停留。流觞亭与竹林之间有一片空地，地面以乱石平铺而成，其间一弯溪流，清澈见底，水流甚急。所谓"曲水流觞"，本是古文人雅士饮酒时的一种游戏。觞即酒杯，将斟满酒的杯子置于上游，顺弯弯曲曲的溪流而下，停在谁的面前就由谁当场赋诗，诗不成则罚酒三杯。据说王羲之兰亭之会时，有十五人赋诗不成而被罚酒。

程公辟与少游同游兰亭，也效仿古人，不止一次地重复了曲水流觞游戏以助酒兴。少游赋有《流觞亭并次韵二首》《再赋流觞亭》《燕觞亭》《次韵公辟会流觞

◆ 曲水流觞

◆ 大禹陵碑亭

亭》多首诗歌。诗句"吴歌送酒随流急,越艳浮花转曲池"等,再现了一个个"曲水流觞"的精彩场面。

古代会稽并非只有一个流觞亭,嘉泰《会稽志》记载,越州府治西园(卧龙山麓)也有一个流觞亭,为北宋景祐三年(1036)时任太守效仿东晋佳话而为之。体会少游诗句"卧龙西畔北池头,水擘华堂瑟瑟流",可知其当年足迹所至,不仅有此地的兰亭,还有卧龙山之流觞亭。

会稽因会稽山而得名。会稽山原名茅山,相传大禹曾于此大会诸侯,"大会计,爵有德,封有功",为纪念大禹功绩,更名会稽。秦始皇统一后不久,就千里迢迢,登会稽山祭祀大禹。并令随行的丞相李斯勒石立碑,以志其事。留下了289字的小篆《秦会稽山刻石铭》,俗称《李斯碑》。李斯书法端庄凝静、大度雍容,为"书法之乡"绍兴留下了一份至为珍贵的遗迹,而始皇帝所登山峰也因此命名"秦望山"。

我们从兰亭赶到大禹陵,已是下午4点多钟。冬天日短,加之阴雨,天已渐黑。大禹陵碑亭古朴庄重,为明代绍兴知府南大吉请学者考证确认墓址后所立。碑上楷书"大禹陵"三字粗犷雄浑,很见功力,也是南知府亲题。亭旁有近年新建的碑廊,内有《李斯碑》,为明代依据拓本重刻。

拜谒禹陵本应十分虔诚,然因天晚,总显得步履匆匆。禹穴、禹庙、禹祠、碑廊等,看得并不仔细,不一会已到达

◆ 蓬莱阁

位于山腰的大禹享殿，想继续上行，无奈已经闭园。回到入口处广场，沿景区中轴线望去，暮色中远山如黛，蜿蜒起伏，仿佛一个巨大的笔架，影影绰绰能看见大禹塑像矗立于山峰的最高处。转身是九鼎台，一面巨大的弧形碑墙，上面为大禹治水故事组图浮雕。仰望墙上，分立九尊大鼎，显得气魄宏大。当年少游在此赋七律《谒禹庙》，诗歌引用了禹庙的相关传说，诗句"阴阴古殿注修廊"，描写禹庙规模较大，气象庄严。"碧云暮合稽山暗，红芰秋开鉴水香"，可知其谒庙是在秋季，且时近黄昏，与今日我们寻访时间暗合。

在游览了会稽诸名胜后，秦少游赋《望海潮·越州怀古》，上阕云：

秦峰苍翠，耶溪潇洒，千岩万壑争流。鸳瓦雉城，谯门画戟，蓬莱燕阁三休。天际识归舟。泛五湖烟月，西子同游。茂草台荒，苎萝村冷起闲愁。

登高望远，会稽山群峰连绵，川流纵横，会稽城历历在目，蓬莱阁凌空耸立，顿觉视野开阔，心胸激荡。开篇词句气韵流畅，境界雄浑。词中"秦峰"即秦望山，"耶溪"即若耶溪，代指会稽的山山水水。接着紧扣怀古主旨，由会稽山水引出历史人物西施和范蠡。下阕连用梅福、王羲之、贺知章三个与会稽相关的风流倜傥的古文人典故，表达出希望追随古仁人，不为世俗功名所累的潇洒情怀。词的格调有面对壮丽山川的豪迈，亦有"览古凝眸"的深沉，体现出词人早年强志盛气、疏放旷达、慷慨侠气之性格。在以婉约为基调的淮海词中，这种深沉和豪迈的词风显得别具一格。

"多少蓬莱旧事，空回首，烟霭纷纷。"在会稽期间，程太守延请少游住进蓬莱阁，经常陪其在此饮宴赋诗。蓬莱阁位于绍兴城内的府山（又称卧龙山）西峰，为五代时吴越王钱镠所建，是款待贵宾的重要场所。雅宴必伴以雅乐，程公辟特意安排一位才艺出众的歌女侑酒助兴，因此引发出一段缠绵悱恻、流传千古的爱情佳话，并且因此而诞生了一首不朽的词作《满庭芳·山抹微云》。故而蓬莱阁自然是我们此次的寻访重点。

经向绍兴市博物馆专家请教，了解到府山公园就在城内，距秦望大酒店仅三公

《会稽续志》载："蓬莱阁在设厅之后卧龙山下，吴越王钱镠所建。"北宋时期蓬莱阁为越州名胜，也是款待贵宾的游宴之所。

里左右。次日清晨，我们沿府山横街步行，青石板路，小桥流水人家。正是早市时间，人流稠密。从北门进入园区，沿不规则的石级登攀而上，路边古木藤蔓与亭台楼阁交错。右手边有长长一段废弃的古城墙，砖石斑驳，爬满苍苔青藤，下有潭水清澄。人行其中，感觉渐入访古寻幽之佳境。山上古迹众多，据说北宋全盛时期有七十二处亭台楼阁，现在保留下来或恢复重建的有越王台、文种墓、风雨亭、摩崖石刻、龙湫、飞翼楼、蓬莱阁等十余处景观遗迹。飞翼楼位于蓬莱阁对面的山头，为范蠡奉越王命所建。楼屡圮屡建，现在所见为1998年复建。登顶楼回廊向西南眺望，蓬莱阁巍然矗立于对面山巅，绿树环抱，气势非凡。

及至蓬莱阁前广场，从碑文可知，阁为2008年恢复重建。阁高三层，底层回廊环绕，四角凌空欲飞。蓬莱阁是官府接待重要客人之处，曾接待嘉宾无数，少游仅是其中之一；但是我们还是怀着虔诚之心，希望能在此寻觅到少游的踪迹。苍天不负有心人，在一楼西面发现一副楹联，"路隔西陵二三水，门临南镇一千峰"，落款注为"秦观诗句"，不由欣喜异常。此诗出自少游《次韵公辟会蓬莱阁》：

> 林声摵摵动秋风，共躅丹梯上卧龙。
> 路隔西陵三两水，门临南镇一千峰。
> 湖吞碧落诗争发，塔涌青冥画几重。
> 非是登高能赋客，可怜猿鹤自相容。

首联描写秋风瑟瑟的时节，少游与众人一同登上了卧龙山。颔联描写登高所见山川形势，境界开阔，对仗工整，故而被后人作为对联，直接拿来题写在楹柱之上。后四句则是少游与众人争相饮酒赋诗的热烈场面。

少游另一首《蓬莱阁》诗为晚宴时的即兴之作，颔联"千里胜形归俎豆，七州和气入箫笙"，从"千里胜形"与"七州和气"写到宴席上的美酒佳肴和笙歌乐舞，联想丰富，纵横捭阖，大气而不落俗套。另有《会蓬莱阁》诗云："冠裳盖座洒清风，轩外时闻韵籊龙。人面春生红玉液，银盘烟覆紫驼峰。"诗中"冠裳"句描写与会人物之风度潇洒，而"籊龙"指竹笋，"红玉液"代美酒，"紫驼峰"则是一道名菜，为古八珍之一，描写出了筵席酒菜之丰盛。

◆ 蓬莱阁楹联

茶词《满庭芳》描写出程公辟雅集群贤、饮宴品茗的盛况。上阕云：

雅燕飞觞，清谈挥麈，使君高会群贤。密云双凤，初破缕金团。窗外炉烟似动，开瓶试一品香泉。轻淘起，香生玉尘，雪溅紫瓯圆。

开篇写席间觥筹交错、群贤谈吐自若，而从"密云双凤"开始，以细腻的笔触描述烹茶、煮茶的过程，对茶的色、香、味、形描写细腻传神，让人仿佛欣赏宋人茶道一般赏心悦目，风雅无边。下阕"娇鬟，宜美盼，双擎翠袖，稳步红莲"，描写一群歌女发髻高耸、秀目顾盼、步态轻盈、纤手献茶待客的场面，温馨而浪漫。

最让秦少游耿耿不能忘怀的不是美酒佳肴、饮宴之乐，而是一位绝色的南国佳人。《艺苑雌黄》载："程公辟守会稽，少游客焉，馆之蓬莱阁。一日，席间有所悦，眷眷不能忘情。"少游与这位歌女相会于酒席之间，一见倾心，两情相悦。程太守善解人意，让这位南国佳人一直陪侍在少游身边。少游曾作《满江红·越艳风流》词，用"绝尘标致、倾城颜色"八个字描写这位歌女的气质和丰采。在频繁的接触中，少游对这位歌女倾注了真情实感，以致"眷眷不能忘情"。返乡之时，歌女一直送行至会稽城外。少游《满庭芳》词再现了分手时无限感伤、失落之氛围：

山抹微云，天连衰草，画角声断谯门。暂停征棹，聊共引离尊。多少蓬莱旧事，空回首、烟霭纷纷。斜阳外，寒鸦万点，流水绕孤村。

销魂，当此际，香囊暗解，罗带轻分。谩赢得、青楼薄幸名存。此去何时见也？襟袖上、空惹啼痕。伤情处，高城望断，灯火已黄昏。

词的上阕铺写离别时的场景与气氛，有声有色，动静结合，情景交融，渲染出离别时的凄清氛围。下阕描写分别之时的感伤情怀，营造出一种"此恨绵绵无绝期"的情境。全词意境优美，心理刻画细腻，将"相见时难别亦难"的场景和主人公缠绵悱恻的心态描绘得淋漓尽致，令人想起《鹊桥仙》中的词句，"柔情似水、佳期如梦，忍顾鹊桥归路"。因而有专家分析，《鹊桥仙》的女主人公有可能就是这位歌女。

《满庭芳·山抹微云》是少游词的代

表作，被誉为婉约词的压卷之作。少游一段纯真而浪漫的恋情，孕育出了一曲传诵千古的名词。词一经问世，迅速唱红京城内外、大江南北。苏东坡取其首句，直呼少游为"山抹微云君"，并将其与柳永词中的名句并列，戏为联句曰："山抹微云秦学士，露华倒影柳屯田。"宋蔡絛《铁围山丛谈》载有一个掌故：少游女婿范温颇有文才，但性格内敛，不善言辞。一次去一个达官贵人家参加聚会，席间有一侍女弹唱了《满庭芳·山抹微云》，十分委婉动听，可一点也不在意范温在场，范温也十分拘谨。酒过三巡，侍女指着范温问身边人："此郎何人耶？"范温猛地站起，叉手朗声道："某乃山抹微云婿也！"在场人非常惊讶，这位本不起眼、甚至有点木讷的年轻人，竟然是大词人秦少游的女婿！从侧面可见当时《满庭芳》词无人不晓的巨大影响力。《满庭芳》词句"多少蓬莱旧事"，点出了这首名词的诞生与蓬莱阁的密切关系。岁月流逝，杰阁依旧，在蓬莱阁前吟哦《满庭芳》词句，追忆秦少游风流倜傥的英姿，平添几许愉悦之情。

从府山南门下山，汽车驶往鉴湖·柯岩景区。鉴湖又称镜湖，因王羲之有诗云"山阴路上行，如在镜中游"，故名。当年少游不仅在《望海潮·越州怀古》词中写到鉴湖，还专门赋诗《游鉴湖》：

画舫珠帘出缭墙，天风吹到芰荷乡。
水光入座杯盘莹，花气侵人笑语香。
翡翠侧身窥渌酒，蜻蜓偷眼避红妆。
葡萄力缓单衣怯，始信湖中五月凉。

仲夏五月，少游等人乘坐精美的画舫，载酒游览鉴湖。荷花满湖，人们的欢声笑语似乎也染上了花的清香；"花气侵人笑语香"，词评家赞之为奇思妙想、神来之笔。而"翡翠侧身"一联，以拟人手法写翡翠色的水鸟偷窥杯中美酒，湖上的蜻蜓羡慕歌女美丽的装束，饶有情趣。尾联写到因为所饮葡萄酒酒力不足，因而仍感到湖上的凉爽之气。

寻访组泊车在鉴湖·柯岩景区停车场，走过四楹三间的镜湖石柱牌坊，看到临湖观景台上，高高矗立着"镜湖"石碑。时值隆冬，湖面上看不到荷花，也不见残荷踪影。湖水澄澈如镜，临湖建筑、岸边树木，以至更远处起伏的群山，极有

秦观《录宝林事实》载："宝林禅院，始于宋元徽中浮图惠基，得郡人皮道舆所施宅，因山以造。……熙宁十年八月丙申，一夕火，栋宇灰烬。"程公辟率众修复，"金石土木之观侈于旧三倍"。

层次地倒映在水中。比起少游笔下五月的鉴湖，又别是一番景象。

旅越期间，少游参与了会稽许多文化方面的盛事，留下了大量诗文。会稽宝林禅院始建于南朝宋元徽元年（473），位于城内龟山之上。因建有宝林寺，俗称宝林山；后建应天塔，故称塔山；因山势险峻，又称飞来山，少游有诗句"飞来峰上塔"。唐至宋初，塔、寺不止一次毁而复建，并先后改名应天寺、清凉寺等。熙宁十年（1077）八月寺毁于大火，十月程公辟任会稽太守，发起重建，于次年三月竣工。恢复宝林寺旧名，形制规模逾旧制三倍，成为会稽最为重要的宗教场所，一时香火鼎盛。受程太守之邀，少游作《宝林寺开堂疏》《录宝林事实》《代程给事乞祝圣表》等文章，记述这一盛事。少游还应程太守之邀，与胡瑗等名流雅士观赏秋夜宝林塔张灯结彩之盛况，赋五言古诗《观宝林塔张灯次胡瑗韵》。

约11点钟光景，我们来到宝林山脚下的香林寺。宝林寺曾数易其名，先前查阅资料并沿路打听，以为香林寺就是宝林寺。进入寺内，静悄悄的，不见僧人。一

女居士介绍说，香林寺并非宝林寺，宝林寺在宝林山上面，距香林寺大约还有五十分钟的山路。今日恰逢山顶兜率天宫举行盛大开光仪式，庙里僧人全都参加大典去了。我们当即决定登山寻访，走到上山路口，见有民警值守，被告知为安全起见，确保兜率天宫开光大典顺利进行，各路口禁止通行，要等到下午1点钟左右方能放

行。如此，势必影响到后面的寻访计划。保昕当即联系无锡开元寺方丈，希望联系绍兴佛教界人士帮助斡旋一下。然事有不巧，香林寺只有一个在家值守的师傅静妙和尚。匆匆赶来，与民警协商无果。保昕与大家商量：宝林寺就在山上，千里迢迢赶到这里，岂能因为遇到一些意外轻言放弃！于是决定改变下午去湖州计划，先去香林寺吃个便饭。

静妙师傅十分热情，自己动手煮饭，烧了三个菜：炒竹笋、蛋花烧大白菜、大白菜烧香干。众人散坐寺内院中竹椅上，一边悠闲地用餐，一边欣赏周围的景色。结束了连续几日阴雨，天空已经放晴。看群山逶迤，连绵不绝，香林寺恰好位于谷底，正应了那句"深山藏古寺"的古诗。

午饭后不到1点钟，静妙师傅自告奋勇，领我们抄近路步行上山。行至半程，众人已经汗湿衣衫。摄影师杨建明背着照相器材更是辛苦，脱下羽绒服扎在腰间，只穿一件衬衫赶路。快到山顶，路边有一座"宝林新庵"。静妙师傅进去想为众人讨口水喝，无奈住持等人都去参加兜率天宫开光大典。一行人只得坚持继续赶路。

宝林禅院周边，树木葱茏；石级旁边，泉水淙淙。时令虽是深冬，山色仍是一片苍绿，与少游描写宝林寺的诗句"囷囷连青昊，荧荧逼翠峦"，倒是十分贴切。史料载，宝林寺自北宋程公辟太守重建后，寺、塔又几经毁建，寺名亦多有变化。1956年8月毁于台风，仅存晋朝西方三圣石佛，移供于药师庵内。1985年，政

◆ 兜率天宫

◆ 宝林禅寺古碑

府修葺应天塔，复建"宝林禅院"。时间仅仅过去三十年，寺院门头已显得破旧，匾额"宝林禅院"四字越见古朴。从侧门进去，大殿当中有观世音塑像。有一寺僧自云已在此四十多年，我们向其说明身份和来此目的，询问寺院中是否有与秦少游相关的遗存，寺僧并不知晓。在寺内寻觅，发现一面墙壁上嵌有一古碑，字迹模糊难辨。碑左上角缺，碑身有三条裂纹，寺僧介绍说是"文革"期间遭破坏如此。隐约可辨碑文开头之处有"乾祐"二字，此为五代后汉高祖年号，距今已有一千多年。然乾祐并非落款，很难就此确定石碑的年代。

出宝林寺，转过一个山头，远远看见新落成的兜率天宫，仿佛一柱擎天，巍峨壮观，令人叹为观止。天宫依山势建有七重宝垣，其上为圆柱状的兜率天内院，内供33米高的弥勒像，为目前世界最大的室内坐佛。其上，巨型紫金莲花在蓝天映衬下分外耀眼。天宫规模之宏伟，当是今日绍兴佛寺之最无疑。与之对面的龙华寺也装饰一新。当年，程公辟太守重建宝林禅寺，规模空前，少游躬逢其盛，为之撰文庆贺。今日绍兴人再次创造了一个"之最"，欣逢盛会的人群漫山遍野。寻访组一行感慨，与兜率天宫和龙华寺人潮如涌相比，宝林寺似乎显得有些冷清；然唯其如此，不正显出佛门清静之本色吗？

中编　　出仕时期

元丰八年（1085）岁暮，秦少游赴蔡州教授任；元祐五年（1090）六月进京，先后任太学博士、秘书省校对黄本书籍，官至国史编修官、左宣德郎、秘书省正字；至绍圣元年（1094）初，因党争故被贬出京，先后在地方和京城任职九年。

"更无舟楫碍，从此百川通。"初仕蔡州，他一厢情愿地以为从此将平步青云，一展平生才华抱负。期间，他向朝廷进策论五十篇，系统阐述自己的治国方略和主张，展示出远大的志向和满腹的经纶。然而，残酷的党争让他备尝宦海浮沉，政治上屡遭重挫。他率真的性格与官场游戏规则格格不入，美好的理想终被严酷的现实击碎。

无论是蔡州还是京城，无论是顺境逆境，他热爱自然的天性不泯。冗繁的公务之余，他数次游历了开封、洛阳、商丘以及嵩山等地的山川名胜。在京城，他还收获了属于自己的爱情。生活阅历的丰富带来创作上的变化，他的作品内容更加充实，成果更加丰硕。

初仕蔡州

（一）

提起蔡州，你也许会立即联想起唐朝名将"李愬雪夜入蔡州"的故事。这个中外军事史上成功的奇袭战例，一直为人们津津乐道。而古城蔡州（今河南省汝南县），正是秦少游仕途的实际起点。

元丰八年（1085）五月，少游登焦蹈榜进士，除定海主簿，未赴任，再授蔡州教授。官职虽然不高，但毕竟属于朝廷命官，是仕途的开端，因而他仍喜悦心情溢于言表。赴任前作《谢及第启》云，"风俗莫荣于为儒，材能咸耻于不仕"，表达了以读书为儒为荣、以不仕为耻的人生观、价值观。"志在流水，尝辱子期之知；困于盐车，颇为伯乐之顾"，想到自己才华终获认可，就如同高山流水遇知音、千里马遇伯乐一般。到任后又作《谒先师文》和《登第后青词》。所谓"青词"是官员们感激天神的奏章，少游在文中不仅回忆了自己崎岖漫长的科考之路，"奔走道途，常数千里；淹留科场，几二十年"；还祈求天神眷顾，保佑"私门安燕，无疾病之潜生；宦路亨通，绝谤伤之横至"。次年九月，少游奉母戚氏至任所。一直到元祐五年（1090）五月，他在蔡州教授任上

◆ 蔡州古城拱北门

城市名片
名称：汝南县（隶属河南省驻马店市），古称蔡州、天中。
位置：驻马店市东。
主要景点：天中山、悟颖塔、宿鸭湖、南海禅寺、梁祝故里等。

◆ 北汝河石桥侧面

前后达五年之久。

2016年3月27日，寻访组由河南人大杂志社张艳芳主任陪同，从郑州乘高铁到达驻马店西站。汝南县司法局龚明喜局长驾车，大约经过70公里的车程到达汝南县城。

寻访从北门城楼开始。蔡州建城历史很早，北魏郦道元《水经注》载，汝河"自东西下，屈曲而流，抱城三面。形若垂瓠，故称悬瓠城"。古城三面环水，形如悬瓠。秦少游诗句"茫茫汝水抱城根，野色偷春入烧痕"（《次韵太守向公登楼眺望二首》），十分形象地描写出汝河环抱城池的地势。风物景观虽美，这里却常常因水潦为患。

少游在任的元祐三年（1088）春夏间，蔡州久雨成灾。灾后少游作《汝水涨溢说》，追溯蔡州水灾的历史、现状和成因。"汝水涨溢，城堞危险，湿气熏蒸，殆与吴越间不异。郡人岁岁患此。"少游的身份是"教授"，其职务大约相当于现在的教育局长吧，治水并非是他的分内之事。但是他在详细观察、分析的基础上，提出了治理水患、改变现状的建议，意在为当政者提供借鉴和对策，表现出关注民生疾苦的思想倾向。该文后被收录于蔡州的县志中。

正因为水灾频仍，宋代蔡州城墙已不存，现在留存下来的这段砖土建筑的北门城楼为明代复建。少游当年陪同太守向公

《资治通鉴》载：唐末，吴元济叛唐。公元817年冬，李愬率兵夜袭蔡州。至鹅鸭池（又称悬瓠池），令击鹅鸭以乱军声，攻下内城，活捉吴元济，结束唐末藩镇叛乱。

登楼眺望，诗歌唱和，不知是否就在北门城楼。城楼下面的北汝河石桥为明代弘治年间复建，桥长55米，宽七八米，历经五百多年的风雨沧桑，桥面青条石板已经坑洼不平，桥栏石雕亦已残破不整，显示出沧桑厚重的历史感。

由北门城楼前行，一行人进入了天中山景区。蔡州古属豫州，豫州为九州之中，蔡州又居豫州之中，故有"天中"之别称。天中山是古城蔡州的象征，近年，以天中山为主体建成了全县最大的休闲、娱乐场所"天中山生态园"。天中山得名，一说是以此标志天下之中心，另一说天中山是用来测日影计时的装置。汝南旧志记载："自古测日影，以此为正，故筑土累石以记之。"说明这座"天下最小的山"是由人工堆垒而成。

走进景区，感觉山之小、园之大皆名不虚传。山高仅22.5米，当地的民谣却十分夸张："天中山，三尺三。来到天中山，一步可登天。"高度三尺三，却又能一步登天，这口气是多么的浪漫！但不管怎么说，天中山名气很大却是事实，唐代大诗人刘禹锡有感而发，写下了不朽的名句："山不在高，有仙则名；水不在深，有龙则灵。"少游有诗句"汝南虽奥区"，奥区者，腹地之谓也，亦可引申为"中心地带"。如今的天中山，主峰建有璇玑台，台分五层，第四层斜面上镶嵌着"禹分九州""周公测影""颜公题记"和"天中化章"浮雕，正中圆柱状铜圭表高12.8米，号称"一柱擎天"。正面中部刻有颜真卿手迹"天中山"三个遒劲的大字。顶部为古代建筑斗拱的变体造型，饰有凤鸟纹。少游初任官职，便是在这"天下之中

◆ 天中山

心"的蔡州，官职虽微，亦可以此聊以自慰吧。

初至蔡州，少游全家寄居僧坊之中。在给上司、时任太守刘贡父的诗中写道："解鞍百无有，栖栖寄僧房。""解鞍"本指下马，此处指刚刚到任。僧坊之中百无所有，境况清苦。在给朋友的信中也有大致相同的记述："穷冬急景，佛舍萧然，甚无聊赖。"（《与吴承务简》）尽管生活清苦，但是他对前程还是充满信心的。他甚至天真地认为，"从此百川通，更无舟楫碍"，自己的仕途从此将一帆风顺，不久便可一展平生才华抱负，实现人生理想目标。然事情并非如他想象，随着时间推移，他发现教授虽为学官，实际上很多时候只是扮演州守"秘书"的角色，捉笔代刀，"遵命"写一些官场应用之文。少游擅长各种文体，按照《淮海集》的分类，散文类就有十八种之多。而其中大量的表、启、文、简、疏、状、书等，一般都是作于这一时期。比如新太守到任，要代作《谒城隍文》《谒岳庙文》《谒宣圣文》等，祈雨成功要代作《谢雨文》，祈晴成功要作《谢晴文》，朝廷有喜庆之事要代作种种《贺表》《贺启》等。

少游才华绝世，应付这些公文自然是小菜一碟，但也因此常常处于无所事事的状态，这与他远大的人生志向显然有着巨大落差。《次韵夏侯太冲秀才》是他这一时期生活状况和思想感情的真实写照：

儒官饱闲散，室若僧坊静。
北窗腹便便，支枕看斗柄。
或时得名酒，亭午犹中圣。
醒来复何事？弄笔赋秋兴。

教授本是一个闲散职务，常常闲坐静静的僧坊之中。白天以酒打发时光，夜晚透过北窗仰看星斗，醒来也只是写写文章而已。因为无所事事，人也日渐大腹便便。少游怎会甘心如此？"茫茫流水意，会有知意听。"他多么希望遇到理解自己的知音，借以施展才华，实现远大抱负啊！少游本字太虚，意在表明自己的远大志向；而改字少游就在此前后。他的同门诗友陈师道在《秦少游字序》中以少游本人的口气，阐述了改字的深层次原因：

今吾年至而虑易，不待蹈险而悔及之。愿还四方之事，归老邑里如马少游。于是字以少游，以识吾过。

◆ 天中山璇玑台铜圭表

《重修汝宁府志》引《禹贡》载："禹分天下为九州，豫为九州之中，汝为豫州之中，故聚土垒石以标天中，故为天中。"

这段话告诉我们：秦少游的"少游"来自于马少游。马少游是东汉名将马援的堂弟，马援曾对下属说："吾从弟少游，常哀吾忼慨有大志。"马少游是一位隐士，他退居乡里，而把马援抱有远大志向看成是一件可悲的事情。秦少游此时改字，表达了希望效仿马少游，回归乡里，过平静生活的愿望，这其中显然含有对前程失望之意。

在蔡州第二年，发生了一件带有传奇色彩的事情。这一年夏天，少游患肠疾卧病在床。友人高符仲携王维《辋川图》前来探视说："阅此可以愈疾。"辋川在今陕西蓝田县南，风景优美，唐代著名诗人王维（字摩诘）曾置别业于此，《辋川图》是王维所作辋川风景图。苏东坡曾评价说："味摩诘之诗，诗中有画；观摩诘之画，画中有诗。"少游在病榻之上展开画卷凝眸观赏，恍然与前贤一同优游辋川，暂时忘却了身体的病痛和仕途的蹭蹬。一连数日，手不释卷，肠疾竟然奇迹般地痊愈了。于是欣然命笔，题文于图后。此事虽令人难以置信，但是见之于少游自己的文章之中，又不得不信。更为难能可贵的是，这幅留有少游真迹的《辋川图》存留至今，现珍藏于台北"故宫博物院"中。

少游题图之作，虽寥寥数语，却委婉地表达了自己闲散不被重用的心境。比如，此时他身为蔡州教授，是朝廷命官，但文中偏说"余本江海人"，并说阅图后"忘其身之匏系于汝南也"。古人以匏瓜不被食用而被高高挂起晾干，比喻官员不得出仕，或久任微职而不得升迁。少游说自己"匏系于汝南"，其意不言自明。王维有"诗佛"之称，辋川是他犹如世外桃源般的别墅，少游阅《辋川图》而肠疾痊愈，含蓄地表达出希望效仿"诗佛"而出世的思想倾向。

元祐二年（1087）四月，朝廷下诏恢复制科，令在朝官员推荐"学行俱优、堪备策问"的人才，苏轼、鲜于侁（时在京任集贤殿修撰）共同推荐了少游。次年九月，少游应召进京参加贤良方正直言极谏科制举，得到了一次改变命运的机遇。他将其视为向朝廷直陈治国安邦方略、展示才华和忠心的机会，精心准备，进策三十篇、论二十篇，从政治、经济、军事、人才等方面，系统阐述自己的治国理念和方略。五十篇政论文章虽不是一时急就之作，但较多成文于蔡州任上。在《序》篇中他言辞恳切地说：

> 淮海小臣……颇知当世利病之所以然者，尝欲输肝胆，效情素，上书于北阙之下。

少游表白说：我虽是出生在淮海的一个小官，但是也懂得当今天下的利害得失，经常想把自己的见解上达朝廷。朝廷恢复制科，正是一个极好的机会。五十篇策论都称得上优秀的政论文，直面现实，针砭时弊，旁征博引，鉴史论事，文笔犀利，文风活泼，具有极强的说服力和感染力，展现出少游不仅胸怀远大的报国之志和治国方略，对自己的治国理政才华也充满自信。文史界评价这是宋代不可多得的政论佳作，如苏东坡所言，"词采绚发，议论锋起"明人徐渭赞其"文法古健如《老子》"。

令人遗憾的是，少游此次进京应试无果而终，深层次的原因在于党争之故。在北宋激烈的党争中，秦少游别无选择地站在了自己的师友苏东坡为首的蜀党一边。在《进策·朋党》等文章中表明了自己的政治立场，指斥洛党为邪党，应"废"之；而蜀党为正党，应"存"之，因而招致洛党的忌恨和攻讦。他与黄庭坚、王巩等人一起，皆被"诬以过恶"。幸好有时任宰相的范纯仁保护，"怜其孤单，不即闻罢，使得自便，引疾而归"。所谓"引疾"就是托病的意思，给你一个体面下台的"借口"，职务不提拔，问题也不追究了。少游第一次进京为官的机会，就这样遗憾地丧失了。

回蔡州后，少游心境颓然，作诗《次韵答曾存之》云："青春不觉书边过，白发无端镜上来。"此年他刚刚四十岁，却对镜感叹白发早生。他常与一个叫高无悔的失意边将，在城东古寺相聚，借酒浇愁。《高无悔跋尾》生动记载了这一段经历：

> 元祐三年，余为汝南学官，被诏，至京师，以疾归；无悔亦以失边帅意徙内地，钤辖此郡兵马，相从于城东古寺，日饮无何，绝口不挂时事。余酒酣悲歌，声振林木，无悔瞋目熟视，发上冲冠，人多怪之，余二人者，自若也。

城东古寺即壶公祠，少游有诗句"壶公祠畔月销魂"。壶公是传说中的神仙，东汉时，有人看见集市中有一老翁卖药，

匏系，典出《论语·阳货》："吾岂匏瓜也哉，焉能系而不食？"

◆汝水环抱的南海禅寺

悬一壶于树上,收市后即跳入壶中(见《后汉书·费长房传》)。一个文臣,一个武将,同为怀才不遇,相聚于古寺之中,一个"酒酣悲歌,声振林木",一个"瞋目熟视,发上冲冠",其心境可见一斑。而少游以如此激烈的方式宣泄心中的郁闷,足见其是性情中人也。

在蔡州,少游曾经写过一首十分优美的七言诗《赠女冠畅师》。女冠即女道士,名畅师。诗歌栩栩如生地再现了畅道姑的妍丽仙姿:

瞳人剪水腰如束,一幅乌纱裹寒玉。
飘然自有姑射姿,回看粉黛皆尘俗。
雾阁云窗人莫窥,门前车马任东西。
礼罢晓坛春日静,落红满地乳鸦啼。

诗歌以"寒玉"比喻这位美若天仙而又矜

持冷峻的冷美人。"回看粉黛皆尘俗",看过畅道姑的姿容,其他美女都不过是凡间庸脂俗粉而已。尾联"礼罢晓坛春日静,落红满地乳鸦啼"最为诗评家们欣赏。陈衍《宋诗精华录》云:"末韵不著一字,而浓艳独至。《桐江诗话》以此道姑为神仙中人,殆不虚也。"对于少游作诗的动机,《桐江诗话》是这么说的:"时有女冠畅道姑,姿色妍丽,神仙中人也。少游挑之不得,乃作诗云。"说少游作诗的动因是"挑之不得",想与畅道姑套近乎而不成功。然细品少游诗歌,通篇描写畅道姑的"冷美",并无轻薄浮躁之意。诗歌对自己的情感似乎未著一字,然而却又无处不使人感受到他含蓄而又浓烈的倾慕之情。如此精彩佳作,诚为宋代不可多得的爱情诗

> 《桐江诗话》载:"畅姓惟汝南有之。其族尤奉道,男女为黄冠者十之八九。时有女冠畅道姑,姿色妍丽,神仙中人也。"

精品。

寻访组提出，希望将蔡州古寺院道观，特别是宋代以前的作为寻访的重点。同行的龚先生遗憾地说：由于水患频发、风雨侵蚀以及兵燹等人为因素，这些古迹多已不存。不过，由唐至明清，蔡州西起悟颖塔、东至汝水河滨、北至城壕，陆续建成总面积达千亩的南湖风景区。明代仿南海普陀寺建成小南海，古建筑有观音阁、大士寺、准提楼、黄鹤楼、南湖书院等，是蔡州古"八景之一"。虽然大多已湮没于历史的尘埃之中，但是也有幸存者。从天中山往南海禅寺的路上，我们寻访到了位于汝南园林学校院内的准提楼，这大约是汝南现存最古老的寺庙了。

《汝阳县志》载，明嘉靖二十四年（1545），蔡州大旱，河枯地裂，庄稼不生，为祈雨奉诏而建准提楼。清代以及新中国成立之初曾经多次修缮，现为驻马店市文物保护单位。从校园后院门进去，绕过一段凌乱而破旧的民居建筑群，登上六七级青石台阶，我们见到了准提楼的真面目。楼面阔五间，进深三间，楼顶覆盖着绿色琉璃筒瓦，檐部饰有釉像，虽朴拙却生动。

历经数百年风雨沧桑，屋面、墙体已经斑驳，史料中记载的青砖墙面已多为红砖替代，但是整个建筑明清时期古朴的韵味仍在。楼的位置远离闹市，很不容易找到。不过仍然可见三三两两的香客进出，楼前青砖垒成的香炉中几炷香烟缭绕。

出准提楼往东，前行不远就是南海禅寺。汝南旅游宣传口号称，"拥有天下最小的山——天中山；拥有亚洲最大的佛教寺院——南海禅寺"。南海禅寺位于县城东南隅的汝河滩地之上，1994年由台北大香山观音禅寺主持明乘大法师出资，在原小南海地界上复建而成。我们推想，少游常常饮酒浇愁的"城东古寺"壶公祠，应该就在这一地段。

走近寺院，一行人领略到了"亚洲最大"的非凡气势。寺院占地500余亩，已建成面积300余亩。北面山门为牌楼式建筑，长50米、高31米，气势恢宏。山门内长500米、宽20米的甬道上，自北向南依次按十二因缘、十二生肖、十二菩萨，建筑了十二座花岗岩牌坊，形成一条长廊，风格独特，蔚为大观。大雄宝殿殿基高2米，台基上为花岗岩质五百罗汉雕

◆ 准提楼

刻，造型各异。其平面呈边长 80 米的正方形，建筑面积据称超过了故宫太和殿与曲阜孔府大成殿。还有天王殿、圆通殿、文殊殿和普贤殿四大配殿，三重飞檐，雄伟壮观。寺院南面巧借汝河之自然景观，一弯河水，绿波荡漾，岸边柳绿花红，随风摇曳，景色宜人。

我们来访的这一天是农历二月十九日，恰是观世音菩萨的诞辰日。到达寺院山门前，已经是下午 3 时许，仍见寺内寺外，人流如潮，摩肩接踵，晴空之下，香烟缭绕。置身开阔的寺域之中，切身感受到了今日佛门的鼎盛气象，其感觉确可用得上"震撼"二字。但是却很难体会到当年少游所居"佛舍萧然"、清静寂寥的气氛，感觉似乎少了那么一种佛门清静修为的氛围。少游若置身其间，不知当作何感想？

当然，最让我们激动的不是南海禅寺，而是悟颖塔。塔位于汝南县城南、南海禅寺西山门外，为宋代大和尚悟颖所建，故名"悟颖塔"。因汝南位于"天中"，夏至正午时分，日照塔身无影，又名"无影塔"。塔系九级单檐楼阁式砖塔，高26米，呈单面六角形，造型优美。悟颖塔曾于明隆庆元年（1567）大修。千余年间，经历无数次水患和战火，仍岿然屹立，风采依旧，2006年获批全国重点文物保护单位。悟颖塔为宋塔，至今保存尚好，诚为难得，也是汝南保存至今、最具文物价值的历史建筑。遥想当年，少游屡屡涉足登临，潜意识中一种自然而亲切的感觉油然而生，围绕塔身盘桓流连，拍照留念，迟迟不肯离去。

在蔡州期间，少游也有着丰富的情感经历，《水龙吟》就是一首有代表性的情词。《苕溪渔隐丛话》引《高斋诗话》云："少游在蔡州，与营妓娄琬字东玉者甚密，赠之词曰'小楼连苑横空'，又云'玉佩

◆悟颖塔

丁东'是也。"词云：

  小楼连远横空，下窥绣毂雕鞍骤。朱帘半卷，单衣初试，清明时候。破暖轻风，弄晴微雨，欲无还有。卖花声过尽，斜阳院落，红成阵，飞鸳甃。

  玉佩丁东别后，怅佳期参差难又。名缰利锁，天还知道，和天也瘦。花下重门，柳边深巷，不堪回首。念多情，但有当时皓月，向人依旧。

娄琬字东玉，是蔡州一位色艺俱佳的营妓，也是少游红颜知己中较为世人熟知的一个。营妓为官妓的一类，汉武帝时始设，唐宋之时官场应酬会宴，一般都有官妓陪侍，以供歌舞宴乐之需。官妓为朝廷特别设定，经过专门的培养训练，擅长诗书琴棋诸般才艺，比起现今的明星大腕恐也不为逊色。宋朝律法规定，官妓只能以歌舞侑觞，不得留宿侍寝，违者以律论处。《水龙吟》词牌下有"赠妓娄东玉"字样，上阕首句嵌入了一个"琬"（与远字谐音）字，下阕首句嵌入了"东玉"二字。这说明少游是性情中人，心怀坦荡，并无苟且私情，只是相互倾慕才情而已。而此种行为，也符合当时的社会风尚和官场的道德规范，无须遮遮掩掩。

词评家分析，《水龙吟》虽是赠妓之作，但词中表达的真情实感，绝非一般青楼艳词可以比拟。也有人认为，这首词是少游寄慨身世之作，如词句"小楼连远横空，下窥绣毂雕鞍骤"，描写街市上装饰华贵的马车来来往往，匆匆驶过，与楼上女主人公的寂寞冷清形成强烈对照。"下窥"是营妓娄琬的视角，也是词人秦少游的视角，寄托的是他怀才不遇、年华虚度的情怀。少游在词中甚至发出了"名缰利锁，天还知道，和天也瘦"的愤激之语，感慨自己为"名缰利锁"束缚。故清人周济评论说，少游这是"将身世之感，打并入艳情"。

在蔡州，少游与另一个营妓陶心儿亦有交往，曾赋《南歌子》词相赠，末句"天外一钩残月带三星"，既是对相会之时景物的描写，又巧妙地嵌入了陶心儿的"心"字。少游在蔡州与娄琬等人交往之事，后来屡屡成为政敌们攻讦他的口实，如元祐三年进京应制科无果而终、元祐五年除太学博士旋被罢命，都或多或少有这些事留下的阴影。

寻访中，我们与驻马店和汝南的同志交流认为，营妓带有官方色彩，少游与她们的交往一般应在正规的饮宴场所，或是在半官半民的乐坊一类的场所。少游《书辋川图后》称："元祐丁卯，余为汝南郡学官，夏，得肠癖之疾，卧直舍中。""直舍"指古代官员在禁中当值办事之处，此处当指少游办公兼住宿之处。因此，希望能寻访到蔡州古官衙、古街坊、古乐坊一类的遗迹。龚先生遗憾地说，这些都已荡然无存。

离开悟颖塔，在返回的途中，龚先生将车停在东汝河石桥边。桥名东关桥，又名济民桥，复建于明隆庆年间。桥面用长条青石铺筑，石雕桥栏，桥面和桥栏的破损程度较为严重。与北汝河石桥一样，都是河南省文物保护单位。龚先生告诉我们：桥下流淌的才是真正的古汝河。少游当年常去城东古寺饮酒，沿汝河考察蔡州水患的成因和治理方略，这里必是他常来常往之地。放眼饱经世事沧桑的汝河石桥，回望充满现代气息的街市，仿佛产生了一种时空穿越的错觉，看见少游正在人丛中向我们信步走来。

◆ 东汝河石桥

◆ 商祖祠广场

南都题诗（二）

商丘古城历史悠久，可追溯到上古的燧皇、颛顼时代。北宋开国皇帝赵匡胤在后周任归德军节度使之时，治所在宋城（即商丘古城），后来便以宋为国号，建立了大宋王朝。宋真宗景德年间，因追念太祖发动"陈桥兵变"，认为黄袍加身是应天顺时之举，遂改称应天府。因位置在东京以南，后升格为南京，成为北宋的陪都，称南都。故秦少游诗文中商丘多以"南京""南都"名称出现。

早年，少游进京赶考，往返东京和高邮之间，后在蔡州和东京为官之时，曾多次漫游商丘古城。古城许多景观名胜都留下了他的足迹，他的不朽诗篇也留在了地方典籍和人们的记忆里。

秦少游漫游商丘古城，有文字可考的至少有三次。第一次是元丰元年（1078）进京参加礼部会试，在徐州拜谒了苏东坡

城市名片
　名称：商丘市（河南省地级市），古称梁郡、宋城、应天、南京等。
　位置：华北平原最南端，河南省最东部。
　重要景点：商丘古城、应天书院、商祖祠、阏伯台、燧皇陵、文雅台等。
　地方特产：宋绣、民权葡萄酒、大有丰酱菜、睢酒、张弓酒等。

后,又途经南京,拜会了时任应天府签书判官的苏辙。首次拜谒苏辙,少游递呈的是一首七绝《泗州东城晚望》。诗为经过泗州时所作,以白描手法,描绘出暮色中泗州东城优美淡雅的山光水色,意境清新恬淡,自然感人,是诗评家们极为赞赏的宋诗名篇。苏辙热情接待了少游,与其载酒论文,诗词唱和,并以《次韵秦观秀才携李公择书相访》诗相赠,有句云:

清谈亹亹解人颐,安得坐右常相见!
狂客吾非贺季真,醉吟君似谪仙人。

品读苏辙诗句,可见两人品茗饮酒,谈诗论文,毫无拘束,气氛十分欢洽。值得注意的是,苏辙与少游初次见面,即以"狂客"唐代诗人贺知章自比;称少游为"谪仙人",将其与诗仙李白相提并论,给予极高的评价。

第二次是元丰八年(1085)五月,少游登焦蹈榜进士,授蔡州教授职,秋自京返高邮,经南都游览诸名胜,并留下许多诗文。此前少游进京赶考,来来往往都要经过商丘,只不过不像这一次已经金榜题名,是一个新科进士的身份,心境愉悦,情绪放松,可以尽情地游览。在游南都法宝禅院时,应住持长老之邀,为作《真赞》:"欲老不老,八反九倒。昔是西庵,今为法宝。文雅台边,清泠池畔。大地山河,且举一半。"法宝禅院原名为西庵,其附近的文雅台、清泠池等,都是当地的名胜。

时任太守王胜之给予热情款待,陪同少游游览了妙峰亭等名胜。王胜之元丰七年为南京留守,是一位颇有建树的官员,仅一年左右时间,就建成妙峰亭。还建有观光亭、望云亭等新亭十二,为文人雅士新添了许多游览和题咏之处。此前苏东坡游此,为妙峰亭题榜,还作《南都妙峰亭》《和胜之二首》等诗。少游席间赋诗《南京妙峰亭》,诗题下有"王胜之所作,苏子瞻题榜"。诗为五言,三十二句。开头写道:

王公厌承明,出守南宫钥。
结构得崇亭,悠悠瞰清洛。
是时谪仙人,发轫自庐霍。
郊原春鸟鸣,来此动豪酌。

诗歌描述王胜之出守南都、建成妙峰亭的功业,并与苏东坡在此相聚,面对大好春光开怀畅饮的场面。少游游妙峰亭并赋诗,在地方史志上留下了一笔。《河南通志》卷五十一《古迹上·归德府》载:"妙

秦观《泗州东城晚望》:"渺渺孤城白水环,舳舻人语夕霏间。林梢一抹青如画,应是淮流转处山。"

◆ 商丘南城门一角

峰亭在府旧城内,宋留守王胜之建,苏轼题榜,宋秦观诗。"并且不吝篇幅,全文收录了这首长诗。

另一首《南都新亭行寄王子发》是一首七言长诗,三十六句,二百五十二字。王子发名震,曾以龙图阁待制知蔡州,绍圣元年(1094)在南都任职。长诗首先概括描写,"宋都堤上十二亭,一一飞惊若鸾凤";然后将十二亭名称巧妙地嵌入诗中,并对新亭构筑的巧思以及所处山川地势进行描写,视野开阔,想象丰富。"借问亭名制者谁?留守王公才望重。胸中云梦吞八九,日解千牛节皆中。"则是对建造新亭的留守王胜之才华和名望的称颂。而诗句"亭下嵚崎淮海客,末路逢公诗酒共"中,"淮海客"是少游自称。这一年少游受党

光绪《商丘县志·古迹》:"文雅台在城东南里许,世传孔子过宋,与弟子习礼大树下,即此。""清泠池在梁园内,李白作《鸣皋歌送岑徵君》处。"

争牵连，被贬为杭州通判，途经南都与王子发相遇。因在被贬途中，故云"末路"。然而作为挚友，王子发不避嫌疑，在新亭设宴为之饯行。少游三月被贬，大约五月抵达杭州附近，作此诗寄王子发表达谢意。"一樽明日难重持，岂恤官期后芒种？"少游感慨，与好友诗酒与共的美好时光难以再期，并借气候的变化，表达了一种伤春的失意情怀。《河南通志·古迹上》"新亭"条收录了这首长诗，且是唯一的一首。

2016年3月26日上午，寻访组由宗亲秦洁与河南省人大杂志社张艳芳陪同，从郑州出发，大约经过220公里的车程到达商丘。商丘人大研究室、睢阳区人大督查室领导以及旅游局工作人员给予了热情的配合和帮助。

第一个寻访点是商祖祠。商祖祠是华商始祖王亥的纪念地，王亥是商祖契的六世孙，商汤七世祖。他带领商部落人与其他部落以物易物，被看成是中华历史长河中最早的经商行为。因王亥肇始经商，造福人类，被后人尊奉为"华商始祖"，商丘亦被誉为"华商之都"。商祖祠落成于21世纪之初，建筑主要由三商之门、富商大道、万商广场、商祖殿和三商大道等几个部分组成，场面开阔，建筑宏伟，古朴壮观。2006年11月6日，第一届国际华商文化节即在此举行。

商祖祠最具文物价值的是位于最后一进的阏伯台。传说远古时候，一只玄鸟（黑凤凰）衔卵从空中鸣唱经过。帝喾的一个叫简狄的妃子在黄河边沐浴，吞食了玄鸟坠下的蛋，受孕生下儿子契。《诗

◆ 阏伯台

光绪《商丘县志·古迹》："妙峰亭，在旧城内，宋留守王胜之建，苏轼题榜。又有新亭十二，皆胜之建；又有观光亭、望云亭，亦俱在旧城内。"

经·商颂·玄鸟》曰:"天命玄鸟,降而生商。"记载的就是"玄鸟生商"的美丽故事。阏伯是帝喾之子、商部落首领,所居丘陵地带,是商部落的活动中心。帝喾将阏伯派到商地担任"火正",专司祭祀大火星。阏伯用最简单的肉眼观测法,观测大火星的运行规律,以计时节、定历法,指导农牧业生产,造福黎民百姓。大火星又称商星,商丘因而得名。阏伯被人们敬为"火神",死后人们按他的遗愿,将其葬于台下,因此阏伯台又称火星台,俗称火神台。阏伯台是古代商丘都城一带的制高点,在一望无际的大平原上,显得高大而突兀。所以,自古以来人们都把阏伯台看作是商丘的象征。每年六月二十三日的火神台庙会,是商丘最为古老和盛大的庙会,至今已经延续几千年,一直十分隆重热烈。

阏伯台距今已经有四千多年的历史,被中国天文学会认定为中国最早的天文台,也得到国际天文学界公认。来到台下,仰望青石台阶尽头,阏伯祠高高矗立,门额上"阏伯台"三个遒劲的大字清晰可见。沿石阶攀登而上,走进正殿,阏伯塑像上方有"离宫正位"黑地金字匾额。据介绍,

阏伯祠为元代建筑,明清以来,几经修葺。房舍宏伟,飞檐走兽,红墙绿瓦,色彩仍旧鲜明。北宋时期,尚未有如此建筑。想少游游历商丘,必造访阏伯台,然所见当不是今日这般模样。

出商祖祠,汽车在市区几经周折,拐过几条较狭窄的街巷,在开元寺对面停了下来。北宋时的商丘有圣寿寺、清凉寺、无忧寺、白云寺、法宝禅院等寺院,如今大多湮没在历史的尘迹之中,少游曾经造访并留下

◆ 开元寺

《河南通志》卷五十一《古迹上·归德府》:"新亭有十二,王胜之建,在府城外堤上。宋秦观诗……"

诗文的南都法宝禅院已经难寻踪迹。

位于商丘古城西南约1.5千米处的开元寺，是一个保存相对完好的寺院。盛唐玄宗开元年间，政治清明，民富国强，史称"开元盛世"，开元寺就建于这个时期。后商丘官民为感念名将田神功平叛、屡解睢阳城的恩德，在开元寺设八关斋会。著名书法家颜真卿，撰书《有唐宋州官吏八关斋会报德记》，立碑置于寺东侧，即著名的"八关斋"碑，后改建为颜鲁公祠。开元寺历经唐会昌年间武宗灭佛、明朝弘治年间黄河决堤漫城以及明末农民大起义等，几经枯荣，名称也经历了开元寺、宝融寺、商丘寺再复为开元寺的变化，少游在商丘时所见寺名应为宝融寺。

现在的开元寺为清康熙年间重建，匾额上"商邱开元寺"为赵朴初题写于1991年，似乎在告诉人们这座寺院不久前曾经的一度兴盛。赭红色门墙和凌空飞檐已然斑驳，但昔日风采依旧。寺门关闭，不见香客游人，没有香烟缭绕。我们从侧门进去一直向后走去，一路静悄悄的，只有不知置于何处的扩音器中传出的讲经之声，在寺院内缓缓萦绕。寺院后进有一座两层的卧佛殿，推开微闭的殿门进去，见一位香客正合掌立于一尊彩绘卧佛前，口中念念有词。从原路返回，回望冷落、宁静的寺院，心底升起一个问号，开元寺何日能重现开元盛世之景象呢？

应天书院旧址位于商丘旧城之东南，创办于后晋，兴盛于北宋。1009年，宋真宗御赐匾额"应天府书院"。特别是在应天知府、著名文学家晏殊的支持下得以扩展；著名政治家、文学家范仲淹等一批名人在此任教，更是人才辈出，名震一时。与江西庐山白鹿洞书院、湖南长沙岳麓书院、河南嵩山嵩阳书院并称"四大书院"，是四大书院中唯一升格为国子监的书院，故史学界有"北宋之学，兴于商丘"之说。

秦少游在商丘之时，正是应天书院最为辉煌的时期。千余年来，由于兵燹、洪灾以及人为因素，应天书院屡遭破坏。2001年10月，时任河南省省长李克强指示："应天书院的影响太大了，应该尽快把应天书院复建起来。"2004年2月，应天书院修复项目启动，按历史文献记载恢复原貌，已完成仿古院墙、门楼、崇圣殿、讲堂、状元桥等修复项目，这就是今天呈

◆ 文雅台

现在世人面前的应天书院。

寻访到文雅台令大家精神为之一振，连商丘的同志都感到是一大收获。文雅台位于商丘古城东南角，传春秋时，孔子经过宋国，于东门外一棵大檀树下教弟子习礼。宋国大司马听说后，唯恐孔子见宋景公对他不利，暗中派人砍掉那棵檀树，并扬言要杀孔子。孔子听说后就匆匆忙忙地逃走了。唐朝诗人高适访文雅台赋诗云："忆昔鲁仲尼，凄凄此经过。"可知当年孔夫子过此，并没有人们想象的那么风光。

后来，西汉梁孝王刘武筑梁园（亦称梁苑、兔园），规模宏大，号称三百里梁园，是集离宫、亭台、山水、奇花异草、珍禽异兽为一体的皇家园林。"梁王昔全盛，宾客复多才"，梁王常邀司马相如、邹阳、枚乘等著名辞赋家在此宴集唱和，"文雅"之名由此传扬开来。后世谢惠连、李白、杜甫、王昌龄、岑参、李商隐、王勃、李贺以及秦少游、黄庭坚等著名诗人都曾慕名游历梁园，并留下不朽诗文。

少游有诗云："兔园事迹化黄埃，清泠文雅堪长恸。"（《南都新亭寄王子发》）少游逝世后，黄庭坚曾和少游《千秋岁·水边沙外》韵作词，以表悼念之情，中有词句"兔园高宴悄"。一个"悄"字传达出的信息是：北宋之时，清泠池、文雅台犹在，而昔日风光不再，大部分亭台楼阁已经化作尘埃。北宋以降，阅尽千年沧桑，文雅台、清泠池亦渐渐湮没。2004年，商丘市、睢阳区人民政府启动了文雅台复建工程，已修复门楼、前殿、习礼亭和院墙等，

◆ 商丘古城拱阳门

等因素，已经难觅踪迹。十分难得的是，商丘古城南门（拱阳门），是全国为数不多的保存最为完整的古城门之一。墙体城砖已斑驳，城门楼依然巍然矗立。门楼上"拱阳门"三个大字，取朝南拱迎太阳之意。据介绍，商丘古城依据八卦修建，城墙、城湖、城郭"三位一体"。登上城楼向南眺望，南湖水面波光粼粼，夹岸绿荫绕堤。城郭即古城外护城大堤呈圆弧状，内为砖砌的城墙呈方形，取天圆地方、阴阳合一、天地相生之意；又形似巨大的古钱币造型，隐喻商丘为华商发源之地。

很显然，这不是秦少游所见之应天府南京城，而是明正德六年（1511）所建，距今五百余年。20世纪90年代，经考古确认，在这座古城下同时叠压着春秋时期的宋国都城、秦汉和隋唐时期的睢阳城、宋代应天府南京城等六座都城、古城。驻足城楼之上，深感商丘历史文化的厚重，更为少游等诸多名人的足迹和诗文永远地留在了这座城市而由衷地自豪。

然尚未对游客开放。寻访组来到文雅台前，但见院门挂锁，透过门缝，看到前殿面阔三间，青砖黛瓦，倒有几许古朴之气。

商丘的同志惋惜地告诉我们，少游笔下描写的法宝禅院、妙峰亭、新亭十二亭等名胜景观，因商丘历史上屡遭黄水侵害

浮沉东京（上）

开封，是中国著名的八朝古都。而北宋都城东京，则是开封历史上最为辉煌的时期，经济繁荣，富甲天下，风光旖旎，气象恢宏，人口过百万，是当时世界上最为繁华的大都市之一。

让我们先来看看秦少游笔下东京城的景象吧：

金爵觚棱转夕辉，翩翩宫叶坠秋衣。
出门尘障如黄雾，始觉身从天上归。

诗作于元祐五年（1090）秋天，秦少游正式成为京官以后一两个月的某日傍晚，诗题《晚出左掖》。左掖本指宫城正门东边之门，此处代指宫门。对于东京这座北宋王朝的政治、经济、军事、文化中心，少游一点也不陌生。元丰年间，他曾三次赴京应试，终得金榜题名；任蔡州教授期间，他不止一次地进京与师友们欢聚。但那个时候他毕竟只是京城一个匆匆的过客，一个尚未落地生根的"北漂"。而这一回情景则大不相同，当年六月，得宰相范纯仁等推荐，秦少游任"秘书省校对黄本书籍"之职，成为一名有正式名分的京官。想到多年打拼，终于成为这个大都市中的一分子，他的心情畅快极了。眼前的一切都是那么的美好，皇宫的飞檐翘角在夕辉的映照下显得金碧辉煌，御苑嘉树的黄叶在晚风中翩然坠落，他仿佛有了一种飘然自天而降的感觉。短短四句诗，写得激情四射，让人们看到了一个充满青春活力的诗人形象。

秦少游对京城充满无限向往之情，屡屡用他所擅长的诗和词来描绘京城的盛世之景。元丰五年（1082）春，少游在赴京应试待考期间，赋《辇下春晴》诗：

楼阙过朝雨，参差动霁光。
衣冠纷禁路，云气绕宫墙。
乱絮迷春閧，蔫花困日长。
经旬牵酒伴，犹未献长杨。

辇下即辇毂之下，代指京都。决定人生前途的大考在即，少游却仍然保持着那么一份闲情逸致，细细地观察、品味、描摹春雨过后京都旖旎的春光，仿佛不是来应试，而是来春游一般。关于这首诗还有一

城市名片

名称：开封市（河南省地级市），古称汴梁、东京、汴京、祥符、启封、大梁等。

位置：黄河中下游平原东部，河南省中东部。

主要景点：龙亭、大相国寺、清明上河园、开封府、宋都御街、开宝寺塔等。

地方特产：汴绣、官瓷、开封灌汤包、汴梁西瓜、杞县酱菜、杞县大蒜、桶子鸡、花生糕等。

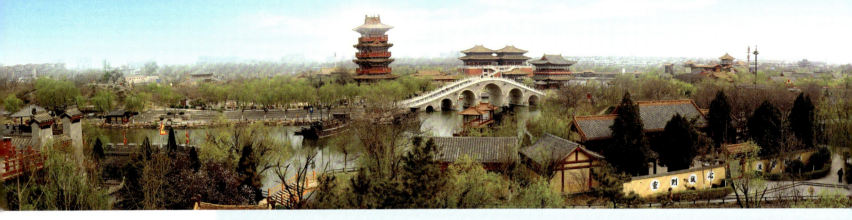

◆ 清明上河园俯视全景

西园即西池,指东京西城顺天门之金明池、琼林苑。

段曲折的故事。《王直方诗话》记载:诗歌尾联原为"平康何处是?十里带垂杨"。平康即平康里,是唐宋时歌妓集中的所谓"风流薮泽",新科进士们常来此游乐,反映出唐宋时期男女之事的开放。少游迎考期间,诗中出现了"平康",似有放浪形骸之嫌,故而受到了同乡师长孙莘老的呵责。在少游不过是以诗人的眼光欣赏京城美景,如果榜上有名,完全可以说成是考试前心情放松的表现;然而结果少游再次落榜,只能被视作"行为放荡"了。无奈他在编《淮海集》时,回避了"平康"这个敏感的字眼。

从元祐五年(1090)五月进京任太学博士,到绍圣元年(1094)春被贬杭州通判,秦少游在京任职约四年之久。他有机会与同僚和诗友们游览皇家御苑,在金明池、上林苑等风景胜地诗词酬唱,创作了一批描写京都街市、皇家御苑的诗歌。元祐六年春,少游与同僚们同游西园,赋《春日》五首。其二云:

一夕轻雷落万丝,霁光浮瓦碧参差。

有情芍药含春泪,无力蔷薇卧晓枝。

西园春色无边,而少游聚焦一角,捕捉住一幅雨后春晓的精致画面。轻雷丝雨,雨洗碧瓦,晨曦辉映,浮光闪烁。后两句是一个特写镜头,以拟人手法描绘出了芍药和蔷薇百媚千娇的情态。其描摹传神,体物入微,表现出诗人对自然景物敏锐的观察力、感受力和表现力。但是,这首诗正是在诗评界引起广泛争议的所谓"女郎诗"。对此,少游的同乡、明人张綖做出

了较为客观、精当的评价。他不仅第一次明确提出豪放词和婉约词的划分,并且用同样的分析方法评价少游诗歌的特色:"盖其逸情豪兴,围红袖而写乌丝,驱风雨于挥毫,落珠玑于满纸。婉约绮丽之句,绰乎如步春时女,华乎如贵游子弟。"(《秦少游先生淮海集序》)少游诗歌风格多样,"婉约绮丽"是其风格之一,得到了广泛认可。

秦少游对东京的认识绝不仅仅止于城池的壮观和景色的迷人,作为一个具有治国安邦抱负和才华的热血男儿,在向朝廷进策《安都》一文中,以十分开阔的视野,从军事、地理、经济等多个侧面,以历史比较的方法,论证了汉唐定都于长安、洛阳,而北宋定都于开封的必然性。文中描写到:

开封地平,四出诸道辐辏……无名山大川之限,而汴蔡之水参贯其中,车错毂击,蹄踵交道,舳舻衔尾,千里不绝,四通五达之交也。

开封没有长安、洛阳等古都的山川地势之险,却有"四通五达"、十分便捷的交通。少游论证说,"汉唐以地为险,本朝以兵为险故也"。北宋王朝接受五代之乱的教训,"举天下之兵宿于京师,名挂于籍者,号百余万。"如此巨大的兵源聚于京师周边,必须要有通畅而发达的交通,来保障巨大的军需给养运输,定都开封之利显而易见。因为交通便捷等有利条件,曾带来中国封建社会经济文化的空前繁荣,这是不争的史实。但其弊端则众说

秦观像

纷纭,特别是后来金兵南侵,徽钦二帝被俘,南宋迁都临安,因而有人讥议少游之论"失计之失也,非中正之见也"(李濂《汴京遗迹志》),说假使"西迁于洛(阳),岂有二帝蒙尘、中原陆沉之祸哉"?李濂是明代的一位学者,他将定都开封视为北宋灭亡的唯一原因,显然失之偏颇。持此观点指责少游,更显得苍白无力。因为北宋最终为金兵所败,并非仅仅因为"无险可守",而是一果多因,君主的昏庸、政治的腐败、军事指挥的掣肘,以及激烈的党争导致的相互倾轧,也都是不可忽视的重要因素。

在东京这个大都市中,少游建立了自己的新家。他在京城的居所位于东华门堆垛场,其《东城被盗得世字》诗有句云:

野人无机心,触事少防卫。

所至辄酣寝,屡堕穿窬计。

"穿窬"即穿墙之贼。诗歌述说自己是一个粗心大意的人,缺乏防范之心,上床便酣然入睡,因而东华门住处频频被盗贼光顾。少游一度曾经为生计窘迫,并由此引发出一段趣闻。元祐八年(1093),少游赋诗《春日偶题呈钱尚书》:

三年京国鬓如丝,又见新花发故枝。

日典春衣非为酒,家贫食粥已多时。

钱尚书即户部尚书钱穆父,与少游比邻而居。诗大意说,因为家贫已经靠吃粥糊口,还不得不典当了春衣。钱尚书当即赠送禄米二石,并附诗一首:

儒馆优贤盖取颐,校雠犹自困朝饥。

西邻余禄无多子,稀薄才堪作滫糜。

意思是说,你在馆阁任职的待遇应该是不错的,没有想到竟然出现温饱问题。少游却之不恭,受之有愧,于是再赋诗致谢:

本欲先生一解颐,顿烦分米慰长饥。

客无贵贱皆蔬饭,唯有慈亲食肉糜。

少游解释说,本来只是跟您开个玩笑而已,我们家粗茶淡饭是能维持的,而且老母还能够吃到肉食,没想到竟让您破费了。对少游家贫食粥之说,世人一般认为是夸张之辞,因为宋代文职官员薪俸较优厚,食粥应该就是打趣的话。少游与钱尚书职务虽然相差较大,但特殊关系是邻居加文友,声气相投,熟不拘礼,开个玩笑本也无妨。也有人分析"食粥"兴许是实情。少游是性情中人,喜交游宴饮,高兴起来一掷千金也不乏先例。仅靠朝廷俸禄，虽然较为优厚，然没有灰色收入，恐也只能维持温饱。那么平时生活拮据，有钱喝酒、没钱食粥也就在情理之中了。

在汴京期间，少游家事中最重要的莫过于元祐八年，少游纳侍女朝华为侍妾。这一年边朝华十九岁，少游四十五岁。王士禛《香祖笔记》载："秦少游有姬边朝华，极慧丽。"既贤惠又漂亮，长期侍奉身边，日久必然生情。还有人推测，纳朝华一个重要的因素是师友苏东坡的影响。东坡纳朝云之后琴瑟和谐，令少游心生羡慕，于是效法东坡所为。有人猜测朝云、朝华两人是姊妹关系，其实不然。朝云姓王氏，字子霞，本是钱塘歌妓。朝华姓边，京师人。朝云本来不叫朝云，乃东坡根据《高唐赋》中"且为朝云，暮为行雨；朝朝暮暮，阳台之下"词义所取；朝华本来也不叫朝华，是少游在认识朝云之后，依朝云为之改名，因而让世人产生了错觉。

初纳朝华，少游心境非常之好。新婚之夜赋七绝一首：

天风吹月入栏干，乌鹊无声子夜阑。
织女明星来枕上，了知身不在人间。

月色姣好，子夜无声，枕上女主人公仿佛天仙一样的美丽。结句"了知身不在人间"写出了一种若梦若仙的感觉，愉悦之情跃然纸上。令世人感到费解的是，少游与朝华的婚姻一波三折，《墨庄漫录》较为翔实地记载了这一段曲折而富有戏剧性的经历。纳朝华不到一年，少游就以"欲修真断世缘"为由将其遣归。所谓遣归，说白了就是"休"掉并送回娘家。不过，少游在处理上较有人情味，遣归之时赋诗婉言劝慰，还资以财物劝其改嫁。有趣的是，分手才二十多天，朝华父亲来说，朝华"不愿嫁，乞归"。于是少游"怜而复取归"，二人重新聚首。短短二十来天，遣而复娶，可见朝华是一个性格倔强的女性，一个依恋、忠贞于少游的贤惠女子；反过来可见少游对朝华的情丝未了。

次年初，少游贬官杭州通判，前程难料，但是朝华仍追随少游一道南下。行程刚至淮上（今安徽省蚌埠市淮上区），遣归的故事再度重演，少游公开亮出的理由仍然是"修真"。他对朝华说："汝不去，吾不得修真矣。"并且让人立即赶往京师，叫来朝华的父亲将其带回家中。

在东京的古街巷中，有一间被称作

《王直方诗话》："少游为黄本校勘，甚贫。钱穆父为户书，皆居东华门之堆垛场。"

◆ 清明上河园宣和殿、宣德殿

"寄寂"的老屋。元祐四年（1089）初，少游两个弟弟少仪和少章客居京师，游学张耒、黄庭坚之门，租赁房子作为书斋，黄庭坚为之命名"寄寂"，大约是取身居京城、闹中取静之意吧。诗友们纷纷作诗以示庆贺，少游此时尚在蔡州教授任上，也专门作诗寄京城。诗中借用许多典故和自然现象，意在说明"天道酬勤"的道理，劝勉少仪、少章不必因一时的"不遇"而心生怠意，只要辛勤耕耘，来日定能收获成功，字里行间渗透着拳拳同胞之情。

元祐六年三月，秦少章登马涓榜进士第，调仁和主簿。少游送行至京城郊外，赋诗《送少章弟赴仁和主簿》，开篇云：

我宗本江南，为将门列戟。
中叶徙淮海，不仕但潜德。
先祖实起家，先君始缝掖。
议郎为名士，余亦忝词客。
风流以及汝，三通桂堂籍。

诗歌以十分自豪的口气，回顾了秦氏家族的历史。以自己杰出的先祖与其弟互勉，希望干出一番可以流芳后世的业绩，光宗耀祖。"三通桂堂籍"，是指从熙宁三年（1070）少游叔父秦定登进士第至今，其时间跨度仅二十一年，高邮秦氏一族便出了三个进士，确为十分荣耀之事。

古城开封是一个屡遭黄河水患肆虐的城市，秦少游时期的东京城，从城池、皇宫、街市、勾栏瓦肆以及少游的居所、少仪和少章弟的书屋等，都已难觅踪迹。幸运的是，一幅不朽的长卷留住了当年京华的繁盛，这就是北宋著名画家张择端的杰出画作《清明上河图》。画面描绘了清明时节北宋都城汴河两岸店铺林立、市面人流如织的繁华景象以及汴河上面船只来往的热闹场景，生动记录了12世纪北宋都城的社会生活、市井风情和城市面貌，是一幅弥足珍贵的社会民俗生活的长卷，具有难以估量的艺术价值和十分重要的历史文献价值，在中国乃至世界绘画史上都被奉为经典之作。

开封寻访之旅，开始于清明上河园。

清明上河园位于开封城西北隅，始建于1992年，是以《清明上河图》为蓝本，集中再现原图风物景观的大型宋代民俗风情游乐园，为国家5A级景区。画家张择端生活年代稍后于秦少游约三四十年，张择端画笔描绘的东京风俗画卷，与秦少游生活时的东京真实境况应较为接近，我们期望能从园中寻觅到属于秦少游那个时代的风情和气息。

2016年3月25日上午，寻访组从郑州出发，开封宗亲秦雄驾车陪同。到达清明上河园东入口时，已是上午9点多，每日的开园仪式已近尾声。我们随着身着宋代服饰的迎宾仪仗队伍和拥挤的人流进入园中。清明上河图巨幅长卷浮雕影壁前，高高矗立着张择端的塑像。拐向西边是东京码头，《清明上河图》中的标志性景点虹桥巨大而窈窕的身躯横跨汴河之上。桥下船来船往，再现了宋代汴河舟船云集、漕运繁忙的情景。南苑展现的是市井百态、民俗风情和民间工艺的传奇魅力，有酒楼、茶肆、当铺、医馆、神课算命和汴绣、官瓷、年画等作坊，沿街有引车卖浆者的仿真塑像。

让我们感兴趣的是，临河有仿宋格局的勾栏瓦肆。北宋时期的都城东京，商贸业繁荣，市民的精神生活也十分丰富。瓦肆也称"瓦子"，是以娱乐为主要内容的商业集中点；勾栏是瓦子中用栏杆或巨幕隔成的固定场子，坊间艺人在其中表演音乐和各种民间技艺。少游供职秘书省期间，与坊间艺人多有交往，常出入勾栏瓦肆，以当时民间流行的调笑转踏演唱形式，创作《调笑令》一组，包括《王昭君》《乐昌公主》《崔徽》《莺莺》《采莲》等十首。作为婉约词的领军人物，少游同时创作了如此多的通俗诗词，可见他也是一位活跃于民众之中的艺术家。

北苑展现的是皇家园林美景和皇城内廷的气派。从北苑往南苑，河上有九龙桥相连。桥身为多孔流线型，造型优美。水面上艄公摇着木船，不紧不慢，怡然自得。拂云阁为园中制高点，登上观景台纵

◆ 清明上河园九龙桥

目四望,景龙湖水光潋滟,宣和殿、宣德殿比肩而立,气势巍峨,四周茗春坊、水心榭、揽秀轩等亭台楼阁以及仿古木船等参差错落,赏心悦目。不知不觉间,已经出了东门大街牌楼,回首看到隶书的"东门大街"匾额,不由想到,少游当年居住的东华门堆垛场,大约应在这附近吧?

龙亭公园与清明上河园比邻。清明上河园只是东京城之一隅,龙亭才是当年这座古城乃至全国的政治中心。这里曾经是大唐代宣武军节度使的衙署,也是五代时期的后梁、后晋、后汉、后周以及北宋、金六个朝代的皇宫所在地,而又以北宋时期最为辉煌。园内视野开阔,游人熙熙攘攘。走进午门,缓步走上曲线流畅的玉带桥,两边潘、杨二湖碧波荡漾,并不见传说中因杨家忠良、潘家奸佞而形成的"潘湖浊、杨湖清"现象。前行不远,右手边立有一块"全国重点文物保护单位:北宋东京城遗址·大庆殿遗址"的石碑。秦雄介绍说:"城摞城"是开封特有的现象,我们脚下就埋着几座不同朝代的城池。约8至10米处,就是著名的北宋东京城和皇宫大庆殿。大家感慨,天空还是那片天空,土地还是那块土地,象征皇权威严的大庆殿早经化为尘泥,然而那场因变法而引发的朋党之争,那场影响了中国历史进程，也影响了秦少游政治生命的政坛风雨，却永远地留在了史籍和人们的记忆之中。

在东京，少游有自己的小家庭，也有自己的朋友圈。东京古城留下了他与师友们欢聚的一幕幕难忘的情景，最具盛名的一次当数"西园雅集"。元祐二年（1087）六月，驸马都尉王晋卿邀苏东坡等文坛名流聚会私家园林西园。少游虽在蔡州教授任，也受邀专程赴会。与会者之一的大画家李龙眠即兴挥毫作《西园雅集图》，画面上人物形态各异，形神兼备。著名书画家米芾作《西园雅集图记》，对画面上的人物一一描述："人物秀发，各肖其形，自有林下风味，无一点尘埃气。"文中点出了少游的形象和位置："二人坐于盘根古桧下，幅巾青衣，袖手侧听者，为秦少游。"十六位文坛名流齐聚一堂，"苏门四学士"及两位掌门、北宋四大书法家中的"苏、黄、米"三位在场，可谓盛况空前，名震一时，故文史界常将其与东晋"兰亭之会"相媲美。

作为"苏门四学士"之一的少游，参与最多的还是苏门师友的小聚。少游入京，与黄庭坚、张文潜、晁无咎等担任馆阁之职，并列史馆，出入苏门，"苏门四学士"之名从此传扬天下。宋释惠洪记载："秦少游、张文潜、晁无咎，元祐间俱在馆中，与黄鲁直为四学士，而东坡方为翰林，一时文物之盛，自汉唐以来未有。"（《跋三学士帖》）"四学士"常来常往于东坡家中，一日，少游等人来访，东坡让其侍妾朝云出来接待诸位高足。朝云载歌载舞，为众人侑酒助兴。歌舞罢，东坡示意朝云向少游求取诗词。少游也不推托，乘兴即席赋《南歌子》一首：

霭霭迷春态，溶溶媚春光。不应容易下巫阳，只恐翰林前世是襄王。

暂为清歌住，还为暮雨忙。瞥然归去断人肠，空使兰台公子赋高唐。

词以楚襄王与巫山神女的爱情故事，比喻东坡与朝云的结合，含有赞美和艳羡之意。末句"空使兰台公子赋高唐"意味深长。兰台公子本指宋玉，而唐代兰台是秘书省的代称，此时少游任职于秘书省，巧合"兰台"二字。于是他借兰台公子以自比，虽然带有玩笑的成分，但是字里行间仍流露出对朝云的赞美和倾慕之情。

《秦谱》："先生弟少章觏客京师，游张文潜、黄鲁直之门，家构小室，鲁直以'寄寂'名其斋，赠之以诗；先生亦以诗寄觏、觏两先生。"

◆ 大庆殿遗址

苏东坡读出了少游的弦外之音，当即以《南歌子》一首作答，末句"莫翻红袖过帘栊。怕被杨花勾引嫁东风"，似在提醒朝云：当心啊，不要被他人勾引。东坡、朝云、少游之间能够如此毫无顾忌地开玩笑，从一个侧面显示出他们的往来频繁和亲密无间。大约正是由于这个原因吧，近年有专家考证，冯梦龙小说《苏小妹三难新郎》中的苏小妹，其生活原型可能就是王朝云。

少游在京城的交游圈绝不仅仅局限于苏门，朝廷重臣、皇亲国戚也不例外。除前面提到的驸马都尉王诜外，他还多次应邀往游李观察私家园林。李观察名端愿，字守道，母为宋太宗女献穆公主，园林称李驸马园，为皇上所赐。据《东京梦华录》载，"居第园池，聚名华、奇果、美石于其中。有会贤、闲燕二堂，北隅有庄曰静渊，引流水周舍下。"少游赋《清明前一日李观察席上得风字》《次韵王仲至侍郎会李观察席上》等多首诗歌，描绘李驸马园的绮丽景色和饮宴盛况。

然而现实是残酷的，在华丽的宫墙、秀丽的景色后面，隐藏着的是扑朔迷离的争斗和残酷无情的倾轧。北宋朋党之争以人划线，朋友之间的交往频繁，使得性格单纯、率真、不谙政治斗争的秦少游蒙上了"朋党"的色彩，无可幸免地被卷入党争旋涡之中。在京城任职短短的四年时间，各种打击接踵而至，他屡经宦海浮沉，风云变幻。最为突出的有两次。第一次是元祐五年（1090）五月，少游被召至京师，任为太学博士。洛党骨干分子、右谏议大夫朱光庭上书弹劾，指责少游在蔡州期间与歌妓娄琬、陶心儿等交往，行为轻薄。这样一些似是而非的指责，偏偏很具杀伤力，少游当月就被罢去太学博士之职。六月，宰相范纯仁、中书舍人曾肇等再次推荐秦少游，认为秦少游不仅文学方面有特长，而且操守坚定，办事能力也很强，确为可用之才，并以自己的政治生命作担保。少游这才得以顺利进京，担任"秘书省校对黄本书籍"之职。

第二次是次年七月，秦少游由"秘书省校对黄本书籍"升迁正字，到八月即被罢免，依旧任"秘书省校对黄本书籍"。刚刚升职，旋即被罢免，其过程可谓翻云覆雨，一波三折。少游任正字，本是由担任御史中丞的朔党重要人物赵君锡举荐。可是少游刚刚任职，赵君锡竟出尔反尔，上章弹劾，抓住少游与青楼以及坊间艺人来往的枝节大做文章，要求罢免对少游的任命。朔党分子老生常谈，诋毁少游不检点，行为轻薄，表象上是对少游发难，然实属"项庄舞剑，意在沛公"，目的是从少游之处打开缺口，扳倒苏轼、苏辙兄弟，彻底整垮蜀党。少游是率性之人，容易被找茬，于是首当其冲成了被攻击的靶子。争斗的结果是两败俱伤：少游未能幸免，上章自辞；苏东坡以龙图阁学士出知颍州。朔党重要人物刘挚、贾易、赵君锡也受到降职、外放的处分。

元祐八年六月，少游重新被擢为秘书省正字；七月再由正字迁史院编修，授左宣德郎。大约少游本人也感觉太过顺利了吧，故而没有贸然接受，而是上了一道《辞史官表》，谦称自己"蕞尔之材"，不能胜任如此重要职务，请朝廷另择高明。朝廷没有接受其辞呈，八月，少游正式就任。这时他的官职全称为"国史编修官、左宣德郎、秘书省正字"，是他一生中担任的最高职务。

在史馆任职后，少游的才华愈益为朝廷所赏识器重。《秦谱》载："先生以才品见重于上，日有砚墨器币之赐。"按宋代惯例，只在开院之时赐予史官文房四宝；而对此后续任的史官，仅赐器币而已。既赐器币又赐文房四宝，从少游开始恢复。少游作《赐砚记》，记述了这一分外荣幸之事。

然而，这段美好时光仅仅持续了一两个月，形势以太皇太后高氏辞世、哲宗亲政而急转直下，一场更为凶险、惨烈的党争之灾已在酝酿之中。短短四年，少游屡屡遭受挫折和沉重打击，他的心态也随着政治生命的浮沉而阴晴不定。元祐六年（1091），诗友刘景文出任隰州太守，少游作七律《赠刘使君景文》相赠。首联"落落衣冠八尺雄，鱼符新赐大河东"，对友人获得重用、有了施展才华的大舞台充满欣羡之意，接着盛赞友人的文才和武略。尾联笔锋一转，"石渠病客君应笑，手校黄书两鬓蓬"，写出自己久困秘书省校对黄本书籍、郁郁不得志的境况，情感深沉低回，与前面的慷慨豪放形成强烈对照。

尽管命运坎坷，打击不断，少游常常

因怀才不遇而流露出失意之情,然此时少游尚未彻底放弃自己的政治抱负,其报国之志、慷慨之情常常溢于言表。他曾经夜作一梦,梦醒后以五绝一首记之:

> 缟带横秋匣,寒流炯暮堂。
> 风尘如未息,持此奉君王。

梦境中出现的是一柄锋刃雪白如缟带的长剑,静静地横卧在剑匣之中,锋刃射出的寒光,像月色一样照亮了傍晚的屋宇。诗前两句咏剑,后两句是激情的表白:边境上的战事尚未平息,我愿持此长剑出征,为朝廷尽一个战士的责任。对梦境作进一步的解析,则可窥见秦少游一腔豪情后面的难言之痛:剑虽然是一柄光芒耀眼的宝剑,但并不是一柄出鞘之剑,而是闲置匣中之剑。古人常以"匣剑"喻人才被埋没,少游此处亦有以"匣剑"自喻之意。自己空怀一腔报国之志和满腹才华,然而仕途坎坷,壮志难酬,就如同剑藏匣中一般。

此外,"马革裹尸心未艾,金龟换酒气方震"(《送李端叔编修》),借送友人出守边防,表达自己立志献身疆场、马革裹尸而无悔的豪迈情怀;"新淬鱼肠玉似泥,将军唾手取河西"(《次韵出省马上有怀蒋颖叔》),"要须尽取熙河地,打鼓梁州看上元"(《送蒋颖叔帅熙河二首》)等,抒发了藐视强敌的气概和必胜的信念。诵读这些激情洋溢的诗句,如同触摸到少游一颗滚烫的报国之心,令人肃然起敬。

从大庆殿遗址继续前行,穿过嵩呼和朝门,气势巍峨的龙亭大殿突兀出现在眼前。龙亭大殿原为宋代皇宫御苑旧址的一部分,是整个园中的主体建筑。大殿高三十六丈,台阶共七十二级,寓意三十六天罡星和七十二地煞星,象征吉祥之意。台阶分东西两侧,中间为青石雕刻的蟠龙御道,是宋代留下的遗物,上面可见不规则的小坑,据说是宋太祖赵匡胤当年留下的马蹄印。大殿雄踞于高大的殿基之上,进深五间,面阔九间,象征帝王九五之尊。驻足殿前沿中轴线回望,龙亭公园秀丽景色美不胜收,宋都御街繁华景象历历在目;环顾四周,清明上河园、铁塔公园以至开封城全景尽收眼底。

◆宋宫遗石碑

浮沉东京（下）

四

宋都御街与龙亭大殿位于同一条南北中轴线上。据《东京梦华录》记载，北宋时期，东京御街北起皇宫宣德门，经州桥和朱雀门，直达外城南熏门，长达十余里，宽约两百步。中间为御道，专供皇家车驾通行。皇帝祭祖、举行南郊大礼和出宫游幸往返都从这里经过，因而称为"御街"，也称御路、天街或宋端礼街。秦少游在秘书省任职期间，不止一次地走过御街，亲历了南郊祭祀大礼。

元祐七年（1092），冬至南郊合祭天地大礼《续资治通鉴长编》中有明确记载。少游参加了此次大礼并赋诗《次韵侍祠南郊》《进南郊庆成诗并表》。诗歌描写皇家的威仪和大礼的盛况，而诗前的《表》记述了一个十分有趣的现象：

前期之日，阴云蔽空。将祀之夕，月离毕宿。《诗》云："月离于毕，俾滂沱矣。"

◆ 宋都御街

《续资治通鉴长编》：元祐七年十一月"癸巳冬至，合祭天地于圜丘，以太祖配。礼毕，群臣贺于端诚殿"。

于法当雨，而是夜开霁，特甚晏温，星月昭明。礼毕之明日，雨雪乃作。朝市郊野，相告欣然，颂叹之声，形于中外。非二圣有作，上当天心，神祇顾享，何以逮此？臣虽疏贱，通籍秘省，预见熙事……

大礼前几日，阴云蔽空；祭祀的当日傍晚，月在毕宿的位置，按星象之说应有大雨雪。而当天夜里云开月出，天气和暖。礼毕次日，方才雨雪大作。于是朝野上下一片颂扬之声，都称颂这是哲宗皇帝和太皇太后上合天心，天降祥瑞。时少游在秘书省任职，参与并亲见了这一吉祥之事。

现在所见宋都御街是1988年在原址上复建的。南起新街口，北至五朝门，全长400多米。两侧角楼对称而立，楼阁店铺鳞次栉比，匾额、楹联、字号、招幌皆取自宋史记载，古色古香。在御街北端东侧，有一座称作"樊楼"的三层仿宋建筑，

◆ 宋都御街樊楼

据说就是曾被徽宗宠幸的京都名妓李师师的居所。有趣的是，秦少游在东京的红颜知己中也有一个"师师"。在东京期间，尽管官场政治斗争十分严峻残酷，但是少游并没有因此变成一个面目刻板的官员，他仍然保持了那份风流倜傥的天性。大约在元祐六年（1091），少游作《一丛花》词，赠歌妓师师。上阕云：

> 年时今夜见师师，双颊酒红滋。疏帘半卷微灯外，露华上、烟袅凉飔。簪髻乱抛，偎人不起，弹泪唱新词。

词中追忆一年前与师师相会的情景：一个醉美人，鬓发纷乱，双颊潮红；一个泪美人，与人相偎，弹唱新词。此情此景，让人怦然心动。下阕结句"唯有画楼，当时明月，两处照相思"，表达了深深的思念之情。另一首《生查子》有词句"看遍颍川花，不似师师好"，在少游心目中，师师在东京歌妓中是最为出众的一位。

引起较多争议的是：后世许多词话中将少游的红颜知己师师与宋徽宗宠幸的师师混为一谈。《东都遗事》载："李师师，汴京角妓，道君微行幸之。秦观赠以《生查子》、周美成赠以《兰陵王》是也。"宋徽宗信奉道教，故自称"教主道君皇帝"。所谓角妓，宋代称风流美貌、才艺出众的名妓，大约相当于现在的明星、名角吧。徽宗与李师师暗中交往，《水浒传》亦有精彩描写。然《东都遗事》将道君、秦观和周美成三个男人与李师师搅在一起，虚虚实实，真假莫辨。所言周美成即周邦彦，是另一位稍后于少游的著名词人。传说他才是李师师的情人，历代词话记载了不少徽宗皇帝与他争风吃醋的故事。有一次，他正与李师师缠绵，不料宋徽宗从地道中走来，匆忙中只好躲到床底下。事后他赋词《少年游》，描述这一次徽宗与李师师亲热的情形。徽宗十分恼火，将其贬出京城。周邦彦将这一段故事谱成著名的《兰陵王》词，分手之时赠予李师师。宋徽宗听李师师演唱后，被深深打动，复将周邦彦召回京城。但是将李师师与少游交往的师师视为一人却有凭空想象、肆意联想之嫌。因为按时间推算，少游在绍圣元年（1094）已经被贬出京，与师师相交应在此前。宋徽宗1101年方即位，从哲宗元祐年间到徽宗政和年间，已近三十年。如果是同一人，那徽宗所见的师师应该已

◆ 大梁门

深处水萦回,可惜一枝如画、为谁开?

轻寒细雨情何限,不道春难管。为君沉醉又何妨,只怕酒醒时候、断人肠。

少游和碧桃的举动让在座的人都有点儿妒恨,那位贵官更是感到颜面尽失,醋意大发,当场发誓今后永不让碧桃出来陪客,引起一阵哄堂大笑。有词评家分析,少游题词赠碧桃,实质也寄寓了自己的身世之感。碧桃的美丽容颜,必定是得到了天上的仙露滋润,非凡间之花可比。然而如碧桃一般的仙姿却被弃置在"乱山深处水萦回"的荒落之处,字里行间流露出怀才不遇的失意之情。

离开御街,我们继续寻访宋代东京古城的遗迹,驱车前往大梁门。说到城池,开封有一句流行语:"开封城,城摞城,地下埋有六座城。"开封是八朝古都,历史悠久,文化蕴涵丰富,特别是北宋时期,经过九个皇帝一百六十八年的大力营建,使东京城一度成为"人口逾百万、富丽甲天下"的国际大都会。然而,历代兵火水患,使昔日气势辉煌的北宋都城同其他历代城池一起,被埋于地下数米之深,从而形成了"城下城""城摞城"的奇特景观。

是年老色衰的明日黄花,如何还能得到那般宠幸?

少游在东京的红颜知己非止一人。南宋杨湜《古今词话》载有一个掌故:少游一日出席一个贵官家宴,席间有一个名叫碧桃的歌姬歌舞侑酒。碧桃早就倾慕少游的才名,因而频频为少游劝酒。少游出于感激,举杯回敬碧桃。这位贵官赶忙上前阻拦说:"碧桃素不善饮。"谁知碧桃说:"今日为学士拼了一醉!"端起大杯一饮而尽。少游非常感动,即席赋《虞美人》词赠碧桃:

碧桃天上栽和露,不是凡花数。乱山

大梁门始建于公元前361年,是魏惠王都城大梁城之西门。1998年重建,古朴典雅,雄伟壮观,是开封目前唯一重建的一座古城门,已经成为古都的重要象征。近年经考古发掘,在城门北侧探明了多层古城马道,为开封独特的城摞城历史提供了又一重要的实物佐证,现已被辟为古城墙博物馆。从博物馆考古发掘的现场以及展出资料表明,地下10余米处为魏国国都大梁城,10米左右为唐汴州城,约8米处就是北宋东京城。这层层叠压的古城马道,立体展现了开封城两千多年的变迁历史,确可称得上是城市变迁的"活化石"。

午后第一个寻访点是铁塔公园。铁塔,原名开宝寺塔,始建于北宋皇祐元年(1049),塔高55.88米,八角13层,内砌登塔台阶168级。因塔身通体镶嵌褐色琉璃砖,浑似铁铸,故俗称"铁塔"。又因此地曾为开宝寺,又称开宝寺塔。建成已近千年,历经水患、战火和地震等天灾人祸,至今仍巍然屹立,是我国现存最高大、历史最悠久、保存最完整的一座琉璃砖塔,享有"天下第一塔"的美称。琉璃砖上有飞天、降龙、麒麟、坐佛、菩萨、伎乐、花卉等五十多种花纹图案,具有鲜明的宋代艺术风格。铁塔以其精湛绝妙的建筑艺术和宏伟秀丽的身姿而驰名中外,是1961年3月国务院首批公布的国家重点文物保护单位。

这座铁塔与秦少游有着不解之缘。

其一,铁塔与少游同庚。铁塔旁边"全国重点文物保护单位"的大理石碑背面刻有"北宋皇祐元年建造"之碑文,而这一年恰好是高邮湖出现神珠之光、秦少游出生之年。这座塔竟然与少游同龄!这真是

◆古马道遗址

◆ 开封 开宝寺塔

一个令人惊喜的发现。

其二，少游来东京不止一次地游历开宝寺和开宝寺塔。

其三，更为重要的是，开宝寺是少游参加礼部会试、高中进士的福地。本来，以少游杰出的文才，考中进士、走上仕途应该顺理成章；然而实际情况是，他的科举之路并非一帆风顺。元丰元年（1078）、五年两次进京赶考皆铩羽而归。元丰八年礼部会试如期举行，此前一年即元丰七年，发生了一件虽类似于传奇、却又是真实的事情。少游梦见自己的文友刘全美发殡的场面，而且梦境的记忆十分清晰。一般人也许会以为不吉利，然而第三次礼部会试在即，少游想到了"梦官得官"的典故。梦醒后专门写了一首长诗《纪梦答刘全美》，较为详实地记述梦中所见，并视其为吉兆。"世传梦凶常得吉"，认为梦境与现实常常是相反的。所谓"梦棺得官"只是一个传说、一句戏言，但是少游却满怀欣慰之情为文友送上祝福，"洗眼看君先一鸣，九万扶摇从此始"，祝愿文友来年一鸣惊人，从此鹏程万里。诗歌名为贺文友，实质也包含了自勉自慰之意。令人感到难以理解的是：少游诗中所言只是虚无缥缈的梦境之事，梦棺得官更是一句戏言。然而次年，秦少游和刘全美双双金榜题名！

会试的过程一波三折。按照常规，礼部会试应在贡院举行。贡院最早始于唐朝，但是北宋一度未设专门的贡院，而是每到会试之时临时指定考场，元丰八年的礼部会试考场就被指定在开宝寺。会试的过程还算顺利，会试后却发生了几个重大的事件。先是神宗皇帝驾崩，朝廷上下忙于治丧，考试的种种后续工作顾及不上。更令人意想不到的是开宝寺失火，烧毁了大部分考生的试卷。对这场奇怪的大火，《续资治通鉴长编》有较详细的记载：

是夜四鼓，开宝寺寓礼部贡院火，承议郎、韩王、冀王宫大小教授兼睦亲、广亲宅讲书翟曼、奉议郎陈之方、宣德郎太学博士马希孟皆焚死，吏卒死者四十人。

丁亥，三省言：礼部贡院火，试卷三分不收一分，欲令礼部别锁试。

贡院失火，大小官员以及吏卒死者四十余人，试卷烧去三分之二多，即使按照今天的事故划分等级，也算得上是重特大事故了，故朝野上下为之震惊。朝廷急急忙忙采取善后措施，第一是给相关责任人降职、罚款或警告处分。第二是重新举行会试，夏四月己巳，"诏再试进士及武举人"。可以想见，这场大火在当时的京城引起了怎样的轩然大波！对于少游来说，第一、第二次应试不中，第三次试卷又被烧掉，还要重考一次，对其心理将产生多大的冲击可以想见。一般进士发榜时间是在三月，这次因故延迟到五月。然而终是好事多磨，有惊无险，最终以喜剧结局。

后经调查考证，这次大火并非人为因素，而是雷击所致。这是在开宝寺、塔建成三十六年后经受的一次最严重的雷击。开宝寺虽毁，而作为开宝寺的制高点，开宝寺塔却安然无恙。后人分析，原因在于其科学的避雷装置发挥了作用。

巍然铁塔，屹立千年，历经黄河水患、地震以及雷击、飓风、冰雹等自然灾害，雄风依旧，成为开封一处真正的北宋东京古城遗存，"天下第一塔"名不虚传。

走过造型别致的"铁塔公园"牌楼，大道中间有"天下第一塔"碑刻。再向前

◆ 河南贡院碑亭

走,一块拙朴的石头上有阴刻"擎天摩云"四个正楷大字,气势雄浑,与铁塔一柱擎天、直指苍穹的巍巍雄姿十分和谐。按照史籍记载,园内恢复了接引大殿、灵感院、福胜院等历史建筑。驻足塔前,仰望湛蓝天穹下铁塔的矫健身躯,仿佛看到与铁塔同龄的少游正与铁塔比肩而立,心中的敬畏感和亲切感油然而生。

距离铁塔公园不远,在今河南大学校园内有河南贡院遗址。河南贡院始建于清顺治年间,原址在今龙亭公园一带(北宋时期国子监所在地),雍正年间迁移至此。清末1903、1904年全国会试曾在这里举行,延续千年的科举制度在这里画上了句号。科举考试废止后,在此基础上建立了河南大学。在河南大学明伦校区外语学院北侧,我们寻觅到了两座保存较为完好的四角碑亭,亭内各有古碑一方。一为立于雍正十年(1732)的《改建河南贡院碑记》,碑文为时任河南巡抚田文镜撰写;一为立于道光二十四年(1844)的《重修河南贡院碑记》,撰写碑文的是时任河南巡抚牛鉴。碑文记述了河南贡院迁移和兴建的具体情况,历经两三百年,碑文已斑驳难辨,但因其珍贵的历史价值,仍为河南省级文保单位。

元祐三年(1088)八月五日,少游应邀与苏轼、苏辙等文友同至大相国寺,观赏驸马都尉王晋卿《墨竹》图。大相国寺始建于南北朝北齐时期,至北宋深得皇家尊崇,多次扩建,成为东京最大的寺院和全国佛教活动中心。少游与文友在相国寺观赏《墨竹》之事,《苏诗总案》卷三十有载:"八月五日……同子由、孙敏行、秦观游相国寺,观王诜《墨竹》。"另据南宋周密《癸辛杂识·别集》卷上记载,秦少游等人在大相国寺观赏王晋卿《墨竹》,曾被刻石立于相国寺内,碑今不存。如今,大相国寺仍保存有天王殿、大雄宝殿、八角琉璃殿、藏经楼、千手千眼佛等殿宇古迹,复建了钟、鼓楼等建筑,巍峨壮观,古风犹存,为国家4A级旅游景区。

当年,京城其他一些佛道寺观亦曾留下少游的足迹。他初来京城任职,有较长一段时间就临时居住在兴国寺浴室院,赋诗云:

聊移小榻就风廊,卧久衣巾带佛香。

白发道人还记否？前年引去病贤良。诗歌描述自己住在寺院之中，衣巾为浓郁的佛门气氛浸染。诗中提及的"白发道人"，是经苏东坡引见而认识的惠汶禅师。而"前年引去病贤良"，是指前二年应召进京参加贤良方正能言直谏科制举，曾经临时居住寺中，最终因党争之故"引疾而归"。元祐五年，少游子秦湛参加礼部会试，

◆大相国寺

他在此翘首等待儿子归来，赋诗《兴国浴室院独坐时儿子湛就试未出》：

满城车马没深泥，院里安闲总不知。

儿辈未来钩箔坐，长春花上雨如丝。

这是一个春雨潇潇的日子。街道上车马在泥水中来来往往，而园内却是出奇的安闲，一动一静形成强烈对照，衬托出诗人焦急的心境。焦急者为何？儿子考试未归。而这种焦急含而不露，卷帘眺望，眼前只有"长春花上雨如丝"。诗歌语言平淡，然平淡中藏有波澜，安闲中暗寓不安，让人强烈感受到少游为人父者之舐犊情深。兴国浴室院今不存。

从大相国寺经延庆观，来到位于包公东湖北岸的开封府。开封府是北宋东京管理行政、司法的衙署，有"天下首府"之称，尤以铁面包公打坐南衙而驰名中外。恢复重建的开封府，与位于包公西湖的包公祠相呼应，同碧波荡漾的三池湖水相映衬，形成了东府西祠、楼阁碧水的秀美景观，成为国家4A级旅游景区。包拯生卒年代早于秦少游约五十年，从今日重建的开封府，或可窥见秦少游时代东京城的历史风貌。

宗亲秦雄是开封人，对开封的前世今生较为熟悉。离开开封之前，他将车停在了一处正在恢复重建的遗址近旁，告诉我们这就是少游诗词中多次描写过的金明池旧址。

金明池是北宋时期的皇家水上园林，位于东京顺天门外，又名西池、教池。周围九里三十步，园中全为水上建筑，战时为水军演练场。中有一巨拱桥，谓之仙桥，长数百步，桥面宽阔，中央隆起，如飞虹状，称为"骆驼虹"。标志性建筑宝津楼，楼高七层，斗拱飞檐，雄楼杰阁，气势非凡。金明池内遍植莲藕，每逢细雨绵绵之时，雨打荷叶，发出清冷之音；雨过天晴，莲叶田田，分外妖娆，故有"金池夜雨"或"金池过雨"之称。每年三月，朝廷都要在园内举行盛大的游春活动。张择端《金明池争标图》，描绘的就是赛船夺标的生动场景。虽是皇家园林，金明池也对民间开放。每年三月初一至四月初八开园，京城百姓倾城而出，金明池内人头攒动，摩肩接踵，一派熙熙攘攘、万民同乐的景象。

秦少游多次参与游园，并留下多首诗

上巳日：旧俗以三月三日在水边洗濯污垢，祭祀祖先，叫袚禊、修禊。魏晋以后把上巳节固定为三月三日，并逐步成为水边饮宴、郊外游春的节日。

◆金明池宝津楼

词。《西城宴集二首》诗题下原注为："元祐七年三月上巳，诏赐馆阁官花酒，以中澣日游金明池、琼林苑，又会于国夫人园，会者二十有六人。"将游园的时间、人物、地点等交代得一清二楚。馆阁同僚同游西池赏春，还得到皇上"诏赐"之美酒，其欢洽气氛可以想见。其一云：

春溜泱泱初满池，晨光欲转万年枝。

楼台四望烟云合，帘幕千家锦绣垂。

诗歌风格婉约绮丽，与园内景物、游园气氛十分谐和。其二云：

宜秋门外喜参寻，豪竹哀丝发妙音。

金爵日边栖壮丽，彩虹天际卧清深。

诗歌描绘出园内殿阁崔嵬、仙桥如虹的壮观，以及游园之时一片丝竹之音、歌舞升平的景象。此次游园，少游还赋《金明池·琼苑金池》一首。词为长调，词牌"金明池"为少游首创。上阕尽情铺写金明池春日之景：

> 琼苑金池，青门紫陌，似雪杨花满路。云日淡、天低昼永，过三点两点细雨。好花枝、半出墙头，似怅望、芳草王孙何处？更水绕人家，桥当门巷，燕燕莺莺飞舞。

少游向人们展开了一幅画卷：从东京顺天门一路到琼林苑、金明池，杨花似雪，云清日淡，忽而洒下三点两滴细雨；花枝出墙，似在寻找心中恋人；曲水人家，画桥恰对巷陌朱门；黄莺紫燕，双双对对翻飞起舞。此情此景，好不令人着迷！词的下阕抒情，结句巧妙地寄寓了自己的身世之慨："念故国情多，新年愁苦。纵宝马嘶风，红尘拂面，也则寻芳归去。"此前不久，少游刚经历了罢秘书省正字之重挫，情绪低沉。眼前的美景触动了他的思乡之念，故于游春之日，发出了"归去"之叹。

2000年，为开发宋文化旅游资源，开封市决定以《金明池争标图》为蓝本，在原址复建金明池公园。规划中的园林占地三百余亩，位于金明广场西南角的黄金地段。主体建筑宝津楼、水心殿、东西副楼已经竣工，连接湖心岛的巨大拱桥趋近完工。远远可见复建的宝津楼主楼典雅端庄，巍然矗立，左右副楼如两翼展开，相互呼应。走近池边，一池春水，碧波荡漾。远远可见虹桥巨大的身影横跨水上。秦雄告诉我们：由于资金、管理等种种复杂因素，金明池复建计划并未完全实施，已经建成的一些重要景观也未对市民开放。怀着依依不舍的心情，我们缓步离开金明广场，回首宝津楼的巍峨身影，心中默默期盼着：再次来访时，金明池能给我们一个惊喜！

京畿远足 五

◆ 少林寺远眺嵩山峰峦

秦少游一生喜好漫游,早在出仕之前,进京参加礼部会试,往返于京城与故里高邮之时,常常顺道漫游西京洛阳、南都商丘。后任蔡州教授以及在京为官期间,更因路途便利,频频造访周边的风景名胜。中岳嵩山,洛阳白马寺、金谷园、铜驼巷、龙门、伊阙等名胜屡屡出现在他的诗文之中。

2016年3月23日上午,寻访组从安阳乘高铁往郑州,与郑州宗亲相聚。下

城市名片

名称:洛阳市(河南省地级市),古称神都、洛邑等。

位置:河南省西部。

主要景点:中岳嵩山、少林寺、白马寺、中岳庙、嵩阳书院、龙门石窟、伊阙、香山寺、汉魏故城、白云山风景区、老君山、国家牡丹园等。

地方特产:牡丹、牡丹石、唐三彩、澄泥砚、"真不同"洛阳水席。

午,宗亲秦洁女士驾车,与寻访组一道往西,行程约七十公里,到达位于登封县境内的嵩山。登封历史悠久,告成镇至今有夏都遗址;汉武帝刘彻游嵩山,正式设立崇高县,隋代改嵩阳县;公元696年,武则天登嵩山、封中岳,以为大功告成,遂改嵩阳县为登封县。嵩山地处中原腹地,为五岳中的中岳,《诗》云:"嵩高惟岳,峻极于天。"嵩山是古都洛阳的重要屏障,京畿要地,具有深厚文化底蕴,以"天下第一名刹"少林寺、道教洞天中岳庙、儒学圣地嵩阳书院驰名天下。特别是北宋至道三年(997),宋太宗赐"太室书院"匾额,并颁赐九经书疏,使其一度走向鼎盛。

嵩山是中华文明的重要发源地、著名的名胜风景区,自然是秦少游所向往的地方。元祐二年(1087)秋九月,秦少游仍在蔡州教授任上,他得到机会,陪同时任京西提刑的王瑜(字忠玉)同游嵩山、伊水、龙门等山川名胜。诗歌《和王忠玉提刑》记述了这次行程所见所感:

嵩峰何其高!峰高气尤清。
念昔秋欲老,从公峰下行。

◆ 少林寺塔林

◆ 伊阙风光

古木上参天，哀禽报新晴。
修途云外转，橘叶风中零。

诗歌起句突兀，感慨嵩山峰高气清，仿佛走出一个憋闷的小屋子，来到了一个无限广阔的空间，豁然开朗，神清气爽，情感上有一种"解放了"的感觉，希望直抒胸臆，一吐为快。这大约也是这首诗着重描写嵩山自然景观，而对少林寺等人文景观却十分吝惜笔墨的原因吧。联系少游这一时期身居蔡州，整天只是应付一些公文、杂务，"佛舍萧然，甚无聊赖"的心情，登嵩峰如此感慨是完全可以理解的。嵩山古木参天，阳光从密密的树丛中洒下来，密林深处传来不知名的鸟叫声，黄叶在秋风中翩然飘零，意境深秀奇特，而又委婉地传达出感伤的情调。面对此景，少游运笔抒发心中所思：

信美非吾土，顾瞻怀楚萍。
美人天一方，伤哉谁目成？

"楚萍"典出《孔子家语》。少游家乡高邮旧属楚地，"怀楚萍"犹言怀念家乡。纵目嵩山美景，触动了他的怀乡之情。"美人"句则是引用屈原《九歌·少司命》中典故。屈原诗中常以美人香草比喻自己的美政理想，少游诗歌作于元祐三年参加贤良方正能言直谏科制举无果而终之后，引用此典，无疑表达了自己理想难以实现的惆怅情怀。

登嵩山寻访少游的足迹，初衷是希望多留意、拍摄嵩山的自然景观，而对世人十分熟悉的少林寺等名胜则从简，从而更贴近少游的诗意和心境。然此时正值早春二月，山上的植被尚未完全苏醒，远没有深秋时的苍翠葱茏、深秀奇特。摄影师爬上爬下，山前山后，倒也寻觅到一些镜头，但终究不是十分理想。只得也跟其他游人一样，拍摄了一组少林寺、塔林的图片，并借少林寺地势登高远眺，拍摄出嵩山峰峦起伏、邈远苍茫的景色，总算不虚此行吧？

下嵩山，日已偏西。依据少游诗意，当年他与友人游完嵩山，天色已渐晚：

　　曛黑度伊水，眇然古今情。
　　黎明出龙门，山川莽难名。

"曛黑"即黄昏，少游他们黄昏时分泛舟于伊水之上，当晚或就近歇宿于香山寺，翌日黎明方才游龙门、出伊阙。顺着这一思路，我们离开嵩山，继续向西赶往洛阳方向，当晚在龙门景区附近的洛阳东山宾馆住宿。第二天清晨，在秦洁和洛阳丁先生的陪同下，开始了洛阳龙门景区的寻访。

洛阳位于河南西部、黄河中游，因地处洛河之北而得名。洛阳是中华文明的发祥地之一，从夏王朝开始，先后有商、周、东汉、西晋以及隋、唐等十三个王朝在此建都。北宋以洛阳为西京，置河南府，并在此设"国子监"。洛阳以牡丹闻名天下，有"千年帝都，牡丹花城"之美誉。少游对古都洛阳情有独钟，著名的"洛阳八景"中，龙门山色、马寺钟声、金谷春晴、铜驼暮雨等，都曾出现在他的诗词当中。

《史记·封禅书》载："昔三代之君，皆在河洛之间，故嵩高为中岳，而四岳各如其方。"

龙门是古都洛阳南面的天然门户。这里两岸香山、龙门山相对，伊水中流，远望仿佛天然的门阙一样，自古就被人们形象地称为"伊阙"。后隋炀帝建都洛阳，都城正门恰好对着伊阙。《元和郡县图志》载：杨广带群臣登上邙山之巅，眺望伊阙之塞，大发感慨道："此非龙门耶？自古何因不建都于此？"一个名叫苏威的大臣连忙附和说："自古非不知，以俟陛下。"隋炀帝龙颜大悦，从此伊阙便改称龙门。伊河两岸崖壁上的石窟佛像开凿始于公元493年北魏孝文帝迁都洛阳之时，经历北魏和盛唐两个高峰，前后持续了四百多年方完成这一浩大工程。虽历经自然风化和人为毁坏，但石窟总体仍保存较为完好，自古及今吸引着无数中外游人。2000年，龙门石窟被列入世界文化遗产名录。

登上伊河大桥，眺望东北，但见澄澈的伊水缓缓流向天际；不远处，两岸香山、龙门山遥相呼应，令人想起大诗人李白《望天门山》的诗句："两岸青山相对出，孤帆一片日边来。"遗憾的是远处是灰蒙蒙的雾霾，不见旭日初升、帆影远来。

从伊河西岸进入景区，沿山间石径而

◆ 龙门石窟

◆ 龙门卢舍那大佛远眺

上下，一路古阳洞、宾阳洞、莲花洞、万佛洞、潜溪寺、奉先寺、看经寺等洞窟佛像以及"龙门二十品"题记，令人目不暇接，叹为观止。绕行到东岸，回看对面奉先寺卢舍那大佛，巍峨、庄严而又面带慈祥，感觉到一种博大与宽容的境界。

东山因盛产香葛，又称香山。唐代大诗人白居易晚年在此度过十八年，自号

屈原《九歌·少司命》："满堂兮美人，忽独与余兮目成。"

"香山居士"。公元832年，香山寺已经破败，时任河南尹的白居易捐资重修，并亲撰《修香山寺记》，开篇云："洛都四郊，山水之胜，龙门首焉；龙门十寺，观游之胜，香山首焉。"白居易逝后即葬于东山墓园，人称"白园"。少游经过此地，香山寺犹存。徜徉山水之间，游览洞窟、山寺，心里难免涌起一番"眇然古今情"来。香山寺元末废弃，现在所见香山寺历经清康熙以及民国年间多次修缮，寺内还新增了一座为庆祝蒋介石五十大寿而建的"蒋宋别墅"。

离开东山，已是中午11点光景，寻访组未作停留，立即赶往洛阳白马寺。白马寺始建于东汉，是佛教传入中国后所建的第一座官方寺院，有中国佛教"祖庭"和"释源"之称，距今已有一千九百多年。杨衒之《洛阳伽蓝记》记载：汉明帝刘庄夜梦一个身高六丈、头顶放光的金人自西方而来，飞绕于殿庭。第二天早朝，他请大臣释梦。博士傅毅启奏说："西方有神，称为佛，就是您梦到的金人。"汉明帝大喜，于是派大臣十余人出使西域，拜求佛经、佛法。在大月氏国（今阿富汗境

至中亚一带），遇到印度高僧摄摩腾、竺法兰，见到了佛经和释迦牟尼佛白毡像，恳请他们东赴中国弘法布教。永平十年（67），两位高僧随东汉使者一道，用白马驮载佛经、佛像同返洛阳。汉明帝对两位高僧极为礼重，给予高规格接待，安排他们暂住负责外交事务的官署"鸿胪寺"。次年，敕令在洛阳西雍门外三里御道北兴建僧院，为纪念白马驮经，取名"白马寺"。"寺"字源于"鸿胪寺"之"寺"，此后"寺"字便成了中国佛教寺院的一种泛称。

白马寺坐北朝南，整个建筑"悉依天竺旧式"，总面积约4万平方米。由南到北的中轴线上，从前到后依次分布着山门、天王殿、大佛殿、大雄殿、接引殿、清凉台和毗卢阁等主要建筑。历代多次修缮，但寺址从未迁动过。武则天曾大规模修缮白马寺，并令其男宠薛怀义（冯小宝）为住持。

秦少游来此之前，白马寺被唐末战火毁坏，淳化三年（992）宋太宗敕修白马寺，由参政知事苏易简撰写《重修西京白马寺记》，勒石立碑于山门西侧。

元丰五年（1082），秦少游第二次应试落第后，心情抑郁，返乡途中曾西游洛阳。少游佛学造诣颇深，来到洛阳，白马寺自然是必游之处。《淮海集》中存有《白马寺晚泊》诗：

濛濛晚雨暗回塘，远树依微不辨行。
人物渐稀疏磬断，绿蒲丛底宿鸳鸯。

这是一个细雨濛濛的傍晚，少游泊舟

◆香山寺一角

◆白马寺

《水经注》:"伊水又北入伊阙。昔大禹疏以通水,两山相对,望指若阙。伊水历其间北流,故谓之伊阙矣。"

在白马寺附近的水边。在他的笔下,寺院没有香烟缭绕、晨钟暮鼓的热闹景象,而是树影依稀,人流渐散,不闻钟磬之声,四周一片寂寥。诗歌的意境显得较为沉闷,这与他当年落第后的心情较为吻合。然诗歌末句"绿蒲丛底宿鸳鸯",描写鸳鸯栖息在蒲草丛中,给诗歌增添了一抹亮色。当然,这一对鸳鸯栖息于寺院旁的草丛之中,应该不是诗人亲眼所见实景,而是一种大胆而浪漫的想象吧?

白马寺广场南有近年新建的石牌坊、放生池、石拱桥和大片绿地,山门外左右相对有两匹大小与真马相当的石马,形象温驯,作低头负重状。据介绍,这是两匹宋代的石雕马,相传原在永庆公主(宋太祖之女)驸马、右将军魏咸信的墓前,后搬迁至此。走进山门,东西两侧有摄摩腾和竺法兰二僧墓。五重大殿由南向北,钟鼓楼、东西厢房左右对称，布局严整，宏伟肃穆。院内立有约四十多方碑刻，古朴凝重，显示出寺院厚重的历史文化价值。1992年以来，白马寺在寺院西侧规划兴建国际佛殿荟萃园，已经建成印度佛殿苑、泰国佛殿苑、缅甸佛塔苑等，平添浓郁的异域风情，彰显出文化交流、相容的大格局。

在东京任职期间，少游曾数度游览洛阳。绍圣元年（1094）暮春，他被贬为杭州通判，离别京城之时，赋《望海潮·洛阳怀古》，上片云：

梅英疏淡，冰澌溶泄，东风暗换年华。金谷俊游，铜驼巷陌，新晴细履平沙。长记误随车。正絮翻蝶舞，芳思交加。柳下桃蹊，乱分春色到人家。

体会词义，实为忆旧而非怀古，是回忆当年春游洛阳时的情景。词中提到"金谷"即金谷园，为西晋富豪石崇所筑。著名的"金谷二十四友"差不多都是西晋文坛泰斗级人物，他们经常在此饮宴游乐。"铜驼"即铜驼巷，汉代曾在此铸铜驼两只，故名。铜驼、金谷是洛阳最具盛名的名胜，常一起作为洛阳的代称。少游词中提到一个有趣的细节："长记误随车"，即在熙熙攘攘的春游人流中，自己常常被裹挟着跟错了他人女眷的车。词评家们分析，少游意在表白自己在政治上被误解之意，被卷入党争之中是一种不自觉的行为。"乱分春色到人家"的"乱"，生动形象地写出了充盈的春意和蓬勃的生机，与"红杏枝头春意闹"的"闹"有异曲同工之妙。词的下片由春游写到了夜宴，即与文友们在东京的"西园雅集"，词句"华灯碍月，飞盖妨花"，从灯烛辉煌和车水马龙两个侧面描写出了饮宴场面之热烈。接着以"重来是事堪嗟"，点明怀旧主旨，写出被贬出京、独倚酒楼看到的孤寂和凄凉之景，与过去

◆ 白马寺广场石雕马

◆ 汉魏洛阳故城遗址

繁华、热烈的游宴场面形成强烈对照,表达了词人初贬之时的失意和悲凉。

宗亲秦凌杰告诉我们,在距白马寺不远的汉魏洛阳故城遗址,可以寻找到铜驼巷旧址。我们依靠导航,并一路询问,找到了汉魏洛阳故城遗址。这是一处国家遗址公园,但所见只是一片废墟。从高速公路下来,经过一段坑坑洼洼的土路,看到铁丝栅栏围着的一大片荒地,似乎什么也没有。走进栅栏,管理人员是一个四川籍的中年妇女,人倒也热情。她告诉我们,中间隆起的一大片呈方台状的黄土堆,就是经考古发掘确认的永宁寺塔遗址,而铜驼巷就位于旁边不远处。永宁寺始建于北魏熙平元年(516),是当时著名的皇家寺院,公元534年塔毁于火灾。

返回郑州途中,车上宁霍高速不久,窗外一座座古墓荒冢匆匆掠过,据说这就是昔日盛极一时的金谷园所在。昔日最为繁华热闹的场所,今日已化为片片废墟荒冢,令人感慨岁月无情,世事无常,用少游词中的话表述就是:"重来是事堪嗟!"

下编　贬谪时期

绍圣元年（1094）年初，秦少游离开京城，踏上了一条不归之路。初贬杭州通判，未至而于途中再贬监处州酒税；又以写佛书为罪，削秩徙郴州；旋被移送横州编管；再贬"特除名永不收叙，移送雷州编管"。处分不断升级，距离越来越远，最终被发配到大陆版图最南端的雷州半岛。直到元符三年（1100）八月放归北还，猝死藤州光华亭。

"岁七官而五遣，历鬼门之幽关。"少游以戴罪之身，流徙荒蛮瘴疠之地。七年之中先后被罗织罪名，贬官五次，一路山高水险，行程何止万里！他虽是一个"罪臣"的身份，却俨然一个文化使者，完成了一次艰难而又成果丰硕的文化苦旅。南迁途中，他且行且吟，这一时期他的诗、词创作，无论是数量还是质量，都达到了一个新的高峰；他一路播撒文化的种子，传播中原先进文化，以自己的绝世才情和人格魅力赢得了沿途民众的爱慕和敬仰，一步一个脚印，树起了一个个不可磨灭的丰碑。

贬监处州（一）

处州（今浙江省丽水市），是秦少游被贬出京后的第一个落脚点。

绍圣元年（1094）初，少游受"元祐党争"牵连，初贬杭州通判。遭受如此沉重打击，他心理上一时难以承受，赋《江城子》词，抒发离忧和愁绪。末句"便做春江都是泪，流不尽，许多愁"，化用李后主"问君能有几多愁，恰似一江春水向东流"词意，读之令人感伤不已。风帆扬起，船行南方，与京城渐行渐远，少游心中出世思想渐占上风，作《赴杭倅之汴上作》一绝：

俯仰觚稜十载间，扁舟江海得身闲。

平生孤负僧床睡，准拟如今处处还。

"觚稜"代指宫阙，"十载"是约数。诗大意是说：我在官场忙忙碌碌差不多十年了，没有机会在那僧床之上歇一歇，有点辜负它们了。如今我是闲人一个，可以一一来偿还旧账。少游俨然以一个佛门弟子的身份在说话，貌似超脱，实质隐含着

◆ 处州府城墙

城市名片

名称：丽水市（浙江省省辖市），古称处州、括州、括苍、莲都。

位置：浙江省西南部。

主要景点：万象山公园、莲都东西岩风景区、青田石雕景区、龙泉山景区、缙云仙都景区、缙云黄龙景区、景宁畲族风情旅游度假区、云和梯田景区、云和湖仙宫景区等。

地方特产：龙泉青瓷、龙泉宝剑、青田石雕、稀卤鱿鱼、缙云烧饼等。

不满和牢骚。很快,这首诗就被暗中监视者打了小报告,他被指责为心怀不满、消极对抗。杭州通判未及到任,途中再贬监处州酒税。

处州地处浙西南、为浙闽两省结合部,自隋至北宋一直被视为南荒之地。《名胜志》载,处州得名是因为"隋开皇九年,处士星见于分野,因置处州",寓有"处士星显,明大而黄",因而"贤士举、官绅盛"的吉祥之意。另一种解释则是,处州的"处"是处分之意,处州是朝官受处分而外贬之地。不过,历史上真正被贬谪到处州的朝官寥寥无几,而秦少游就成了这寥寥无几中十分难得的一位。

2015年11月23日下午,寻访组乘坐无锡春秋旅行社面包车,从无锡市区出发前往丽水市,随行的旅行社经理陆鹏也是一位"秦粉"。行程中,雾霾弥天,终日不散。天黑以后,又淅淅沥沥下起雨来。虽是全程高速,车行六个多小时,晚上7点后方到达丽水城区。

次日上午,寻访组带着高邮市委宣传部介绍公函,先去了丽水市博物馆。陈永军副馆长十分热情地领我们参观展馆,如数家珍般地介绍馆藏珍贵文物。在这里,我们见到了保存较完好的《宋秦淮海先生像碑》。秦瀛《重刻题识》记载:乾隆六十年(1795)秋,秦瀛得知处州太守将在郡城圭山的莲城书院设淮海公之位以存祭祀,于是拿出珍藏的少游小像及元祐三年除太学博士敕文,重摹勒石,嵌置于莲城书院之壁。万象山秦淮海祠建成时,像碑移至祠内神龛中供奉。抗战期间,秦淮海祠被毁,而像碑却幸存至今,具有很高的文物价值。碑无首座,高0.35米,宽1米。中间阴刻淮海公线条立像,下方题字为"宋秦淮海先生像";右刻元祐三年(1088)三月除太学博士敕文;左刻乾隆六十年秦瀛《重刻题识》。碑为汉白玉石,字迹模糊较难辨认。

秦淮海祠内曾立《万象山淮海先生祠堂碑》,碑文由秦瀛撰于清嘉庆元年(1796)十二月,碑今不存。《丽水志稿·艺文一》收录有石刻本全文,碑文阐述了万象山立祠与移置像碑的缘由,更难能可贵的是,碑文中抨击了"宋自党祸兴,而神州陆沉"的历史现象,指出嫁祸于少游的小人其骨已朽,而少游等君子与天地

◆《秦淮海像碑》(局部)

秦瀛重刻题识(节录):青田县有慈仁院者,先生昔访昙法师于是,官满作诗留别,院僧绘像立祠。今年秋,诣诸处州守伊君汤安,将于郡城之圭山莲城书院设先生位以存祠祀,会族祖云锦来杭州,视瀛所藏先生小像,及元祐三年除太学博士校正秘书省书籍敕文一通,瀛敬谨重摹勒石,为伊君嵌置莲城书院之壁。无锡裔孙瀛谨识于武林府舍,时乾隆六十年十一月望后一日。

◆《宋秦淮海先生留宿处碑》

同存。

在博物馆,我们还见到了青田县栖霞寺《宋秦淮海先生留宿处》碑拓片。陈馆长说,秦淮海像碑和留宿碑拓片都是他亲自拓下来的,馆内还存有其他一些秦少游的资料。

离开博物馆已是午饭时间,小雨时断时续。寻访组驱车直接赶往青田县,实地寻访少游留宿的寺院以及留宿碑实物。当年,少游常去水南村的栖霞寺,与僧人相处。《处州水南庵二首》云:

竹柏萧森溪水南,道人为作小圆庵。
市区收罢鱼豚税,来与弥陀共一龛。

水南庵即栖霞寺,远离市区,竹柏森森,溪水淙淙,是一个避世清修的极好去处。《宋史·食货志》载:宋代实行"榷酒"即专卖制度,这是朝廷一项重要的财政收入。其法是对大部分地区实行酒类专营,多数州县由官府开设酒坊,专营酒务。少游此时的职务是"监酒税",大约相当于现在的税务局长吧,官职不高,但还是负有一定责任的。不仅要征收酒税,还兼收鱼肉等各类税赋。收完税后,少游便去庵中与僧人共处。

此身分付一蒲团,静对萧萧玉数竿。
偶为老僧煎茗粥,自携修绠汲清宽。

他仿佛成了僧人中的一员,面对数竿翠竹,静坐蒲团之上。偶尔到井台汲水,为老僧煎茶熬粥,晚上便留宿寺中。这首诗不知怎么又落到了监视他的人手上,成了他"行政不作为"的证据,于是弹劾其"废职",罢去了他监处州酒税之职。

再次遭受打击,少游似乎有点不在乎了,仍然我行我素。因为不用再去市区收税,他有了更充裕的时间。这一时期他的生活内容可以用三个字概括:诗、酒、禅。《点绛唇》词作于此时:

醉漾轻舟,信流引到花深处。尘缘相误,无计花间住。
烟水茫茫,千里斜阳暮。山无数,乱红如雨,不记来时路。

酒后泛舟,倘佯山水之间,直至乱花深处,竟"不记来时路"。这与陶渊明笔下武陵人游桃花源而不记来时路何其相似!他还做过一个梦,梦中赋《好事近》词一首,记述了梦中浪漫的经历:

春路雨添花,花动一山春色。行到小溪深处,有黄鹂千百。

飞云当面化龙蛇，夭矫转空碧。醉卧古藤阴下，了不知南北。

酒后去郊外踏青，渐入深山。一路春雨潇潇，鲜花载途，溪流淙淙，黄鹂声声，碧空澄净，飞云幻化，一派灵动春色。"醉卧古藤阴下"的醉，或为饮酒而醉，或为景色所醉。"了不知南北"，是醉后的一种解脱，一种全身心的放松。词人与美丽的大自然融为一体，暂时忘却了身在何处，忘却了贬谪之痛，因而后人评价这首词写出了一种"无我之境"。苏东坡、黄庭坚都曾为少游这首词作跋，黄庭坚还题诗云："少游醉卧古藤下，谁与愁眉唱一杯？"

非常有意思的是，苏、黄二人是把少游词当作抒发迁谪心情的作品，但是南宋及后来的许多词话，将结句"醉卧古藤阴下，了不知南北"，当作少游猝死藤州的"谶词"。因"古藤"与古藤州字面上契合，故而认为少游的《好事近》词，预言了自己最终猝死藤州光华亭。

这一时期，少游结识了青田慈仁寺（又称法海寺）住持、诗僧昙法师。绍圣三年（1096）早春，他去处州南面囯山中的法海寺修忏，抄写佛书，并赋绝句《题

◆栖霞寺放生池

法海平阇黎》：

寒食山州百鸟喧，春风花雨暗川原。

因循移病依香火，写得弥陀七万言。

春风花雨，百鸟争喧，面对如此大好春光，少游远离尘世，藏在深山古寺中，面对青灯黄卷，默默抄写佛书。洋洋七万言，该消磨多少大好春光啊！然而抄写佛书竟然成为一大罪状，他再次被贬，"削秩徙郴州"。秩在古代指官员的俸禄，也指品级。"削秩"即免去官员的职务、俸禄等，是对官员的一种非常严厉的处罚。临行前，他再去慈仁寺修忏三日，题《留别平阇黎》诗于寺壁：

秦瀛《万象山淮海先生祠堂碑》节录："顾当时之祸先生者，其骨已朽，而先生及诸君子之名，至今犹在天壤，亦可见小人之祸君子，无往不福君子，小人之智，成为小人之愚已矣！"

缘尽山城且不归，此生相见了无期。

保持异日莲花上，重说如今结社时。

少游已经预感到此去回归无望，再难相见。但是因是与僧友道别，诗歌结句表现出了一种洒脱的情怀。

青田县地处瓯江下游，距丽水城区大约六十多公里。高速公路西濒瓯江，车行路上，一会儿隧道，一会儿峡谷。窗外群山逶迤，云气缭绕，瓯江澄澈，水流湍急，让人真实感受到了"九山半水半分田"的地势特征，感受到了"秀山丽水"的魅力。

◆南明楼

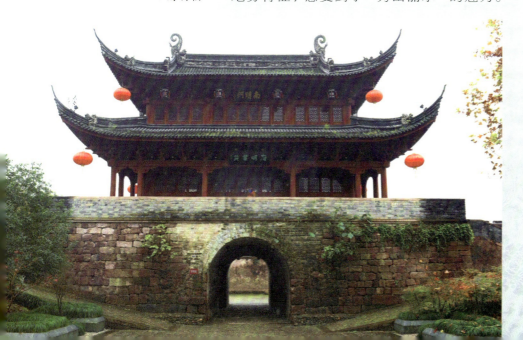

在青田县文管会办公室，杨坚先生介绍了青田县秦少游相关景观、遗迹的发掘保护情况，出示了留宿碑拓片和相关文档，赠送了文物资料和书籍。

《青田县志》载，少游当年抄写佛书的慈仁寺建于唐大中年间。北宋时，昙法师主持寺务，与来访的少游相处甚洽，诗歌唱和，参悟人生。昙法师后建"秦学士祠"，祠内绘秦少游像，以表缅怀之情。《处州府志》载，南宋嘉泰年间，郡守胡澄曾经访得这一幅画像，刊石置于郡斋之中，今不存。寺院历有兴衰，20世纪60年代改建成小学校舍。慈仁寺遗址位于现舒桥乡中心学校（操场），原建筑无存。所幸者，秦少游曾经留宿的栖霞寺保存尚好，于是杨坚先生陪同我们冒雨赶往实地考察。

栖霞寺在今鹤城镇水南村，镇区一条通往栖霞寺的大路被命名为"秦观路"。沿秦观路向前，不远处便是莺花亭。留宿碑立于亭内，碑为青石，高1.72米，宽0.85米，厚0.2米，配有基座。正面篆书阴刻"宋秦淮海先生留宿处"九字，两边镌录祁怡春等四人凭吊诗词；背面刻有《千秋岁·水边沙外》词及主碑序文；两侧镌录裘桂芬等五人凭吊诗词。字体皆为行书，刚健秀丽，具有很好的书法鉴赏价值。

亭旁立有市级文物保护单位碑石，从介绍文字可知，秦少游离开以后，寺僧们感到大词人秦少游在此留宿，是栖霞寺的荣耀，于是刻石立碑以志其事，后圮毁。光绪十九年（1893），少游后裔耀荣、国均、耀奎等为纪念先祖，请名家重新勒石立碑，并建亭护碑。亭曰"莺花亭"，借用了处州南园莺花亭之名。

栖霞寺位于莺花亭东边，始建于唐天宝初年，现在仅存的是重修于清康熙年间的大雄宝殿。殿前有放生池，池上有石桥相通，两边有对称的青田石假山。环顾四周，栖霞寺和莺花亭周围是高层建筑群，外围又被太鹤山、天岩山等群山环绕。置身其间，仿佛有身处世外之感。大家十分自然地想到从丽水市区到栖霞寺，距离有六七十公里，且多为山路，今天乘车经高速公路尚须一个多小时。当年，少游跋山涉水来此向佛参禅，当天往返几无可能，那么留宿寺中就至为可信。

从水南村返回丽水城区，在小雨中一行人浏览了古城保护区江滨公园一段。公园南面紧临瓯江防洪堤，风光旖旎。园内有南明门城楼及瓮城等历史遗迹，因与南明湖相邻而得名。处州府城墙始建于隋代，元代至元二十七年（1290）重建，原有六门，南明门是唯一保护完好的城门，现为省级文物保护单位，2009年曾重修。古城墙青砖斑驳，南明楼飞檐凌空，巍然立于城墙之上。城下门洞依旧当年风采，可通行人。站在制高点俯视暮雨中的瓯江，江堤巍巍，江面宽阔，江流湍急，不由缅怀起少游伫立城楼眺望江景之别样情怀。

次日上午，寻访路线是万象山公园和姜山酒税局遗址。秦少游刚到处州之时，境况艰难，甚至难觅一栖身之地。有幸的是，尽管处州地处偏僻，但是秦少游的才名、贤名早已传扬于此。得到地方豪杰慷慨相助，他得以免除"暴露之忧"。起初，曾经居住在一位隐士毛氏的故居文英阁中。《题文英阁二首》诗云："流落天涯思故园，散愁郊外任蹒跚。"记述了在城郊居所散步、思念故里之情形。后移居姜山酒税局，才算有了属于自己的栖身之

光绪《处州府志·古迹》载："法海寺、府南囿山，唐开化三年建，年久圮。秦观《题法海平阇黎》诗云云。"

◆ 万象山万象书院

《秦谱》载："先生在处州，颇以游咏自适。择山下隐士毛氏故居有文英阁，先生尝寓此赋诗。"

地。《题务中壁》描绘了酒税局的境况：

醉头春酒响潺潺，垆下黄翁寝正安。

梦入平阳旧池馆，隔花蛮口吐清寒。

"务中"即酒税局，"醉头"是酒坊出酒的龙头。姜山酒税局的格局十分特殊：一边是酒坊，刚刚酿好的酒正从龙头缓缓流出；一边是酒税局长的办公室兼卧房。伴着酒的醇香和潺潺流淌声，少游慢慢进入了梦乡。他的思绪张开翅膀，飞回了东京。那是三年前的寒食节，他应邀赴李观察家园林中饮宴。李观察母亲是宋太宗的献穆公主，李家园林称李驸马园。少游即席赋诗《次韵王仲至侍郎会李观察席上》，描写园林蓬壶阆苑般的美景和诗友饮宴的欢愉。园林一派春色，池塘绿柳掩映，花开似锦，百鸟争喧，清澈的泉水从龙口喷涌而出，仿佛置身于人间仙境。睁开眼睛，京城好友欢聚的幻境迅速消失，仅剩下"垆下黄翁"独卧的孤寂情形。现实与梦境形成强烈对照，衬托出少游心理上巨大的落差，于是提笔题诗于壁上。诗本为抒发情感而作，无意却为后人留下了一幅北宋处州酒税局以及酒税官生活状况的真实画面，诚为难得。

贬谪处州的第二年暮春之时，在处州府治南园，秦少游写下了震撼人心的《千秋岁》词：

水边沙外，城郭春寒退。花影乱，莺声碎。飘零疏酒盏，离别宽衣带。人不见，碧云暮合空相对。

忆昔西池会，鹓鹭同飞盖。携手处，今谁在？日边清梦断，镜里朱颜改。春去也，飞红万点愁如海。

这首词是少游后期代表作之一。上阕写实景：词人信步来到水边，见到的是花影纷乱，听到的是莺啼声碎。他形容枯瘦，茕茕孑立，仰望暮云而无语。下阕是回忆：东京皇家御苑金明池、上林苑中，同僚们携手春游，一派熙和景象。词中"日边"指代皇帝身边，少游感到重回京城已经如梦破碎，镜中所见只有一天天衰老的容颜。结句"春去也，飞红万点愁如海"，将感伤推向极致。一片鸟语花香的春色，转瞬间飞红万点，落英缤纷。"春去也"是双关语，明写季节变迁，暗喻政治气候变化。昔日京城欢聚时的朋友，一个个都成了党争的牺牲品，就像满树繁花，霎时化作飞红点点，坠落尘埃，怎不叫人愁深如海！

《千秋岁》词感情强烈，撼人心魄，产生了强烈的社会反响。苏东坡、孔毅甫、黄庭坚、晁补之、李之仪等少游的师友，纷纷和词，各抒情怀，一时形成贬谪词高潮，为后代研究元祐党人提供了十分具体形象的史料。

少游离开处州后约七十年，南宋著名诗人范成大任处州太守。恰好浙东提举徐子礼到此巡查，两人一拍即合，决定建亭纪念秦少游。花费一年多时间，在处州城制高点、万象山南园中建成小亭一座，取少游词句"花影乱，莺声碎"之意，命名"莺花亭"。赋诗曰：

沙外春风柳十围，绿荫依旧语黄鹂。

故应留与行人恨，不见秦郎半醉时。

莺花亭的建成，倾注了处州人对少游才情和人品的敬仰之情，也为万象山留下了一个重要的人文景观。

万象山雄踞市区西南隅，倚江而立，山径迂回，古木参天，亭阁错落其间，风光佳绝，素有"一郡之胜"的美誉。唐宋年间州治在山上南园，北宋参政何澹于山顶建万象楼，取"万千气象"之意，山因楼名。此后相继建有莲城堂、烟雨楼、少微阁、点易亭、翔峰阁、凝霜阁等景观。清嘉庆元年十二月，时任处州知府修仁认为，要表达处州人对秦少游的敬仰之情，传承其留给处州的文化遗产，仅一座莺花亭还不够。在他的主持下，兴建了秦淮海祠。其址位于万象山冈峦高处，烟雨楼偏东之处。

史载，历代莺花亭屡有兴废，近代莺花亭和淮海祠皆毁于倭火。1979年，丽水市政府着手规划兴建万象山公园。目

◆ 万象山莲城堂

此处江堤山势陡峭，怪石嶙峋，犬牙交错。沿江边开凿出了一条宽不足1米的石级，石级随山势蜿蜒起伏，旁边崖壁上满是苍苔藤蔓，给人以幽深、沧桑之感。江边临水处新建了长长的木栈道，供游人近距离游览江景。想到少游当年正是在此处踏青，写出了震撼人心的《千秋岁》词，发出了"飞红万点愁如海"的千古长叹，一行人感慨良多，都有意在石级、栈道上放慢脚步，低回盘桓，用心体会，并留影纪念。

离开南园，已经踏上返程之路，尚未寻见复建的莺花亭、淮海祠，于是返回到公园管理处询问。管理处的李主任十分热心，帮我们联系上了莲都区政协文史委老主任毛传书先生。毛先生对丽水历史文化十分熟悉，他告诉我们：秦淮海祠原址在现在的烈士墓方位，今在南园内恢复重建，就是我们刚才看到的"万象书院"附近。南园内恢复重建的还有莲城堂、莺花亭、点易亭、石湖轩等古迹，不过现在还是"空壳"建筑。李主任给我们看了一份《社情反映》，上面有毛传书先生写的《对万象山公园建设的几点意见》，对秦淮海祠、莺花亭和其他建筑的内部陈设和外部匾额、

◆ 万象山江边栈道

前，南园内莺花亭和秦淮海祠等复建工程已近完成。我们从万象山脚下起步，缘山间石级攀行。一路树木葱茏，恢复重建的大观亭、望江亭、得月楼、万象书院、莲城堂等亭阁相间，游人与晨练的人流络绎不绝。置身其间，感觉万象山既是一座古老的文化之山，又是一个重新回归大自然的生态园林。

南园位于万象山西南隅，濒临瓯江。

楹联等，提出了具体的实施意见，强调要突出宋文化，做深宋文化。相信随着这些措施的逐步实施到位，秦少游留下的诗文及其人格力量，将得到进一步的传承和弘扬。

随后，李主任陪我们一道瞻仰了烈士陵园，又继续向上攀登至烟雨楼前。烟雨楼初建于北宋政和年间，位于万象山之巅，由唐诗"南朝四百八十寺，多少楼台烟雨中"得名。其崇楼杰阁、绿窗朱牖与晨烟暮雨、晴霏雾霭相掩映，堪称莲城佳境，"万象烟雨"列"万象山八景"之首。凭栏远眺，处州城郭和瓯江景色尽收眼底。眼前的烟雨楼为双层建筑，风格古朴，飞檐翼然。迎面楹柱上两副楹联，其中一联为：

烟雨渺江天，残碣独传松雪字；

楼台自今古，群山犹拥少游祠。

清代秦淮海祠与烟雨楼相邻。楹联描绘出群山环抱中的秦淮海祠的动人景象，记载了一段曾经的历史，十分难能可贵。

下山后，寻访组赶往不远处的莲都区政府，寻访姜山酒税署（秦淮海先生居署）。这是少游居住兼办公之所，又是一个酒坊。秦瀛为《宋秦淮海先生像碑》撰写的《重刻题识》云："处之姜山为宋酒税局，始祖淮海先生谪监郡酒税时居此。"清道光《丽水县志》中亦有大致相同的记载。资料显示，姜山酒税署遗址应在莲都区政府所在地，但是在区政府大院内，前前后后始终难觅遗址踪迹。走访了区委宣传部、区政协文史委，毛传书老主任给出了一个较为明确的结论：区政府大院中间，原先有一座山，名叫姜山，山前即酒税署故址，位置就在现区政府办公大楼身下。带着一点惋惜和遗憾，一行人在区政府楼前合影后，结束了丽水的两天寻访。

◆ 烟雨楼

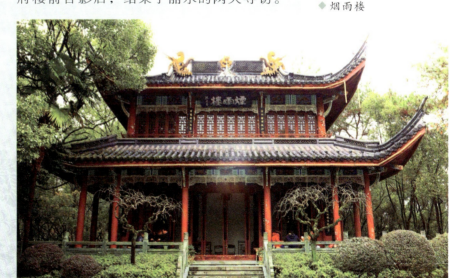

庐山梦仙（二）

景区名片

名称：庐山，别称匡山、匡庐。
位置：江西省九江市南。
主要胜迹：观音桥、白鹿洞、东林寺、秀峰、五老峰、桃花源、爱莲池、三叠泉、花径、如琴湖、锦绣谷、仙人洞、含鄱口、美庐、庐山会址等。
景区特产：庐山云雾茶、石鸡、石鱼、石耳等。

名称：鄱阳湖，别称彭蠡湖、彭泽湖、扬澜湖、宫亭湖等。
位置：江西省北部、长江南岸。
主要景点：鄱阳湖国家湿地公园、老爷庙、落星墩、乌金汊、石钟山等。

秦少游再次来到庐山脚下、鄱阳湖畔，是在绍圣三年（1096）的秋天。贬谪处州期间，他因抄写佛书获罪，再次遭贬，"削秩徙郴州"。

"匡庐奇秀甲天下"。四十三年前，少游降生在这儿的秀山丽水之间，庐山因而也成为他所钟爱的名山，他曾不止一次专程游览或途经此地。《秦谱》载：元丰五年（1082），他第二次赴京应礼部试不第，返乡途中经黄州，拜访贬任黄州团练副使的苏东坡后，"过庐山，访大觉琏公，南游玉笥而归"。

这一次的庐山之行，《淮海集》中没有留下诗文。但其后九年，少游作《俞紫芝字序》，回顾了这一次游览的经历："余昔游玉笥山，周行二十四峰，访萧子云故隐，道见灵芝焉。"玉笥山与庐山相邻，少游周游玉笥山二十四峰，拜访了大觉琏禅师，并寻访萧子云的隐居之所，还在路边磐石之上发现了灵芝。少游写道：灵芝"回环而有华，秀泽而不根"。一道童抚灵芝叹曰："嘻，道人无本，其亦如是矣！"一语道出了道人与灵芝的相通之处。此后九年，友人俞紫芝请少游为其改字。少游回忆起这一段经历，遂为其改字"无本"。

苏东坡的记述略有不同。他在《跋太虚辨才庐山题名》中说："会与参寥自庐山之阳并出而东，所至皆（大觉）禅师旧迹，山中人多能言之者。乃复书太虚与辨才题名之后，以遗参寥。太虚今年三十六，参寥四十二，某四十九，辨才七十四，禅师七十六。此五人者，当复相从乎？"文章作于元丰七年五月十九日，表明少游曾与东坡等五人同游庐山。五人中少游36岁，年纪最轻；大觉最长，年76岁，相差40岁，可谓是"忘年之交"。而"当复相从乎"的发问，表达了东坡期盼再次同游的心愿。

与以往历次游庐山不同，少游此次贬谪郴州，途经庐山，是以"罪臣"身份的一次迁谪之旅，却在宋人词话中留下了一段"庐山梦仙"的传奇故事。宋释惠洪《冷斋夜话》载：

庐山郑亭湖庙下，庙甚灵，能分风送

往来之舟。……秦少游南迁宿庙下,登湖纵望久之,归卧船中……遂梦美人,自言维摩诘散花天女也。以维摩诘像来求赞。少游爱其画,默念曰:"非道子不能作此。"天女以诗戏少游曰:"不知水宿分风浦,何似秋眠惜竹轩。闻道诗词妙天下,庐山对面可无言?"少游梦中题其像曰……郯亭湖又称宫亭湖,原专指星子县(今江西省庐山市)东南鄱阳湖的一部分,因湖旁有宫亭庙而得名,后亦泛指鄱阳湖。惠洪的记载十分具体、生动:少游夜不能寐、登湖纵望,归卧船舱、梦见散花天女,天女以维摩诘像求赞、少游婉拒,天女诗戏少游、少游梦中题赞……充满神奇色彩,让人难以置信。少游后人虽然也觉得太过离奇,但并不离谱。《秦谱》载:"觉范(惠洪)去先生未久,其所记必实。"认为惠洪与少游差不多是同时代的人,所记绝非凭空想象。

有学者从多方面论证了少游"庐山梦仙"之可能性。首先,从少游思想发展的脉络看,梦中出现的维摩诘原是东方无垢世界的金粟如来,释迦牟尼佛在世时,化身为居士,是一位象征大乘佛教兴起的关键人物。《维摩诘经》是一部以人名立名的佛经,记载维摩诘向弟子讲经的言论,是大乘佛教的早期经典之一,宣传世俗生活也能修炼成佛。少游生长在一个"世崇佛氏"的家庭,成年后与佛道人士交往频繁;他佛学造诣精深,苏东坡盛赞他"通晓佛书";他自号"淮海居士",居士者,在家学佛修行之人也,与维摩诘宣扬的"世俗生活也能修炼成佛"的理念契合。他思想的主流是儒家积极用世的思想,希望施展才华,报效朝廷,但是他的理想与现实之间有着巨大的反差。在累累遭受挫折和沉重打击、人生陷入低谷之时,往往寄情佛老,寻求解脱。从京城到杭州、处州、郴州,他一贬再贬连三贬,一路走来,其思想日益倾向于佛老。在处州先因抄写佛书获罪,至宫亭庙下梦散花天女为维摩诘像求赞,应是现实中思想倾向在梦境中的自然延续。

其次,从少游夜宿的具体环境看,庐山本有"神仙之庐"之称,宫亭庙历史久远,自古就笼罩着浓厚的神秘色彩。北魏著名地理学家郦道元在巨著《水经注》中收录了许多有关庐山和宫亭庙的历史传

《宋史·文苑·秦观传》:"贬监处州酒税,使者承风望指,候伺过失,既而无所得,则以谒告写佛书为罪,削秩徙郴州。"

说。一说殷、周之际，匡俗字君孝，生而神灵，结庐山中学道求仙。周天子闻之，屡请其出山辅佐，皆避而不见。后潜入深山，不见影踪，世传其仙成羽化而去。空庐犹存，世人称之为"神仙之庐"，山因称匡山、匡庐，宋代避宋太祖赵匡胤名讳，改称庐山。一说匡俗父东野王，曾经与鄱阳令吴芮辅佐刘邦平定天下而战死。朝廷封其子匡俗于鄱阳，兄弟七人皆好道术，在山中筑庐修炼，成仙而去，所居之庐幻而为山，世人称之为庐山。

  宫亭庙位于庐山之麓，庙神是宫亭湖龙王，或传是一条大蛇，故民间俗称龙王庙。庙神具有强大的灵感和法力，只要虔心供奉祈求，来往船只都能得到护佑。曾有人向庙神祈求翠竹，未得允诺而随意砍伐，船方起航便遭倾覆，竹子仍漂回原处。吴郡太守张公直途经庐山，白日家人进庙游玩，其妻夜梦庙神欲行聘其女。第二天船至中流，逡巡不行，阖船惊惧。为使全家免祸，忍痛送其女入水。谁知他的妻子悄悄以亡兄之女代替，张太守闻之大怒："吾何面目于当世也！"复投自己女儿于水中。船行不远，却远远看见二女皆立于岸侧，旁有一吏高声道："我是庙神派来的，庙神敬仰张君高义，特遣我来送还二女。"在如此充满神秘色彩的庐山脚下、宫亭湖畔，少游梦仙殊不足怪。

  再次，从少游以往经历看，梦中作诗并非绝无仅有。贬谪处州期间，他赋《好事近·春路雨添花》，题下就注有"梦中作"三字。在京城为官期间，曾赋五绝一首，诗题就是《梦中得此》。梦中题诗，在他人也许十分难得，在少游则为寻常之事。

  2016年的10月12日上午，寻访组沿环庐山大道，赴庐山市区考察。出发前后，寻访组曾认真查阅九江、庐山以及鄱阳湖风景名胜、历史遗迹等资料。各类有关庐山、鄱阳湖风景名胜的资料不为不详尽，却难寻觅到今日宫亭庙的蛛丝马迹。只能退而求其次，循着少游当年的足迹，感受这里的湖光山色。

  从市区渊明文化广场向西不远，就到了鄱阳湖边。鄱阳湖号称中国第一大淡水湖，时下正是枯水季节。展现在眼前的不是波涛万顷、一望无垠的湖面，而是水落滩出，大片大片丰茂的野草与或大或小的水洼相互交错。登湖堤骋目，远处候鸟翱翔，峰峦起伏；近堤岸的水洼边，有三三两两的市民垂钓，神态悠闲。随行的哥说，秀峰景区位于庐山南麓、鄱阳湖之滨，距市区不远。香炉峰就在其中，可以欣赏李白笔下庐山瀑布"飞流直下三千尺"的壮观气势。

当天下午，寻访组出九江市区，经濂溪大道从北门登庐山。车疾行之中，偶然发现大道右侧有一"龙王庙"的指示牌，猛然想到宫亭庙俗称龙王庙，不由一阵窃喜，立即招呼的哥停车，循小路向山上寻找。不到一公里，在距离濂溪区谭畈中小学不远处找到了龙王庙。这是一座近年新翻修的建筑，因地处偏僻，庙内外空无一人。《水经注》记述，宫亭湖在星子县东南方向，而此庙则在鄱阳湖之西北侧。寻思这是庙宇翻建时迁址了呢，还是古老的宫亭庙与眼前这个龙王庙根本没有渊源关系呢？庙门一侧有一石碑，被大堆木方压着，仅露出左上一角，估计应是重修龙王庙碑记。因无法看到全文，不能得知详情，只能存疑而已。

少游此次过庐山，是否只是宿于宫亭庙下，有无登顶庐山，因缺乏史料记载，因而难以确认。清高邮籍学者王敬之、茆泮林编纂《淮海集续·补遗》中收有《白鹤观》一诗：

复殿重楼堕杳冥，故基乔木尚峥嵘。
银河不改三千尺，铁马曾经十万兵。
华表故应终化鹤，谪仙未解独骑鲸。
林泉一一儿童旧，白发衰颜只自惊。

该诗亦收录在光绪《江西通志·寺观》四《星子县》中，并附注云："承天白鹤观在星子县五老峰，唐弘道元年建，宋大中祥符赐名。"白鹤观名气很大，《方舆记》称："庐山为江南第一，而此观复为庐山第一。"少游诗前三联描写白鹤观位于五老峰之巅，殿阁崔巍，仿佛从天而降，如白鹤欲

◆雾色朦胧的五老峰

俞紫芝，字秀老，金华人，流寓扬州，少有高行，不娶。游王荆公之门。有诗名《敝帚集》（见《宋诗纪事》）。

飞,似长鲸破浪。值得注意的是少游诗尾联"林泉——儿童旧",似含旧地重游之意,依此可知少游曾多次游庐山。而"白发衰颜只自惊"句,则是少游面对似曾相识的旧时儿童,感慨自己容颜衰老,与其贬谪途中的心境十分吻合。据此,少游此次过庐山,宿宫亭庙下而"梦仙",并且登五老峰,游白鹤观,赋诗抒怀。

"一山飞峙大江边,跃上葱茏四百旋。"(毛泽东《登庐山》)寻访组上山之时,天气转阴。大团大团的浓雾,飘忽不定;一会儿又变成濛濛细雨,飘飘洒洒。车沿盘山公路在雨雾中盘旋而上,约四十多分钟到达牯岭镇。浓雾忽远忽近,随着时间愈晚,山上能见度愈差。寄希望于第二天上午,谁知情况丝毫不见好转。只能雾里看花般地草草看了美庐、庐山会址和花径、如琴湖、锦绣谷、仙人洞几个景点,切身感受了一回"不识庐山真面目,只缘身在此山中"的意境。玉屏峰麓有一黄龙寺,规模、格局要比山下的龙王庙大得多。但黄龙寺始建于明代万历年间,显然与宫亭庙无关。计划中登含鄱口远眺鄱阳湖、去五老峰观赏三叠泉、寻白鹤观等,都因雾大而放弃。当地有"不到三叠泉,不算庐山客"之说,我们只能自认不算"庐山客"了。但是,置身如雨如雾、如梦如幻的庐山仙境,让我们对少游庐山梦仙的传说,有了更深的认同感。

◆ 庐山如琴湖雾景

洞庭遥祭 三

◆ 南极潇湘石牌坊

离开鄱阳湖不久,秦少游顺风顺水,很快又抵达了洞庭湖,时间是"绍圣三年十月十一日",绍圣三年为公元1096年。这在他的《祭洞庭文》中有十分清晰的记载。

洞庭湖为中国第二大淡水湖,它的名字屡屡出现在古文人的名篇大作之中。诗圣杜甫诗云:"八月湖水平,涵虚混太清。气蒸云梦泽,波撼岳阳城。"(《望洞庭湖赠张丞相》)描写出洞庭湖浩瀚壮阔的气势。湖畔的岳阳楼始建于公元220年前后,位于岳阳古城西门城墙之上,其前身相传为三国时期东吴大将鲁肃的阅军楼。岳阳楼下瞰洞庭,前望君山,自古有"洞庭天下水,岳阳天下楼"之美誉。与黄鹤楼、滕王阁并称"江南三大名楼",更因北宋范仲淹脍炙人口的名篇《岳阳楼记》而著称于世。

少游从浙西处州经江西九江一路南行,路途艰险。身边仅有一个名叫滕贵的老仆随行。宋人《道山清话》载有一个掌故:一日大雨,管押行李的滕贵落在了后面,少游就在路旁等候。好久才见滕贵拄杖踟蹰而至,见到少游,跺脚叹气道:"学士学士,他们取了富贵,做了好官,不枉了恁地,自家做什么陪奉他们,啵啵地打闲官,方落得甚名声?"还气呼呼地不肯吃饭。少游心中愁闷本就无法消解,此时还不得不再三劝慰他:"我也没奈何啊!"滕贵这才稍稍解气道:"你现在可知没奈何啦!"这个记载用的是白话口语,非常生动,当代高邮籍著名作家汪曾祺认为:

城市名片

名称:岳阳市(湖南省省辖市)

位置:湖南省北部,长江中游、荆江河段以南

主要景点:岳阳楼、君山、杜甫墓、屈子祠、跃龙塔、文庙、龙州书院等。

地方特产:湘莲、洞庭银鱼、苎麻、君山茶、君山金龟、兰花萝卜等。

秦观《祭洞庭文》:"绍圣三年十月己亥朔,十一日丁卯,前宣议郎秦观,敬以钱马香酒茶果之奠,望洞庭青草湖境上,敬祭于岳州境内洞庭昭灵王、青草安流王、渊德侯、顺济侯、忠洁侯、孝烈灵妃、孝感侯之神。"

"这是秦少游传记资料中写得最生动的一则,而且是可靠的。这样如闻其声的口语化对白是伪造不出来的。这也是白话文学史中很珍贵的资料,老仆、少游都跃然纸上。"(《文游台》)正因为生动、真实地再现了少游和老仆两人的语气和情态,这则史料因而显得格外珍贵。

洞庭湖烟波浩渺,岳阳楼巍巍高耸,

◆ 岳阳楼

少游回首往事,感慨万千。回想早年,自己曾以范仲淹名句"先天下之忧而忧、后天下之乐而乐"为人生座右铭,希望建功立业,报效国家,实现自己的理想抱负。经过多年打拼,自己也"尝厕朝列,备员儒馆,承乏史臣",进入朝廷,成为一名史官。可如今"福过灾生,数遭重劾",一贬再贬。自己受难尚在其次,还要连累老母一道遭罪。若遇风浪,年迈体弱的老母将如何渡过这浩渺无垠的湖水?自己无力保护老母平安,只得祈求上苍、神灵保佑。洞庭湖畔庙宇众多,少游行程仓促,来不及一一祭拜。他只得准备了"钱马香酒茶果"等祭奠之物,作《祭洞庭文》,望空祭拜洞庭、青草湖境内各路神灵。祭文称颂诸神有求必应,言辞恳切,而又暗寓深意:

观之得罪本末,诸神具知。愿加哀怜老母,异时经彼重湖,赐以便风,安然获济。仍愿神祇,早被天恩,生还乡邑。

所谓"得罪本末,诸神具知",有"人在做、天在看"之意。解读出其潜台词是:我秦观虽获罪被贬,但是并未真正犯下什么罪孽。苍天有眼,诸位神明一定心知肚明。因此敢求诸神"哀怜老母",保佑来日顺风顺水，安然过湖；保佑自己能够获得上天眷顾，早日脱罪，生还故乡。祭文"心切词迫"，字字含悲，句句有泪，读之令人心碎。

少游撰文祭洞庭湖神，祈请神灵护佑患有足疾的老母安然渡过重湖。文中还提及，"尽室幼累，几二十口，不获俱行。既寓浙西，方令男湛谋侍南来"。可知被贬南迁后，家中老小未获同行。到了处州以后，少游曾打算让其子秦湛来身边侍候。考其日后行踪，远徙郴州、横州、雷州，直至猝死藤州，母戚氏、子秦湛皆不在身边。他让儿子来身边的计划未能得到实施，而唯其如此，少游的南迁之旅方显得格外的孤苦凄凉。

2016年5月11日下午，寻访组与长沙宗亲镶玉、秒生同车到达岳阳，由宗亲陪同往洞庭湖畔实地寻访。湖畔的岳阳楼历经一千八百年的风雨沧桑，历代屡毁屡建，现已成为国家5A级景区。正午烈日炎炎，一行人沿湖滨大道缓缓前行。当年少游至此，除了遥祭洞庭各路神仙，留下一篇《祭洞庭文》以外，其他行程、活动史籍以及诗文中并未留下痕迹。但是，跋山涉水数千里，来到闻名天下的洞庭湖畔，来到李白、杜甫、范仲淹等前贤留下足迹和名篇的岳阳楼下，谅无论如何不会错失一次瞻仰先贤遗迹的机会。因而，我们自信是在重走少游曾经走过的路。

穿过"巴陵胜状"门楼，渐入景区胜境。沿途景观大多为少游以后所设置，有略小于实物的唐以来历代岳阳楼模型。"南极潇湘"石牌坊楹联"南极潇湘千里月，

◆《岳阳楼记》雕屏

《巴陵志》："洞庭湖在巴丘西，西吞赤沙，南连青草，横亘七八百里。"《荆州记》："巴陵南有青草湖，周回数百里，日月出没其中。""青草"亦为洞庭湖的通称。

◆吕仙祠纯阳殿

意义的"迁客骚人",登岳阳楼观洞庭水,心底将涌起怎样的"览物之情",是否也会像诗圣杜甫一样,"凭轩涕泗流"呢?

下岳阳楼,一路经过三醉亭、怀甫亭、二乔墓、岳阳门等景观。我们希望能寻觅到《祭洞庭文》中提到的那些神仙寺庙,哪怕是其中一个也好,然而竟未能如愿。景区有一个"吕仙祠",祠内有"纯阳殿",是为纪念传说中的八仙之一纯阳真人吕洞宾而建。传说当年吕洞宾仙游至此,曾三醉于岳阳楼上,而在湖边留下了一个"三醉亭"。然而,吕洞宾是"八仙"而不是"湖仙"之一。少游文中提及的各路神祇,许是知名度不及吕洞宾吧?岁月流逝,已渐渐为人们淡忘,那些曾经的神祠也渐渐湮没于尘埃之中。

前行不远,偶见湖边一棵苍颜老树,枝叶婆娑,主干深度弯曲,垂向湖水一边,仿佛一位匍匐湖边的长者。此时我的眼前突然出现幻觉:这不正是少游祭拜于湖边,诵念《祭洞庭文》的形象吗?不由肃然起敬,端起相机,留下了老树弯曲而充满韧劲的身影。

北通巫峡万重山",取意于范仲淹《岳阳楼记》,由清书法家、刑部尚书张照撰、近代大画家刘海粟书,很有气势。走进楼内,二楼正面嵌有张照书写的《岳阳楼记》雕屏原物,三楼嵌有毛泽东手书杜甫诗《登岳阳楼》大幅雕屏。凭轩远眺,湖面恰如范仲淹描绘,"衔远山,吞长江,浩浩汤汤,横无际涯"。虽是初夏,却是一派"波澜不惊,上下天光,一碧万顷"的气象。我们无法确知,少游登楼是在淫雨霏霏之日,还是在风和日丽之时;作为一个真正

潭州绝恋（四）

绍圣三年（1096），在料峭的寒风中，秦少游辗转来到了湘江之滨的潭州（今湖南省长沙市）古城脚下。

年初，秦少游因抄写佛书获罪，再次遭贬，"削秩徙郴州"。"削秩"意味着被免去了官职和俸禄，此时的他已经成为一个无官无职无俸禄的"罪人"。从处州贬往郴州，经长江过鄱阳湖、洞庭湖，说不尽一路山高水险，寂寞凄凉。少游伫立湘江岸边，俯瞰滚滚东去的江水，仰望饱经沧桑的古城，不由浮想联翩，感慨万千。他熟悉这座城市的历史，长沙是湘楚文化的发源地，自古有"楚汉名城""屈贾之乡"之称。他所景仰的楚国三闾大夫、大诗人屈原，空怀一腔忠诚，满腹才华，却报国无门，屡遭迫害，最后以死明志，自沉汨罗江。西汉杰出的思想家、文学家，年仅24岁的贾谊被贬为长沙王太傅，才

◆ 长沙崇烈亭

城市名片

名称：长沙市（湖南省省会），古称星城、潭州。

位置：湖南省东部偏北，湘江下游和长浏盆地西缘。

主要景点：岳麓书院、橘子洲、杜甫江阁、天心阁、开福寺、世界之窗、马王堆汉墓、花明楼等。

地方特产：湘绣、菊花石雕、铜官陶器、浏阳烟花、长沙臭豆腐、高桥银峰茶、长沙茉莉花茶、浏阳豆豉等。

◆ 长沙古城墙

沙王吴芮始建，距今已有两千两百多年的历史。明洪武五年（1372）曾修复加固。1923年为修筑环城马路被下令拆除，仅保留天心阁下一段约250米的城墙，成为长沙古城池的唯一遗存实物。

位于城墙之上的天心阁始建于乾隆年间，以《尚书》"咸有一德，克享天心"之意而得名，1938年抗日战争中毁于"文夕"大火。现在所见天心阁为1983年重建，仿木结构，栗瓦飞檐，朱梁画栋，主副三阁，间以长廊，是一个古典园林式的袖珍公园，环境雅致而幽静，有"高阁插云""麓屏耸翠""疏树含烟""池塘夕照"等四景。极目四望，城区和湘江景物，尽收眼底。园内"崇烈亭"十分引人注目，是1946年为纪念"长沙会战"中抗日阵亡将士所建。在崇烈亭下方，就是那一段爬满青藤的古城墙。抚摸着满是岁月沧桑的古墙砖，我们仿佛感受到了少游留下的那份气息。

到长沙不去岳麓书院那是一种缺憾。岳麓书院位于岳麓山下，是我国古代四大书院之一，始建于北宋开宝九年（976）。元、明、清在此相沿办学，

华横溢却怀才不遇，命运坎坷，最终抑郁而死。一千余年后的今天，自己步先贤之后尘，被贬谪途经于此。想到这些，少游一时竟忘却了旅途的劳顿疲累，心情似乎也释然了不少。

2016年5月12日上午，在宗亲秒生陪同下，寻访组开始长沙的寻访。在天心阁景区，考察了长沙仅存的一段古城墙。长沙古城墙为西汉高祖五年（前202）长

清光绪年间改为湖南高等学堂，1926年定名湖南大学至今，是名副其实的"千年学府"。这里自然风光优美，历史文化遗迹众多，历来被视为湖南文化教育的象征，1988年列为全国重点文物保护单位。在秦少游抵达长沙前约八十年，宋真宗亲赐"岳麓书院"匾额，这一时期岳麓书院正处于其鼎盛时期。少游至长沙，游历岳麓书院应是题中应有之意。

走近大门，门额楷书"岳麓书院"端庄凝重，两边楹联"惟楚有才，于斯为盛"，分别出自《左传》《论语》，联意关切，道出了书院英才辈出的史实。院内正在进行维修，众人经讲堂、御书楼、大成殿、孔子塑像、诗碑廊，一路迤逦直至爱晚亭

◆ 岳麓书院

下。爱晚亭景色秀美，游人如织。此时正是五月，骄阳似火，难以体会到"停车坐爱枫林晚，霜叶红于二月花"的境界。少游于此没有留下诗文或墨宝，许是贬谪途中其罪臣身份心情郁闷，难以一吐为快吧。

◆ 爱晚亭

当年，秦少游毕竟已经是名重一时的词手，途经潭州，尽管只是短暂停留，尽管背负着"罪臣"的身份，他却以自己的绝世才华和人格魅力，演绎了一场感天动地、流传后世的爱情故事。

还在往长沙途中，少游就听路人议论，说长沙近郊有一个色艺俱佳的艺妓，"生平酷爱少游词"，每得到一篇，就亲手抄录下来，反复咏唱。少游寻思，长沙距京城数千里，地处南方偏远之地，风俗粗陋，虽称名妓，大概也不会怎么样吧？出于好奇，到达长沙后，他还是抽出时间专程前往拜访。出乎意料的是，艺妓不仅姿容姣好，其居所、行止也十分洒落大方。见茶几上有一手抄本的《秦学士词》，为探虚实，少游故意问道：秦学士你认识吗？你如此钟爱秦学士词，那个秦学士到过这儿吗？艺妓回答说："秦学士是京师贵人，怎么会到我这个僻陋的地方呢？即使到此，又怎么会来看我呢？"少游又说："你只是喜欢秦学士的词罢了，如果亲见其人，又当如何呢？"艺妓正色道："若要见到秦学士，情愿侍奉他一辈子，虽死无憾！"少游道破真相，艺妓喜出望外，告知其母，盛装打扮后重行拜见礼，并设筵款待。母女左右陪饮，酒每过一巡，便唱少游词一曲。艺妓侍奉少游极其恭谨尽心，衾枕席褥皆亲自铺设。深夜少游熟睡，艺妓方才躺下。天刚透亮，便梳妆齐整，端着盥洗用具，侍立帐外等待。一连数日，情意缱绻。临别之时，艺妓立誓说，一定洁身等待少游北归。

光阴荏苒，艺妓一直信守诺言，闭门谢客。一日白天梦见秦少游，料知不是吉兆，果然打听得少游死于藤州的噩耗。对其母说："我已身许秦学士，尽管他已去世，我也一定要信守诺言。"她身着孝服，行程数百里赶往藤县，手扶少游灵柩，泣行三周，突然放声大哭，气绝而亡。一个普通艺妓，因爱少游词进而爱其人，最终为之殉情，其情感天动地，故世人称之为"长沙（潭州）义倡"。

这是一个具有传奇色彩的爱情故事，南宋著名文学家、曾担任宰执（副相）的洪迈在《夷坚志补》中作过非常翔实的记载，清代戏剧家李玉曾将此事写入《眉山秀》传奇。此次到长沙实地寻访，得知如今仍有许多地方史志研究者在不懈地从事这方面的研究。少游对这位义倡感念至深。词评家分析，少游传世不多的词有好几首都是为义倡而作：《木兰花·秋容老尽芙蓉院》，写义倡为他设酒洗尘，弹筝佐饮，对义倡的风韵神态，描绘尤为传神。《青门饮·风起云间》，写自己不忍辜负义倡"唯誓洁身以报"的痴情，辗转思念，长夜难眠。就连《踏莎行·雾失楼台》中脍炙人口的名句"郴江幸自绕郴山、为谁流下潇湘去"，也有词评家认为是为义倡而作。

正因为故事具有浓厚的传奇色彩，因而后世许多人将信将疑。曾在《夷坚志补》中翔实记载义倡事迹的洪迈，后来对其真实性产生疑惑，不惜自我否定，甚至是"悔之莫及"。其理由是：一者，此前少游以妨碍修真为由，割爱遣归朝华，怎么会再去眷念一个歌妓呢？再者，史料载，时任潭州太守温益是一个保守刻板的官员，对过境的迁臣一向十分严厉，怎么可能容忍秦少游与艺妓缠绵多日？清初杰出诗人王士禛对少游才情十分景仰，曾经感慨"风流不见秦淮海，寂寞人间五百年"，但也认为少游行为前后矛盾，难以理解。一向以"风流"著称于世的明代大才子唐伯虎，

清吴衡照《莲子居词话》卷二："未几南迁过长沙，有妓生平酷爱少游词，至是托终身焉。少游有'郴江幸自绕郴山，为谁流下潇湘去'云云，缱绻至甚。"

也作诗调侃道：

> 淮海修身遣朝华，他言道是我言差。
> 金丹不了红颜别，地下相逢两面沙。
> ——《题自画秦淮海像》

唐伯虎这一幅秦少游画像如今下落不明，诗却流传来了下来。他感觉这件事众说纷纭，差异很大。他不敢想象，将来少游与朝华若是地下相逢，该是一个怎样尴尬的场面啊！

近年有学者分析认为，少游"修真"只是一个冠冕堂皇的借口而已，遣归朝华与眷恋义倡两件事看似矛盾，实质都是少游重情重义真性情的真实体现。贬谪之途凶多吉少，前程难料，朝华尚值青春妙龄，少游想到，与其让朝华跟自己一道颠沛流离，履艰蹈险，不如早下决心，斩断情丝。遣之实为怜之爱之，是不得已而为之，是一种更崇高、更深沉的爱。《再遣朝华》诗云："肠断龟山离别处，夕阳孤塔自崔嵬"，传达出极其矛盾、沉痛的心态，即是最好的印证。少游还在诗后郑重记下了"再遣"的具体日子——绍圣元年五月十一日。可见他的心情是非常沉重的，而他的选择又是十分慎重的。

眷恋长沙义倡，虽在意料之外，却尽在情理之中，是少游杰出才华和人格魅力的生动体现。北宋年间，少游词在坊间流传很广，不仅在京城，偏远荒蛮的南方也不例外。长沙义倡是一个"铁杆秦粉"，她独爱少游诗词，爱屋及乌，爱及少游其人。她清楚自己只是单相思，而绝不敢奢望真的得到少游的爱情。天上掉下个"秦哥哥"，少游竟然奇迹般地出现在眼前，喜出望外之余，她的种种痴情、节烈行为，也就不足为怪了。而少游是性情中人，政治上累累遭挫，蛮荒之地、瘴疠之气，苍茫孤独的迁谪之途，却意外遇见一个温柔体贴、用情专一的红颜知己、知音，他那干枯、冰凉的心海中将掀起怎样的情感波澜啊？此时此地，人们又何尝不希望有一位温柔体贴的红颜知己，用自己的火热衷肠，去抚慰少游那颗饱受摧残的心灵呢？

至于洪迈，其生卒年代晚于少游不到百年，应该有条件接触到事情的真相。然先翔实记载，后矢口否定，联系其身居高官的身份，兴许有什么难言之隐吧？置于太守温益，或许倾慕少游才情，故意睁一只眼闭一只眼；或者因种种原因尚不知

洪迈《容斋四笔》："《夷坚四志》载潭州义倡事……予反复思之，定无此事，当时失于审订，然悔之不及矣。"

情，未能顾及也未可知吧？

告别长沙，少游乘舟继续南行，义倡的形象在他心头萦绕不去。舟行潇湘，赋《阮郎归》词云：

潇湘门外水平铺，月寒征棹孤。红妆饮罢少踟蹰，有人偷向隅。

挥玉箸，洒真珠，梨花春雨余。人人尽道断肠初，那堪肠已无。

词评家分析，词中出现的那位"红妆"应该就是长沙义倡。词描写饯别之时，义倡偷偷饮泣，挥泪如珠的情景具体而形象，感人至深。结句"人人尽道断肠初，那堪肠已无"，后人评价是"秦观泣血之语"。

长沙义倡，一段凄美动人的故事，要寻觅当年的遗迹却十分困难。长沙宗亲镶玉对此做过一番调查考证，他以比较确定的语气告诉我们，地点应该就在杜甫江阁一带。这里曾经是长沙江边的老码头，是商旅行客泊舟长沙之地。而附近天心区古城区，临街民居连片，商铺作坊林立，秦楼楚馆杂然其间。"诗圣"杜甫晚年来长沙访友不遇，以贫病之身客居长沙，始寄居舟中，后移居湘江东岸小西门一带的驿楼，因位于湘江之畔，故称"江阁"。诗云"他日临江待，长沙旧驿楼"（《重送刘十弟判官》）。考察少游当年经岳阳、过洞庭、来长沙、往衡阳，其路线图与杜甫仿佛。而被称之为"江阁"的"旧驿楼"，应是朝廷为"置邮传命"而设置的驿站，过往官员可以在此留宿。而天心区一带是行商坐贾混居之地，应有长沙义倡们生存的空间。

今日杜甫江阁是为纪念杜甫而建，位于长沙西湖路与湘江大道相交的湘江风光带上，是在旧址重建的仿唐建筑，但已远

◆长沙天心阁景区

非当年杜甫蜗居的狭小"江阁"可比,而是一座气势巍峨的四层建筑,与天心阁、岳麓山道林寺和岳麓书院等共同构成一条文脉带。距离不远之处就是小西门历史文化街区,主要街道有坡子街、洪家井、藩西巷、学院街等。坡子街为长沙最古老的街道之一,其历史可以追溯到战国时期,至今街道位置依然未变。如今坡子街已经建成民俗美食一条街,但是真正的古建筑已经很难寻觅。

◆ 杜甫江阁

少游与长沙这座城市,生前只是贬谪途中匆匆一过客。令人倍感痛心的是,他死后灵柩竟然滞留于此近五年之久。元符三年(1100),少游猝死藤州(今广西藤县)光华亭。苏东坡书简记载:"徐守甚照管其丧,仍遣人报范承务(范温),范自梧州赴其丧。"(《与欧阳元老书》)"徐守"即时任藤州太守徐璹,尽管少游去世事出突然,但是一应丧事却得到了徐太守的悉心料理,并且还遣人报信给少游女婿范温(字元实)。此前不久,少游亲家公范祖禹卒于化州,其子范温与兄长范元长前来扶护灵柩。正遇少游去世,距离不远,于是同载少游灵柩而去。到第二年初,少游子秦湛方匆匆赶来,与范氏兄弟相会,迎奉父亲灵柩于潭州。

在《自作挽词》中,少游已经把自己死后的情景想象得异常悲惨。诗句"孤魂不敢归,惴惴犹在兹",写出了自己作为一个"罪臣",死后魂魄不敢返归故里的忐忑心态。然而他怎么也想不到的是,他的魂魄不是"不敢",而是"不能"落叶归根。此前的放还北归,只是宋徽宗新立,大赦天下,允许元祐党人稍稍"内迁"而已,党禁并未完全解除,离平反还有较大距离。其后不久,迫害再次升级,因而其灵柩不能获准直接回乡安葬。在潭州停殡日久,秦湛无奈,只得采取变通的办法,藁葬父亲于橘子洲。藁者草也,橘子洲上生长着数千种花草藤蔓植物。所谓"藁葬",不是将灵柩埋入土中的正规安葬,而只是用干草遮蔽灵柩的一种临时的、简易的措施。

橘子洲位于长沙市区湘江江心,是湘江下游众多冲积沙洲之一。呈南北向纵贯江心,四面环水,绵延数十里,形似一个长岛,因洲上多产美橘而得名。西望层峦叠翠的岳麓山,东倚喧闹繁华的长沙城,形成了"一面青山一面城"的独特景观,有"中国第一洲"美誉。如今,湘江风光带和橘子洲已经成为长沙著名的国家级重点风景名胜区。当年,秦湛以船载父亲灵柩,因为无法返乡,位于江心的橘子洲自然成为临时安葬的首选。长沙宗亲告诉我们一个有趣的传说:橘子洲也是一个神奇的沙洲,不管江水水位多大,从来没有被淹过。这大约也是少游灵柩藁葬于此,近五年而安然无恙的原因吧?

橘子洲风光虽美,但当年在此守灵的秦湛眼中只是一片凄风苦雨,恰如黄庭坚诗云,"长眠橘洲风雨寒"。清末长沙籍著名学者陈运溶在他的著作《湘城访古录·橘洲》中有较翔实的记载:

橘洲在湘江中,南北与洲城等,有巡检司、僧寺两三所,居民业渔者数百家。景物最佳处:秦少游死藤州,其子护丧,藁殡潭州,黄鲁直诗云:"长眠橘洲风雨寒。"

陈运溶记述:少游灵柩藁葬之地,是橘洲"景物最佳处"。秦湛选择橘子洲风物最佳处藁葬父亲灵柩,一片孝心苍天可鉴!

停殡长沙期间,黄庭坚被贬宜州,途经长沙,专程登橘子洲祭拜,并赋诗五首。其一云:

昔者秦少游,许我同门友。
掘狱无张雷,剑气在牛斗。
今来见令子,文似前哲有。
何用相浇泼,清江渌如酒。

诗歌表达了同门师友的深厚情意和对少游猝然辞世的惋惜之情。南宋曾敏行《独醒杂志》记述:黄庭坚与秦湛、范温相见,执手恸哭,并且赠银二十两。若在往日,

> 《秦谱》载:"是岁,处度公湛,奉先生灵榇,亭殡于潭州。"

◆ 橘子洲头

二十两白银也许算不了什么。而黄庭坚此时尚在贬谪途中,前程艰难,慷慨赠银,令人感动。秦湛婉言推辞说:"公方为远役,安能有力相及?"黄庭坚说:"尔父,吾同门友也,相与之义,几犹骨肉。今死不得预敛,葬不得往送,负尔父多矣。是姑见吾不忘之意,非以贿也。"话说到这个份上,秦湛不能再予推辞,只得叩谢收下。

崇宁四年(1105),也就是少游去世后第五个年头,形势开始缓和。五月,诏令解除党人父兄子弟之禁,秦湛方得奉父灵柩归葬广陵。少游生也途中,死也途中,一生漂泊,行色匆匆。死后其灵柩仍不免滞留途中、长途跋涉之苦。呜呼,少游命运何其坎坷艰辛之至!

寻访组踏上橘子洲,时令适逢初夏,

没有年轻时的毛泽东"独立寒秋"所见"看万山红遍，层林尽染"的景致，纵目四望，洲上以成片橘园为主体，还有竹、梅、桃、桂特色主题园林。各类名贵花木，精心布局，风景秀丽，环境清幽，仿佛是镶嵌在湘江中流的绿色明珠。漫步洲上，领略美不胜收的秀丽景色。在江神庙、拱极楼等历史遗迹和沙滩公园驻足流连，已经很难感受当年秦少游藁葬于此、"长眠橘洲风雨寒"的意境，也很难寻觅到当年橘子洲的"景物最佳处"。宗亲依据橘洲地势分析，认为少游灵柩藁葬的地点，最有可能就是在如今的沙滩公园，即橘子洲尾一带。

从洲尾乘环岛电动小火车来到橘子洲头，这儿的橘洲公园已成为登岛游客的必到之处。耸立在公园中央的巨型汉白玉纪念碑格外醒目，正面镌刻着毛泽东手书"橘子洲头"四个大字，背面是《沁园春·长沙》全文。还有颂橘亭、枕江亭、揽岳亭等景点，最吸引游客眼球的自然是巨型青年毛泽东艺术雕塑，让人直观感受到一个"恰同学少年，风华正茂"的毛泽东。毛泽东是大诗人，他自然也十分喜爱大词人秦少游，曾亲笔手书秦少游《鹊桥仙》词；湖南一带至今还流传毛泽东保护郴州"三绝碑"的佳话。缘于此，寻访组一行怀着崇敬的心情，一一在塑像前留影纪念。

橘子洲头最南端有一个新建的问天台，是游客凭栏观赏湘江美景的绝好之地。一般解释这是取毛泽东诗词《沁园春·长沙》名句"问苍茫大地，谁主沉浮"之意。但也有专家提出异议，因毛泽东词句是"问苍茫大地"，是"问地"而不是"问天"。跟长沙关系密切的大诗人屈原曾作长诗《天问》，向天地、自然和人世等一切现象发问，表现出追求真理的探索精神，被誉为中国古典诗坛的"千古万古至奇之作"。然是"天问"而不是"问天"。孰是孰非，我们无意去考证，想到的是：秦湛当年守父灵柩于橘子洲，面对凄风苦雨，该是一个什么样的心境，又该向苍天发出什么样的疑问呢？

《秦谱》："诏除党人父兄子弟之禁，于是处度公奉先生丧归葬于广陵。"

郴州苦旅

五

城市名片
名称：郴州市（湖南省地级市），别称福城、林城。
位置：湖南省东南部，南岭山脉与罗霄山脉交错、长江水系与珠江水系分流的地带。
主要景点：苏仙岭、东江湖、郴江、万华岩、莽山等。
地方特产：东江鱼、临武鸭、家酿五谷酒、桂东高山茶等。

　　郴州，一座"人文毓秀"的古城，一座秦少游留下丰碑的历史文化名城。

　　宋代郴州属南方荒蛮之地，自古便有"船到郴州止、马到郴州死、人到郴州打摆子"的说法。绍圣三年（1096），秦少游辗转到达郴州。时令已近岁暮，临近郴州之时，前不着村后不着店，少游投宿于一荒山古寺中，题两绝句于寺壁之上。其一云：

　　哀歌巫女隔祠丛，饥鼠相追坏壁中。
　　北客念家浑不睡，荒山一夜两吹风。
山风送来不远处树丛中女子哀怨的歌声，破壁中饥饿的老鼠肆无忌惮地追逐争斗。"北客"少游思念亲人，辗转反侧，彻夜难眠。另一首《如梦令》词，描写境况极其相似：

　　遥夜沉沉如水，风紧驿亭深闭。梦破鼠窥灯，霜送晓寒侵被。无寐，无寐，门外马嘶人起。
冬夜漫漫，沉寂如水。尽管是官方的驿站，条件仍然非常简陋，薄薄的被子难抵寒霜侵袭。梦醒之时，点亮油灯，披衣而坐，看见一只老鼠睁大贼溜溜的眼睛，有恃无恐地盯着跳动的灯火。老鼠这个小生灵的出现，似乎给这寒冷的不眠之夜带来了

一线生气，却更加衬托了驿站中的寂寞和凄凉。

抵达郴州，已是除夕。少游赋《阮郎归》词，写独处旅舍的孤寂和凄凉：

湘天风雨破寒初，深沉庭院虚。丽谯吹罢小单于，迢迢清夜徂。

乡梦断，旅魂孤，峥嵘岁又除，衡阳犹有雁传书，郴阳和雁无。

"每逢佳节倍思亲"，除夕之夜，正是阖家团圆之时；然凄凄风雨，深深庭院。"乡

◆ 苏仙岭万福泉

◆ 郴州旅舍

梦断,旅魂孤",从思乡的梦境醒来,旅舍中只有孤身一人,如孤魂漂泊异乡。古有"雁不过衡阳"之说,因为大雁耐受不了南方酷热,到衡阳便歇翅不再南飞。郴州还在衡阳南边,故少游词云"郴阳和雁无"。身边没有一个亲人,甚至连一只传递音信的鸿雁也难觅踪影,此种孤寂滋味又能向谁倾诉?作于同时期的《减字木兰花》,词句"天涯旧恨,独自凄凉人不同";《如梦令》词句,"肠断,肠断,人共楚天俱远"等,表达的也是同样孤苦难诉的情怀。

2016年5月7日上午,寻访组从长沙乘高铁赶往郴州,草草吃了个便餐,便赶去苏仙岭景区。预报当天有大雨,到达苏仙岭下,已是正午时分,云层厚厚的,天气异常闷热,一场大雨似乎正在酝酿之中。

苏仙岭位于郴州苏仙区,是湖南省政府首批公布的省级风景名胜区之一。原名牛脾山，相传西汉文帝时，郴州人苏耽在此修道，他通医道、识百药。公元前177年，郴州遭遇洪灾，苏耽预知来年将有瘟疫流行。在得道成仙飞升之前，他嘱告其母，可用井水加橘叶煎汤饮服。苏母依其法救治百姓，活人无数，留下"橘井泉香"的佳话，并成为中医医治未病的典范。苏仙岭因此得名，并享有"天下第十八福地"之美誉，而郴州因此别称"福城"。人们为了纪念苏耽，把牛脾山改名为苏仙岭，桃花洞改名为白鹿洞，并在苏仙岭顶上建造了苏仙观。岭上遇仙桥、苏母祠等都是与此相关的景观。我们来此，主要是为寻访与秦少游生平、创作关系密切的重要遗存：郴州旅舍和"三绝碑"。

在秦少游被贬郴州的同时，黄庭坚被贬在黔州，两人曾书信往来。少游致黄庭坚书信今不存，但从黄庭坚复信中仍可推知其所写内容及其心态：

……屏弃不毛之乡，以御魑魅。耳目昏塞，旧学荒废，直是黔中一老农耳。足下何所取而赐之书，陈义甚高，犹河汉而无极，皆非不肖之所敢承。……先达有言"老去自怜心尚在"者，若庭坚则枯木寒灰，心亦不在矣。

黄庭坚陈说自己被朝廷摒弃于不毛之地，耳目昏黄，旧日所学逐渐荒废，其心已死，如枯木寒灰。却赞许少游书信"陈义甚高，犹河汉而无极"。其实，"同是天涯沦落人"，少游又何来好的心境，只不过不希望让朋友徒然为自己增添伤感，没有肆意倾诉而已吧？而细细品味黄庭坚"陈义甚高"的评价，亦可看出这一时期少游情绪虽低落，但尚未达到彻底绝望的地步。

的确，少游在郴州没有为孤寂凄苦的情绪所淹没，也没有如黄庭坚所说"旧学荒废"。正是在郴州旅舍简陋、艰苦的环

◆ 苏母祠

境中，他完成了重要的书论《法帖通解》。少游自序云：

> 投荒索居，无以解日，辄以其灼然可考者疏记之，疑者阙之，名曰《法帖通解》云。

少游是一个闲不住的人，东坡曾评价说"此人不可使闲"。孤独漫长的时光难以打发，他吸取了因抄写佛书获罪的教训，改而潜心钻研书法理论，完成了《汉章帝书》《仓颉书》《仲尼书》《史籀李斯书》《钟繇书》《怀素书》等一组六篇书论。《法帖通解》是北宋不多的较为系统的书论，在中国书法史上占有一席之地。明人徐渭评价说："通卷可入书法谱。"

尽管少游一再自我警醒，潜心书法理论，但是朝廷对元祐党人的迫害不断升级。绍圣四年（1097）二月，秦少游再度被贬，"诏移横州编管"。所谓"编管"，大约相当于现代的"管制"吧，意味着人身自由的丧失。诏书如是表述：从郴州往横州，要差"得力州职员，押伴前去"，沿路州军交割，"不得别至疏虞"。如此，与押解重案犯人又有什么区别！刚刚落脚郴州不久，很快再度南迁，他心情一时难以承受。临行前，在极度凄苦、怨愤的心境中，他写出了千古绝唱《踏莎行·郴州旅舍》：

> 雾失楼台，月迷津渡，桃源望断无寻处。可堪孤馆闭春寒，杜鹃声里斜阳暮。
> 驿寄梅花，鱼传尺素，砌成此恨无重数。郴江幸自绕郴山，为谁流下潇湘去？

少游视野中雾气弥漫，月色迷茫，希望寻找一个能避开尘世的"世外桃源"而不可得，透视出瞻望前程、苦无出路的凄迷心境。《踏莎行》是秦少游后期的代表作之一，其艺术性极为词评界称道。王国维说："少游词最为凄婉，至'可堪孤馆闭春寒，杜鹃声里斜阳暮'，则变而凄厉矣。"（《人间词话》）经历一贬再贬，少游心中的凄苦之情也在逐日累积，至此已从往日的"凄婉"演变为"凄厉"，这是他情感历程中的一个重要阶段。

末句"郴江幸自绕郴山，为谁流下潇湘去"，是实写：郴江是发源于黄岑山的一条小河，流经郴州城东北郊，最后汇入湘江；又是虚写：词评家分析，这是作者如痴如怨的发问，虽无理却有情，强烈地表达了自己误入官场的无限悔恨之意。郴江啊郴江,你本来绕着郴山多好,为何偏要流入湘江去呢?其潜台词是:少游啊少游,你待在自己家中多好,为何偏要外出谋官呢?到如今报国无门,有家难归,成了一个漂泊天涯的游子孤魂。也有词评家分析,这首词是写给长沙义倡的。意思是说:我们情投意合,真心相爱,天天相守在一起多好,为什么还要继续南行呢?

此句曾引起东坡强烈的共鸣,反复吟诵,并书于自己的扇面之上。少游去世以后,东坡又在扇背题写跋语:"少游已矣,虽万人何赎!"少游挚友、著名书法家米芾亲笔书写少游词、东坡跋语。郴州人将少游词、东坡跋、米芾书勒石立碑,史称"三绝碑"。南宋咸淳二年(1266),郴州知军邹恭将原碑拓片,转刻在苏仙岭白鹿洞的大石壁上,并作跋语附后。

根据《郴州志》记载,刻于白鹿洞石壁上的不仅有《踏莎行》,另外还有一首《阮郎归》。如果这个记载属实,那这首词应该是少游的《阮郎归·潇湘门外水平铺》。但是,此说未见于其他史志,白鹿洞也未留下任何痕迹。

苏仙岭"三绝碑"位居全国十大著名

◆ 三绝碑护碑亭

"三绝碑"之首。在郴州,至今盛传毛泽东关心"三绝碑"的佳话。1960年3月,毛泽东在视察南方专列上,向郴州地委书记陈洪新询问起郴州"三绝碑"来。他侃侃而谈:宋朝有个秦少游,此人有才华,但不得志,被流放到郴州,给了个什么小官。他很不满意,就写了一首《踏莎行》。接着,他即兴朗声有韵地背诵起来:"雾失楼台,月迷津渡,桃源望断无觅处……"

天一阁藏万历《郴州志》(残本)卷十八《侨寓传》载:"秦观……监处州酒税,寻削秩徙郴州安置。尝作《踏莎行》《阮郎归》二词刻于白鹿洞石顶上。"

临行再三叮嘱，这块碑是我们国家历史文化的瑰宝，一定要很好地加以保护。

其后，陈洪新与专程来郴州考察的国务院文教办主任张季春，郴州师范专科学校年轻的古汉语教授单泽周一道，查阅《宋史》等史料，进行深入探讨。一起披荆斩棘，攀登苏仙岭，在白鹿洞附近找到了保存尚好的"三绝碑"。1961年春，国务院下拨专款三万元。区区三万元，在那个经济困难的时期，却是一个可观的大数目，据说是郴州获得的第一笔国家财政直拨的专款。湖南和郴州省、地两级政府共同努力，修筑了一条通往苏仙岭的公路，依山崖建护碑亭一座，碑亭左侧塑秦观铜像一尊。古老的"三绝碑"重新出现在苏仙岭的苍崖绿荫之间。

1963年3月，时任中共中南局第一书记、有"中共才子"之称的陶铸来郴州视察，登苏仙岭览"三绝碑"后，步少游原韵作词一首。

进入苏仙岭景区，首先踏上的是一条"福路"。郴州是"福城"，苏仙岭号为"天下第十八福地"，故而近年郴州人倾力打造"福文化"。脚下是福路，路边有万福山、万福泉，山路上、岩壁上满是大大小小、形体不一的"福"字。特别是万福山山顶石壁有"福山"大字石刻；山下造石成山，其上刻有许多"福"字，其字体皆出自唐太宗以来十八代名君之手。传说游人从此经过，摸一摸、数一数"福"字，就会洪福齐天。诚然，这只是人们的良好愿望而已，当年，福城福山福水福路并没

◆ "三绝碑"

有给少游带来什么福气，他的脚下是一条坎坷崎岖的贬谪之路，诚所谓"人在囧途"，动辄得咎。

山行不远，就看到了那座传说中的遇仙桥。遇仙桥是一座石桥，横跨在桃花溪上，虽已十分陈旧，桥栏上的浮雕和桥柱上动物雕塑造型仍清晰可见，古朴生动，显出几分"仙气"。路的另一边是"郴州旅舍"。秦少游词提到的郴州旅舍，原址位于官道上，极其简陋，且早已荒废。眼前这座仿古庭院式民居建筑，为1989年按宋代营造法式、湘南民居建筑风格恢复重建。面积约100平方米，背倚青山，面向桃花溪，青砖黛瓦，门楼飞檐翘角，与四周绿树修竹辉映，环境幽雅别致。门前有十多级青石台阶，正门"郴州旅舍"匾额由原湖南省政协主席刘正手书。1990年，全国第三届秦少游学术研讨会在郴州举行，秦少游裔孙、秦子卿教授为展室题写了"淮海遗芳"门额，并撰书楹联：

策论济时艰，词宗誉满三千界；

江淮存公泽，学士风流九百年。

建筑为单进五间，展室有秦少游生平事迹、政治生涯、作品赏析以及诗词书法作品展览，最东面一间为卧室，陈列有床柜等一些老式家具。在展室中一一走过，想到当年就是在这简陋的旅舍之中，诞生了一首不朽的词《踏莎行·郴州旅舍》，一部中国书法史上的重要著作《法帖通解》，不由对少游的绝世才情和不懈追求的精神境界顿生敬意。

出郴州旅舍，向上攀登三百多级石级，是与"三绝碑"相邻的白鹿洞。白鹿洞是一个石灰岩溶洞，洞内有石笋、石柱和石钟乳等奇石，清泉长流，是传说中白鹿、白鹤为苏耽哺乳、御寒的天然洞穴。如今洞口有白鹿母子相偎雕塑，旁边的仙鹤池中有三只造型各异的白鹤雕塑。向上不远，就是我们一心向往的"三绝碑"。

如今，"三绝碑"已经不仅仅是一块碑，而是形成了一个相对完整、独立的景区。除了20世纪60年代所建护碑亭外，1997年，苏仙岭风景名胜区管理处又顺山势，增建了一道蜿蜒起伏的仿古围墙。走进围墙，看到倚崖壁而建的护碑亭，色彩较为新鲜，估计是近年曾经修葺过。"三绝碑"就在正面的石壁上，碑文经多年风化，已漫漶不清，故用绿颜色涂描。旁边

◆ 苏仙岭遇仙桥

陶铸《踏莎行》："翠滴田畴，绿漫溪渡，桃源今在寻常处，英雄便是活神仙，高歌唱出花千树。　桥跃飞虹，渠飘束素，山川新意无重数。郴江北向莫辞劳，风光载得京华去！"

◆ 秦子卿题写匾楹

立有一保护碑,碑文称:"……郴州知军邹恭命人将秦词、苏跋和米书一并摹刻在白鹿洞附近的岩壁上,形成52厘米高、46厘米宽的摩崖石碑,世称'三绝碑',现为国家重点文物保护单位。"其右侧墙上嵌有陶铸词匾。

少游铜像位于护碑亭左侧,作侧卧思考状。他目光深邃,凝望前方。大理石基座上刻有楷书"秦少游"三个大字。铜像上方的石壁上亦有"三绝碑"一块,红色涂描,据介绍是2000年9月,将原碑放大拓刻上去的。仔细辨认碑文,少游词与今通行本略有差异：通行本"无寻处"碑上为"知何处"；"斜阳暮"碑上为"残阳处"；"幸自"碑上为"本自"。对于这些差异（包括其他版本的差异），古今学界较为一致的意见是：少游诗文在流传过程中，特别是经历崇宁二年（1103）四月诏毁少游文集后，出现差异应属正常现象。不过，米芾与少游是同时代的人，故苏仙岭"三绝碑"碑文应更接近秦少游词原文。

另据资料记载，"三绝碑"碑文1959年因字迹模糊，曾请行家依原笔迹进行加深，不小心弄坏了两个字，1980年依据米芾帖进行了修补。到底是哪两个字，资料上未有说明，在现场也根本无法辨别。郴州知军邹恭跋语下方则有"一九八一年元月复制"字样，字迹较为清晰。

寻访组一行向坐像行拜祭礼并留影后，在护碑亭小憩。时有三五成群的游人上前与塑像、碑文合影。景区音箱循环播放着秦少游和"三绝碑"的介绍，语音深沉而绵绵不绝，仿佛把我们的思绪也带向了历史的深远之处。白鹿洞旁一副楹联语义与周围环境十分贴切：

鹤荫鹿哺，苏子得道由此去；

米书秦词，仙岭扬名迎客来。

得道成仙的苏耽已经跨鹤升天，而这块刻有少游词、东坡跋、米芾书的"三绝碑"却永远地留在了苏仙岭的崖壁上，世世代代吸引着无数的游客纷至沓来，寻幽探胜。

按照景区导游图介绍，继续向上，还有景星观、苏仙观以及当年幽禁抗战名将张学良的"屈将室"等景观遗存。近年有学者分析，少游《踏莎行·郴州旅舍》首句"雾失楼台"中的楼台，应该就是苏仙观。少游作词之时是就地取材，即景抒情。这个分析固然有合理的成分，但是置身苏仙岭，感觉这种可能性不大，因为即使天气晴朗，没有浓雾，在郴州旅舍位置也是无法看到苏仙观的，且现在的郴州旅舍并非是在原址复建。词中"楼台"很可能是虚指、泛指，因此理解词义无须过实。

因景区索道维修，加之按预定计划，当天还要去其他寻访点，我们穿过"初登仙境"亭，到达景星观后即返回，赶往下一个寻访点鱼绛山。

有文献记载，少游在郴州期间曾游览鱼绛山。"鱼绛飞雷"乃古"郴阳八景"之一，州志载："鱼绛山：在州东三十里。"因上

◆秦少游铜像

有飞流，下有二潭，飞流入潭，其声澎湃如雷，故称。其址在今城东柿竹园的东河岸上。清康熙《郴州总志·山川》载：

> 宋秦观游此，谓其形胜类华山之阴，而沃润过之。

嘉庆《郴州总志》以及其后的志书也沿袭这一说法。这一记载表明，少游不仅游览过鱼绛山，并且还对其特点做出过评价。但是近年有人对此说提出异议，说在少游贬谪郴州之前，北宋文学家、画家，曾任监察御史的张舜民曾贬监郴州酒税，元丰八年（1085）获赦，高兴之余游鱼绛山三日，并作《游鱼绛山记》云："东北去一望千里，其形胜大类华山之阴，而沃润过之。"鱼绛山距城区虽不算遥远，但当年山路陡峭而崎岖，出游实为不易。与张舜民获赦时心情愉悦不同，少游是"削秩徙郴州"，心情孤寂而郁闷，故很难有出游鱼绛山的闲情逸致。此说有一定的合理之处，但是缺陷在于忽略了少游的秉性。少游天性洒脱，喜好游历名山大川，不仅在早期，即使是在南迁贬谪途中，甚至身体染病之时，也曾频频游历各地风景名胜，并留下许多诗文。至于出现与张舜民文中对鱼绛山相同的评价之语，亦不足为怪。因种种历史原因，史籍中古文人诗

◆ 鱼绛山远景

词文章相互串载的情况并不鲜见。

　　查阅相关资料，鱼绛山现今位置在柿竹园国家矿业公园一带。但是寻访组询问郴州本地人，包括的哥和苏仙岭景区管理人员，知道鱼绛山的并不多，对柿竹园也所知寥寥。打开手机导航，显示从苏仙岭到柿竹园国家矿业公园有十七公里距离。我们随即打的前往，希望能领略鱼绛山那绝佳胜景。然而，导航显示已到目的地，来来回回就是找不到矿业公园的标志。原来，郴州是全球有名的有色金属之乡，新中国成立以后在这里建起了有色金属矿业园区，国家矿业博物馆就设在这里。所谓公园，整个园区都可囊括其中，中心位置大约就在国家矿业博物馆一带。读得一位网友的博文《消逝的"郴阳八景"之一——鱼绛飞雷》，意识到昔日的自然风光已被热气腾腾的开发所替代，山间瀑布声响如雷的景观早已成为历史文献中的记载。伫立博物馆前，环顾四周群山环抱，民居、厂房连片，内心那么一点遗憾和失落感，总也驱之不去。

　　返回市区，一行人经郴江大道下车，

◆ 郴江

顶着烈日，穿过江滨公园，徒步登上郴江大桥。远看蓝天白云下，一抹青山如黛；近处两岸青山相对，郁郁葱葱；俯瞰脚下，一弯江流，因连日多雨，显得湍急而浑浊；郴江环绕郴山，仿佛恋人相依相偎。默念秦少游词句，感觉"郴江幸自绕郴山，为谁流下潇湘去"的意境，仿佛与眼前的画面已经和谐地重叠在一块。

　　是夜，一场酝酿已久的大雨终于如期降临郴州。

衡州乞梅

之六

◆ 衡阳雁雕城标

城市名片
名称：衡阳市（湖南省地级市），别称雁城、衡州。
位置：湖南省中南部，南岳衡山之南。
主要景点：南岳衡山、回雁峰、石鼓书院、蔡伦竹海、江口鸟洲、天堂山等。
地方特产：玉麟香腰、衡阳唆螺、石鼓酥薄月饼、乌莲、祁东黄花菜、南岳云雾茶、耒阳粉皮、坛子菜等。

绍圣四年（1097）二月，秦少游再次被贬，从郴州移送横州编管。船行湘江之上，经衡州（今湖南省衡阳市），过永州，差不多是日夜兼程。

《临江仙》词描写了夜行湘江之上的情形：

千里潇湘接蓝浦，兰桡昔日曾经。月高风定露华清。微波澄不动，冷浸一天星。

独倚危樯情悄悄。遥闻妃瑟泠泠，新声含尽古今情。曲终人不见，江上数峰青。

江水澄碧，犹如白居易词云，"春来江水绿如蓝"。风平浪静，月影星光倒映水中。"兰桡昔日曾经"，不久前，少游被贬往郴州，也是这条船，也是这段江面。谁知才几个月又经此地，昔日情景仍历历在目。他夜不能寐，浮想联翩，想起了那个凄美而忧伤的古老传说。

湘水流域自古为荒僻之地，当年舜帝巡视南方，死于苍梧之地，葬于九嶷山下。娥皇、女英二妃追寻至此，相拥痛哭，泪染翠竹，泪尽投湘水而亡，后世称之为"湘夫人"。湘夫人泪水浸染的竹子称为"湘

妃竹"，毛泽东诗句"斑竹一枝千滴泪"为世人熟知。故潇湘自古又是相思、伤心之地的代称。"遥闻妃瑟泠泠"，远处传来的清泠弹琴鼓瑟之声，仿佛湘夫人鼓瑟而传出的无限伤感之音，触动了少游屡经摧残而极其敏感易碎的心房。那泠泠之音是义倡夜不成眠在拨弄琴弦吗？全词描写月下江景和泠泠瑟声，运笔细腻，委婉蕴藉，创造出清泠幽怨的意境。末句引用唐人成句，与全词意境浑然融合，曲终情未了，尽在不言中，给读者以无限遐想之空间。

少游这一曲《临江仙》流传很广。道光《续高邮州志》引南宋初吴炯《五总志》载：潭州太守在合江亭宴请客人，命歌妓演唱《临江仙》词牌曲。有一歌妓独唱了两句"微波澄不动，冷浸一天星"，在场客人大为称善，请唱全篇。歌妓说："昨夜居于商人船中，听邻船有男子倚樯而歌，声调凄怨。我记性差，只记住了这么两句。各位若有兴致，可一同去听。"次日晚，太守与客人偕歌妓在船上一边饮酒一边等待。将近三更时分，远处一艘船上果然传来一位男子吟唱《临江仙》的凄伤声音。一个叫赵琼的歌妓还未听完便泪流满面道："这是秦学士的词啊！"待船驶近，方知正是载有少游灵柩的船。可见少游虽然逝去，但是他的《临江仙》词魅力长留，为后人熟悉和喜爱。

少游顺湘江而下，很快抵达衡州。时少游旧友孔毅甫亦因党争之故，刚"落职知衡州"。故友相逢南国他乡，百感交集，毅甫设宴款待，一连挽留多日。南宋曾敏行《独醒杂志》载：一日酒过三巡，两人相互述说被贬的坎坷历程。说到动情处，少游请出文房四宝，当场重新题写了作于处州的《千秋岁·水边沙外》词。毅甫读到"飞红万点愁如海"时，惊讶道："少游兄方盛年，何出如此悲怆言语！"于是提笔和少游韵作词一首以宽慰之。首句"春风湖外，红杏花初退"，点明两人相会是在仲春之时。临行，毅甫一直送至郊外长亭边，方洒泪而别。归来对家人说："秦少游气貌大不类平时，殆不久于世矣。"

少游款留衡阳期间，太守孔毅甫在其官署陪其饮宴，还陪同游览了南岳诸峰。如今，衡阳古城及官署等古建筑已难觅踪迹，而南岳衡山自然风光和人文胜迹仍遐迩闻名，风韵犹胜当年。

◆ 回雁峰摩崖

《楚辞·远游》："使湘灵鼓瑟兮，令海若舞冯夷。"《后汉书·马融传》注："湘灵，舜妃，溺于湘水，为湘夫人。"

◆回雁峰 雁峰寺

回雁峰是南岳由南至北七十二峰之首,号称"南岳第一峰",历来有南岳进香自第一峰开始之说。《舆地纪胜》载:"回雁峰在州城南,或曰雁不过衡阳,或曰峰势如雁之回。"对回雁峰的得名给出了两种答案:一是"北雁南飞,至此歇翅停回";二是山势像一只昂头伸颈、舒足展翅、凌空欲飞的鸿雁。古城衡阳因回雁峰获得"雁城"之雅称。至于鸿雁至此为何就往回飞,一位与少游差不多同时代的学者,曾任尚书左丞的陆佃,在他的一部训诂著作《埤雅·释鸟》中,做出了一个较为合理的解释,原因仅两个字:恶热。因为受不了南方燠热的气候,北雁至回雁峰就不再南飞,在此歇翅休整越冬。

就在三四个月前的除夕之夜,少游独处孤寂凄凉的郴州旅舍,赋词《阮郎归》云:"衡阳犹有雁传书,郴阳和雁无。"表达出"人逢佳节倍思亲"、音信不通泪沾巾的伤感情怀。如今与好友一同登临回雁峰,触景生情,他会想到什么呢?大雁南飞,到此能够自由地选择歇脚,等到春暖花开,再往北返飞故乡;可是自己却身不由己,还要继续南迁,南迁!前程漫漫,何处才是尽头啊？

2016年5月11日上午，寻访组乘特快列车从永州到达衡阳，来到回雁峰下。1984年，衡阳市依托回雁峰建成了雁峰公园，"潇湘八景"之一的"平沙落雁"和"衡州八景"之首的"雁峰烟雨"均位于景区内。远远看见衡阳市城标——凌空欲飞的大雁铜雕在中午的晴空下，显得分外醒目。穿过"南岳第一峰"门楼，一行人沿山间石级攀缘而上，一路领略回雁峰的秀丽风光。山行不远，即为著名的"雁峰烟雨"景区。一块巨石如刀削斧劈，"回雁峰"三个大字挺拔遒劲。左旁一块摩崖上，是唐代诗人王勃名篇《滕王阁序》中的佳句，"雁阵惊寒，声断衡阳之浦"。右边摩崖镌有"青天七十二芙蓉，回雁南来第一峰"诗句。山麓有烟雨池，因天将雨之时，池中雾气蒸腾，状似云烟，故又名烟雨山。我们登山之时，正是雨后晴天，未能一睹烟雨之景象，不知少游当年是否有幸欣赏到了烟雨美景。

金碧辉煌的雁峰寺掩映在郁郁葱葱的山岩间，殿阁巍峨，"雁峰寺"匾额为赵朴初手笔。寺院前为观音殿，后为寿佛殿。寿佛殿原是雁峰寺一部分，因回雁峰供奉中华寿岳"无量寿佛"，声望日隆，故衡阳人将寿佛殿与雁峰寺并称，并以农历二月初八前后为朝寿佛日。雁峰寺始建于南北朝梁天监年间，至今已有一千五百年历史，历朝屡毁屡建。抗战期间，著名的"衡阳保卫战"中，衡阳古城与回雁峰上的茂林古木、寺院佛像皆毁于倭火。1984年，衡阳人民政府重建或恢复山上古迹名胜，并立碑以志。

俗话说"山不在高，有仙则名"，回雁峰海拔仅96.8米，不以高著称，然居南岳七十二峰之首。其景物深秀，茂林修竹，曲径清幽。此君轩、望岳亭、回雁亭等亭阁错落其间，杜甫、韩愈、柳宗元、徐霞客、王夫之等名家和历代高僧在此留下芳踪遗迹。峰顶更立一石，色呈铁色，上有"乘云"二字。传说这是雁峰寺瑞云法师坐禅念经的地方。每当夜深人静，法师在此打坐念经，祥云遮顶，佛光闪闪，犹如仙境。南岳众僧闻此，纷纷来此坐禅礼拜。如此自然景观与人文景观相互辉映，果令人有不虚此行之感。

逗留衡州期间，少游还与孔太守同登

宋陆佃《埤雅·释鸟》："鸿雁南翔，不过衡山。盖南地极燠，雁望南衡山而止，恶热故也。"

石鼓山,游石鼓书院。"石鼓名山始自唐,天开此处读书堂。"石鼓书院创建于唐元和初年,是中国创建最早、并有确切史志记载的书院,故有"湖南第一名胜古迹"之称。北宋初,宋太宗、宋仁宗两度赐额,书院由此步入鼎盛时期。当年许多名儒大师,如苏东坡、周敦颐等皆曾在此讲学。著名理学家和教育家、湖湘学派集大成者张栻亲书韩愈《合江亭》诗和朱熹《石鼓书院记》,勒石立碑,也被称作"三绝碑"。1944年7月,书院毁于日寇炮火。2006年6月,衡阳市政府重修石鼓书院,禹碑亭、山门、书舍、武侯祠、李忠节公祠、大观楼、合江亭等古迹已经恢复。少游当年步恩师东坡之后尘走进书院,我们今天则追寻少游足迹,漫步书院之中,切身感受千年学府浓郁的书香气息。

少游登攀南岳衡山主峰,目的有二:一是领略南岳的秀美风光,二是拜访衡山花光寺僧仲仁老。仲仁本会稽(今浙江省绍兴市)人,元代著名画家王冕《梅谱·原始》载:宋哲宗元祐年间来到衡州,因住花光寺,人称花光和尚。他酷爱梅花,每值春暖花开,终日坐卧其间,吟诵摹写。曾于月夜见梅枝映窗,疏影摇曳,如水墨图画,淡雅可爱,于是欣然命笔作画。此后,他的墨梅技法大进,将梅花枝干虬曲、疏影横斜的神韵表现得淋漓尽致。从此,花光以善画墨梅而名播于世,成为墨梅画法的始祖。黄庭坚观其画曾感叹道:"如

◆ 万寿大鼎景区

嫩寒春晓,行孤山篱落间,但欠香耳。"可惜的是仲仁方出远门,少游登门而未能谋面,乃留书简求赐《墨梅》。其简云:

仆方此忧患,无以自娱,愿师为我作两枝见寄,令我得展玩,洗去烦恼,幸甚!

梅花乃花中君子,少游求取《墨梅》,谦言是为"洗去烦恼",实质也表达了其高洁的志趣。少游有没有收到仲仁的《墨梅》尚不得而知,南宋邓椿所著画史《画继》记载:黄庭坚于1103年,即少游辞世后的第三年途经衡山,仲仁向他出示了东坡与少游留下的诗文,并画墨梅数枝及烟外远山相赠。黄庭坚赋诗《花光仲仁出秦苏诗卷,思二国士不可复见,开卷绝叹。因花光为我作梅数枝及画烟外远山,追少游韵记卷末》,诗题长达四十余字,却印证了仲仁收藏秦少游、苏东坡诗卷的事实。诗题中"追少游韵",是指元丰三年(1080)早春,少游应邀在海陵(今江苏省泰州市)浮香亭赏梅,作《和黄法曹忆建溪梅花》诗,苏东坡曾和诗给予极高评价。黄庭坚不仅和少游梅花诗,还和《千秋岁》词一首:

苑边花外,记得同朝退。飞骑轧,鸣珂碎。齐歌云绕扇,赵舞风回带。严鼓断,杯盘狼藉犹相对。

洒泪谁能会?醉卧藤阴盖。人已去,词空在。兔园高宴悄,虎观英游改。重感慨,波涛万顷珠沉海。

词句"人已去,词空在""波涛万顷珠沉海",

表明是作于少游辞世之后，其情感真挚而深沉。

2016年5月8日上午，寻访组到达衡阳主峰脚下，在秒生等衡东宗亲的陪同下一同登山。宗亲介绍，昨日衡山一带大雨倾盆，今日预报也有中到大雨。然登山之时只是阴天，至峰顶天色还渐渐亮了起来，一直到返回山脚时，才淅淅沥沥下起小雨，可谓天假其便。寻访从万寿大鼎广场起步。衡山自古有"寿岳"之称，《星经》载：衡山对应星宿二十八宿之轸星，轸星主管人间苍生寿命，故名寿岳。华夏民族常用"寿比南山"表达对人长寿的祝愿，典出《诗经·小雅》："如月之恒，如日之升，如南山之寿。"南山指的就是南岳衡山。宋徽宗在衡山御题"寿岳"巨型石刻，故衡山又被称为"天子寿山"，位于峰顶的巨型"万寿鼎"为近年新铸。

南岳大庙位于广场路的南侧，这是一座集国家祭祀、民间朝圣、道教宫观、佛教寺院于一体的宫殿式古建筑群，有九进四重院落，是南方最大的传统文化博物馆和精湛的艺术殿堂。原在最高峰祝融峰上，为方便皇家祭祀和民间朝圣，隋代即移至衡山脚下。《南岳志》载，唐初建司天霍王庙；唐开元年间，唐玄宗先后诏封南岳真君、南岳司天王；宋大中祥符年间，宋真宗加封为南岳司天昭圣帝。也就是说，在少游到来之前，大庙形制已完成"由王而帝"的升格。现存建筑为清光绪八年（1882）重修。进庙之时，庙内许多殿阁正在修葺，但是其严谨的布局、恢宏的气势仍给我们留下了深刻印象。

◆南天门

◆ 南岳庙

为体现"追寻先祖足迹"的虔诚,上山行程除了从"穿岩诗林"到半山亭一段乘坐索道外,其余全部是徒步。"穿岩诗林"位于香炉峰下,《南岳志》载,原为晋朝道士陈兴明修炼遇仙升天之处,景点由白龟洞、苦乐岩、遇仙亭、鱼龙石等十二处景观组成。1986年,镌刻唐宋以来五十余首讴歌南岳的诗歌于石壁之上,形成了"穿岩诗林",集石趣、洞趣、诗趣于一体。

从半山亭一路上行,经紫竹林、寿佛殿、皇帝岩,到达南天门。当年宋徽宗为南岳题"寿岳"二字,刻在金简峰巨石上,字径六尺。世人评价其"隐瘦金秀丽之容,显宽博端庄之体",十分壮观。不过,这都是少游离开以后的事情。南天门位于半山亭和最高峰祝融峰之间,其下方有船状

南宋邓春《画继》:仲仁"出秦、苏诗卷,且为作梅数枝,及烟外远山"。

◆ 南岳云海

的卧龙石,名飞来船,衬以流云,好似船在云海中乘风破浪,南天门石牌坊则好似高耸的桅杆。伫立南天门环视南岳群山,东南西北四面分别有紫盖峰、烟霞峰、天柱峰、碧罗峰环绕,气象万千,令人赏心悦目。

过南天门,再经狮子岩、高台寺、上封寺、观日台,到达主峰祝融峰。大家注意到,在我们登山路的另一侧树丛间,立有一块"朝圣古道"石碑,石碑以下,是一条蜿蜒于山间的花岗石石级,可能因年代久远、行人较少问津吧,色泽已显灰暗,碑上字迹已较模糊。仔细辨识,原来这是衡山西北侧的一条登山之路,始建于唐末宋初。清同治年间曾国藩出资修缮,故又称"曾大人路"。现存遗迹为光绪元年（1875）修缮。古道从双峰县石坳开始，全路段采用长约130厘米、宽约30厘米、厚15厘米的花岗石铺成，进入南岳衡山境内的古道长约八公里，途经祝融峰北面的老龙潭、报信岭、老五岳殿、会仙桥，直登祝融峰顶。我们推测，少游当年登山，应该就是走的这一条"朝圣古道"。

祝融峰海拔1300米，高耸云霄，雄峙南天，是南岳七十二峰的主峰和最高峰。祝融是传说中的火神，"祝"意为持久，"融"意为光明，寓有永久光明之意。黄帝让他主管南方事务，他住在衡山，死后葬于衡山，峰因而得名。祝融殿位于峰巅之上，原名天尺庵，又名老圣殿。明万历二年（1574）在此建开元祠以祀祝融，清乾隆年间重修时改称祝融殿。祝融峰历来是游人观日出、看云海、赏雪景的绝佳境地，唐代大文学家韩愈诗云："祝融万丈拔地起，欲见不见轻烟里。"纵目远眺，确有古人"携侣登祝融，则山矗天止，我为峰矣"的豪情。

下山途中，一行人略感遗憾的是，未能寻觅到史料中反复提及的花光寺。据《衡州府志》载，花光寺在城南十里，即今衡阳市黄茶岭一带。史籍载，花光寺旁有一百年古松，名"天宝松"。当年黄庭坚经此拜访花光仲仁，引松为知己，作《天保松铭》云："衡州花光山，实衡山南麓。有松杰出，盘礴云表。"黄庭坚是当事人，其说当为可信，花光寺无疑就在衡山。从南岳大庙，到祝融殿，一路虽有玄都观、寿佛寺、铁佛寺、高台寺、上封寺等历史久远的名寺，但终究"此寺非彼寺"。我们宁可相信，花光寺已经湮没在历史的尘埃之中，但那些与此寺连在一起的名字，花光仲仁、苏东坡、黄庭坚以及秦少游等，已经名垂史册，不可磨灭。

> 黄庭坚和秦观诗："雅闻花光能墨梅，更乞一枝洗烦恼。写尽南枝与北枝，更作千峰倚晴昊。"

浯溪摩崖〔七〕

◆ 浯溪

城市名片

名称：永州市（湖南省地级市），古称零陵、潇湘、竹城。

位置：湖南省南部，潇、湘二水汇合处。

主要景点：浯溪碑林、永州八景、柳子庙、上甘棠村、阳明山、九嶷山等。

地方特产：永州血鸭、东安鸡、永州异蛇酒、油茶、江永"三香"（香米、香柚、香芋）、江华苦茶、道县红瓜子、金橘等。

秦少游自郴州移横州编管，经衡州款留数日后，继续沿湘江前行，于夏四月抵达永州地界。永州历史悠久，唐、宋两代更是永州文化的繁盛时期，因中唐杰出散文家、诗人，两任道州刺史的元结开辟了浯溪碑林；著名诗人柳宗元谪居永州十年，写下"永州八记"和《捕蛇者说》而闻名于世。

船行至永州地界，这里是潇、湘二水汇合处，故雅称"潇湘"。少游的目光被矗立在湘江西岸巍然突兀的浯溪摩崖牢牢吸引，于是请船家泊舟江边，登岸仔细观赏。

浯溪本为一条北汇于湘江的小溪。唐代宗大历二年（766），元结再授道州刺史，三过浯溪，感此处景物幽胜，遂在溪畔筑庐为室暂寓，命溪为"浯溪"，并撰《浯溪铭》。浯溪得名从此始，而后镇以溪名。此前，公元761年，元结在率兵镇守九江抗击"安史之乱"叛军时，曾写下充满浩然正气的《大唐中兴颂》。时隔约十年，元结因母病逝回浯溪隐居守制，适逢好友、著名书法家颜真卿抚州刺史任满北归。元结从箧中捡出旧稿改定，请颜氏亲来浯溪，书刻《大唐中兴颂》于浯溪临江峭壁之上。颜氏直接书丹于摩崖石壁，为此，曾扎起几丈高的脚手架。他凌空挥毫，下笔气度恢宏，字字刚正雄伟，气势磅礴，实为生平得意之笔，被誉为"宇宙杰作"。加之摩崖临江矗立，如斧削成，恰如清人杨翰为中兴颂碑所撰楹联称："地辟天开，其文独立；山高水大，此石不磨。"因文奇、字奇、石奇，世称"摩崖三绝"。

此前，少游对浯溪《大唐中兴颂》早

有耳闻,但正是"百闻不如一见"。他伫立碑前,仰视并细细揣摩那浩气凛然的诗文和刚毅遒劲的书法,渐渐地,他的情绪为碑文所感染,只觉得一股激情在胸腔激荡,而产生了一种不吐不快的急迫感。宋曾敏行《独醒杂志》中有一段非常生动的记载:

(少游)次永州,因纵步入市中,见一士人家,门户稍修洁,遂直造焉。谓主人曰:"我秦少游也,子以纸笔借我,当写诗以赠。"主人仓促未能具。时廊庑间有一木机莹然,少游即书于其上。

这段文字绘声绘形,不难看出少游当时心情甚为急迫,甚至连纸也等不及准备,就一挥而就于木机之上。让人自然联想起黄庭坚的诗句,"对客挥毫秦少游",从内心赞叹少游的才思敏捷。少游诗题为《题浯溪中兴颂》,诗云:

玉环妖血无人扫,渔阳马厌长安草。
潼关战骨高于山,万里君王蜀中老。
金戈铁马从西来,郭公凛凛英雄才。
举旗为风偃为雨,洒扫九庙无氛埃。
元功高名谁与纪,风雅不继骚人死。
水部胸中星斗文,太师笔下龙蛇字。
天遣二子传将来,高山十丈磨苍崖。
谁持此碑入我室,使我一见昏眸开。
百年兴废增感慨,当时数子今安在?
君不见荒凉浯水弃不收,时有游人打碑卖。

诗歌从开头至"洒扫九庙无氛埃",赞颂郭子仪平定"安史之乱",赢得唐朝中兴的丰功伟绩。郭子仪是少游崇拜的偶像,二十四岁时少游曾作《郭子仪单骑见虏赋》,咏史言志,借赞颂郭子仪的胆略和气魄,抒发自己期望建功立业、报效国家的壮烈情怀。少游眼下的处境是在"编

元结《浯溪铭·序》:"爱其胜异,遂家溪畔。"

管"横州途中，可谓是壮志难酬。然而读诗句仍然可以触摸到他那壮心不已的火热衷肠。诗句"水部胸中星斗文，太师笔下龙蛇字"，则表达了对元结和颜真卿的无限景仰之情。元结曾任水部员外郎，颜真卿曾为太子太师，故诗中以"水部、太师"称之。显然这是少游览《中兴颂》碑后有感而发，可以视作一篇激情洋溢的读后感。诗后来被刻在浯溪摩崖上，是少游存世不多的真迹之一，非常珍贵。

浯溪碑林为我国史学、文学、书法研究和鉴赏保存了非常珍贵的资料，景区现为全国重点文物保护单位，省级风景名胜区、省级爱国主义教育基地、湖南省十大文化遗产、百姓喜爱的新"潇湘八景"之一。少游当年匆匆路过，留下了《题浯溪中兴颂》这一不朽诗篇和书法，成为浯溪碑林这一重要历史文化遗产中的杰出佳作。永州地处楚粤交界之地，位置偏远，但是寻访组仍然决定，绝不放过这次难得的机会，进行一次实地踏勘。

2016年5月10日上午，寻访组赶到永州市祁阳县浯溪碑林景区，与永州宗亲会齐。祁阳方面得知秦少游后裔专程来此寻访先祖遗迹，十分重视，县委办、文广新局、文物局以及浯溪景区管委会的领导给予了周到接待和安排，安排专人陪同并进行现场讲解。

浯溪碑林位于浯溪镇湘江大桥南端的浯溪公园内。走进景区大门，经过陶铸塑像，沿蜿蜒的林荫路一直走到湘江岸边。连日的大雨，江水上涨，水流浑黄湍急。江滨峰峦崛起，绿树浓荫，苍崖石壁，兀然矗立，连绵百米，气势壮观，令人震撼。据浯溪公园管理人员介绍，自中唐大历至民国年间，历代名流纷至沓来，览胜留题，摩刻于石壁，遂成遍崖密布的露天碑林，共有林林总总、风格各异的摩崖石刻五百零五方。除最初的"摩崖三绝"以及元结的"浯溪七铭"之外，还有宋代著名书法家米芾的《浯溪诗》和著名书法家、诗人黄庭坚的长诗《书摩崖碑石》，

◆ 浯溪摩崖

以及清人何绍基、吴大澂等名家题名刻石的"浯溪新三铭"。浯溪碑林是中唐以来历代名家作品的荟萃之地，篆隶楷行草诸体的集大成者，群星璀璨，美不胜收，堪称一个永久性的诗展、书展圣殿。清代诗坛领军人物王士禛赞叹说："楚山水之胜首潇湘，潇湘之胜首浯溪。"

浯溪摩崖之精华，首推位于"摩崖三绝"区的唐刻《大唐中兴颂》。此处崖壁约有120平方米，碑高3.2米，宽3.3米，面积10.56平方米。碑文为左起直书，二十一行，每行二十字，共三百三十二字。碑前已经建起巨大的玻璃护罩，隔着玻璃字迹仍清晰可辨。碑文末云："湘江东西，中直浯溪。石崖天齐，可磨可镌。刊此颂焉，何千万年！"诗风雄健，情感激荡；更兼颜氏笔力千钧，大气磅礴。少游至浯溪，正是被碑文气势所感染，挥笔题写了《题浯溪中兴颂》诗。

《题浯溪中兴颂》诗碑位于"摩崖三绝"右下方。碑高、宽各110厘米，字体为行楷，大小6到8厘米不等。对于此碑，历代史籍中均有记载，但是清末以后此碑亡佚，一直到1984年对浯溪碑铭全面清理时，方重新寻得。历经近千年的自然风化，加之一度失落，未能得到较好保护，碑面已经漫漶模糊。不过，前几句诗文"玉环妖血无人扫，渔阳马厌长安草"以及落款等，仍隐约可辨，亦可见其风格姿媚遒劲，"深有二王楷法"。这是少游书法的一

◆ 秦少游《题浯溪中兴颂》摩崖

《苕溪渔隐丛话》引《复斋漫录》："韩子苍言张文潜集中载《中兴颂》诗，疑秦少游作，不唯浯溪有少游字刻，兼详味诗意，亦似少游语也。"

贯风格，因而可以确认这是少游存世不多的真迹之一。

给后人留下疑问的是：这首诗的作者是秦少游吗？湖南省文物事业管理局、祁阳县浯溪文物管理处编印的《浯溪碑林》图册，在这幅图下的落款是"张耒撰，秦观书"。也就是说，这首诗为少游题写没有任何疑问，但是撰写者则是与少游同为"苏门四学士"之一的张耒（字文潜）。宋人胡仔《苕溪渔隐丛话》载："余游浯溪，观摩崖之侧，有此诗刻石。前云：读中兴颂，张耒文潜；后云：秦观少游书。"胡仔对此碑给予高度评价："读诸贤留题，唯鲁直、文潜二诗，杰句伟论，殆为绝唱，后来难复措词矣。"他品读摩崖上诗句，认为唯有这首诗与黄庭坚的诗可称之为"绝唱"，后来诸贤题诗难以相提并论。但是对于这首诗的作者，胡仔认为"当以刻石为正"，既然摩崖上的落款如此，就应予以认可。

此诗问世以来，对于其作者，许多学者一直持怀疑态度。生卒年代稍后于少游的江西诗派诗人、诗论家韩子苍从诗的内容和风格上分析，认为当是少游之作无疑。这首诗宋版《淮海集》未收，而见于清王敬之刻《淮海集·补遗》中。王敬之在收入此诗时，引元代盛如梓《庶斋老学丛谈》云："《题浯溪中兴颂》'玉环妖血无人扫'诗，世以为张文潜作，实少游笔也。时被责忧畏，又持丧。乃托名文潜以名书耳。"认为少游因为"被责忧畏"，故托张文潜之名而已。还有学者从少游与张耒行踪分

◆ 香渡桥

析，认为这一时期两人没有晤面的可能，少游贬谪途中也无从得到张耒诗歌并为之题写，因而托名张耒之说较为可信。

少游在浯溪还赋有《漫郎吟》诗一首，亦曾刻于崖壁之上，其位置在《大唐中兴颂》左上，今不存。《漫郎吟》收在《淮海集》卷二，诗题又作《漫郎》。漫郎是元结别名，因遭权臣嫉害，他曾一度辞官，归隐武昌，以著书自娱，隐居在郎亭山下、樊水岸边的退谷之中，自号漫郎、漫叟、聱叟、浪士。从这些别名中，不难窥见其风流倜傥、不拘小节的性格。《漫郎吟》诗云：

元公机鉴天所高，中兴诸彦非其曹。

自呼漫郎示真率，日与聱叟为嬉遨。

……

诗盛赞元结的人生轨迹和历史功绩，对其不流于时俗、不媚于当世的处世态度表示了向往之意。"红颜白骨付清醥，一官于我真鸿毛"，清醥即清酒，诗句借赞美元结，表达了一种率性而为、追求诗酒人生的志向，而官职在真正的名士眼中不过鸿毛而已。显然，这既是赞许前贤，又是一种自励自慰，与其贬谪途中的心境十分吻合。

清初诗坛领军人物王士祯《浯溪考》注云："少游诗虽不云为《中兴颂》而作，然'心知'以下四句，非《中兴颂》不可以当之。"认为只有写出不朽诗篇《大唐中兴颂》的元结，才能当得起少游的称许，评价十分中肯。

《漫郎吟》曾收入清乾隆年间宋溶的《浯溪新志》卷七，清道光《永州府志·名胜志》亦有记载，并注明原刻在《大唐中兴颂》碑左上。从这些史籍记载和评价可知，《漫郎吟》碑刻至清代仍然可见，其

◆ 愚溪桥（愚溪、潇水汇合处）

宋溶《浯溪总图·序》："摩诘《辋川图》秦少游对之愈疾，虽绘事通灵，亦由佳境撩人，应接不暇，卧游良愉快耳。身非画师，而倩人点皴，汇为一帧，分为十六，未知视孟城坳、华子冈诸胜何如？于浯溪真面仿佛存之，好游之士见吾画者，不更求壶公缩地之术已。"

亡佚与《题浯溪中兴颂》碑大约为同时。只是后者1984年重新寻得，而《漫郎吟》至今尚未面世，给后来者留下了几多遗憾。

提到这位宋溶，还有一段故事。他曾担任祁阳知县，《浯溪新志》就是他在任期间辑编而成的。他对秦少游十分熟悉，不仅在《浯溪新志中》收录了少游的《漫郎吟》，对少游的一些逸闻轶事也颇熟悉。比如，少游在蔡州教授任上曾患肠疾，后反复欣赏唐代大诗人王维的《辋川图》而神奇般地痊愈。宋溶自己不擅丹青之术，特地请人绘了一幅《浯溪总图》，在序的开头即引用了这一典故，并期待《浯溪总图》亦能产生《辋川图》一样的奇效。

离开"摩崖三绝"景区，一行人流连于浯溪公园之中。在绿树丛中，瞻仰了位于高高基座上的元结、颜真卿青铜塑像，还有置于路边山石上的米芾、黄庭坚、徐霞客、吴大澂等名家线描像。最引人瞩目的还是那一条汇入湘江的浯溪。有名家说，浯溪的看点不在整个溪流，恰恰在于它与湘江的汇入点。走到溪前，只见树木葱茏、奇石嶙峋，溪流淙淙，汇入奔流的湘江。它像一首古曲，音符由山石、绿荫、溪流和大江组成。诗人元结正是钟爱它的天生丽质，为之命名"浯溪"，并赋诗赞美："零陵郡北湘水东，浯溪形胜满湘中。溪口石巅堪自逸，谁能相伴作渔翁？"

溪上有一座小桥，有一个很诗意的名字"香渡桥"。桥旁一块石碑上刻有"浯溪漱玉，香桥渡香"碑文。这座不起眼的小桥历史久远，与浯溪摩崖形成的年代相当。南宋初年任永州通判的臧辛伯过浯溪作《无题》诗云：

四山凝碧一江横，读尽唐碑万感生。
却想老仙明月夜，渡香桥上听溪声。

诗中提到的"老仙"，即指信仰道教的颜真卿。他想象当年颜鲁公在浯溪书写碑文，月明之夜常在香渡桥上倾听溪流之声，为之陶醉。由此可以推知，渡香桥上一定也留下了少游的足迹。

史籍记载，少游在浯溪观赏《大唐中兴颂》后并未久留，而是匆匆赶往永州市区，向一士人家求借笔墨，书写《题浯溪中兴颂》诗。因此，离开浯溪碑林公园后的当日下午，寻访组途经秦氏宗亲聚居的永州零陵区黄田铺镇秦岩洞村，参观了正在兴建中的秦氏宗祠和黄田铺镇学校内的新石器时代的"石棚文化"遗迹和石棚书院。随后由永州宗亲陪同，驱车赶往永州市区。

少游题诗之处，史籍仅仅记载市区"一士人家"，具体什么方位并不清楚。但有一点是明确的，就是应该往老城区古街巷中去寻访踪迹。宗亲告诉我们，永州市区目前保存较好的古街巷就是柳子街历史文化街区。于是我们从柳子街开始了永州城区的寻访。

柳子街位于潇水之滨，与汇于潇水的愚溪平行。小溪原名冉溪、染溪，当年柳宗元贬谪永州，自以为"予以愚触罪"，在溪边结庐为家，"故更之为愚溪"（《愚溪诗序》）。因为柳宗元在溪边为家，后来形成的这条街便以"柳子"命名。柳子街历史文化街区由柳子街、愚溪及部分沿岸景观组成，景区内有全国重点文物保护单位柳子庙，市级文保单位愚溪桥、节孝亭等，还有柳宗元《永州八记》提及的西山钴鉧潭、小丘、小石潭和"八愚"遗址等。

从潇水边起步，沿愚溪岸边的林荫小道，我们一路迤逦进入柳子街。柳子街空间格局和肌理保存完好，青石板间以鹅卵

◆ 柳子街

石路面，两旁多为前店后作（作坊）或下店上宅的两层结构，青砖黛瓦，木质铺面，高低有致，井然有序。虽以"柳子"命名，但是在柳宗元之后，历朝历代曾经屡次修缮甚或重建，明清风格十分鲜明。少游走进的这户人家既有纸笔，又有木机，分析其住房应与柳子街"前店后作"或"下店上宅"结构相似，虽为"士人"，恐也是一商户吧？

少游匆匆而来匆匆而去，题诗于木机后，有没有叮嘱如何处置，史籍中语焉不详。宋人曾敏行《独醒杂志》记载，"宣和年间，此木机尚存。"宣和是宋徽宗年

号，时间在 1119 年—1125 年间。也就是说，在少游离开以后，这部题有少游墨宝的木机被当作宝物保存了下来。二十多年后的宣和年间，还有人见到了这部木机。从题诗木机，到最终摩刻于浯溪碑林，其间一定还有许多曲折的、鲜为人知的故事，这户没有留下名姓的"士人"之家尤其功不可没。这些故事折射出的是永州人对少游以及少游诗歌、书法的热爱、崇敬之情。漫步在古色古香的柳子街，心中不由涌起一股对永州、对永州人的由衷感激之情。

◆ 柳子庙

授业横州（八）

◆ 横县市区淮海路

2015年10月26日上午，寻访组从南宁市区出发，南宁宗亲秦军驾车，导航设定的目的地是横县"海棠公园"。大约11时许，汽车停泊在横县淮海路的西段。

横县古称横州，这座中国"茉莉之乡"美称的古城，是秦少游贬谪南迁途中的一个重要节点。秦少游号淮海居士，"淮海路"就是横县人为纪念他而命名的城区干道。路为东西向，海棠公园位于路的南侧。走进公园入口，方知横县博物馆和"淮海书院"均设立于此。博物馆领导听说秦氏后裔和秦少游家乡高邮客人前来探访，十分高兴。副馆长韦桂平、黄秀柳和郑培分教授等，一边热情介绍横县人民以秦少游为旗帜，着力打造海棠文化的种种举措及成果，一边陪同大家浏览公园秀丽而幽深的景致。一行人怀着崇敬之情，一路瞻仰了淮海书院、秦少游塑像、怀古亭、海棠桥、海棠亭、海棠文化碑廊等历史文化遗迹。驻足流连于海棠公园，仿佛行走于历史与现实交错的时空隧道之中，重新回忆起少游在横县那一段艰难而不平凡的岁月。

绍圣四年（1097）二月，秦少游再度遭贬，"诏移横州编管"。从郴州启程，经衡州、永州，南循湘水，由灵渠入漓江，再经桂州（今广西壮族自治区桂林市），一路激流险滩、山高路险，到达横州已是初冬时分。

初至横州，少游寓居城西登高岭上的浮槎馆中。"浮槎"本指古代传说中来往于海上和天河之间的木筏，而在横州却有

城市名片

名称： 横县（隶属广西壮族自治区南宁市），古称横州、宁浦。

位置： 广西壮族自治区南部，南宁市东面，郁江中游。

主要景点： 海棠公园、九龙瀑布群、西津湖旅游风景区、宝华山、伏波风景区等。

地方特产： 茉莉花、圣种白毛茶、荔枝、鱼生、大粽等。

◆ 横县博物馆

光绪《横州志·古迹》:"浮槎馆,旧在登高岭,宋编修秦观谪横居之,有《书事诗》,后废。"

着特定的意义。相传晋代逸士童京寓居城西登高岭,秋夜泛舟江上,遇一仙人乘槎于浦。横州因别名槎浦,郁江横县段别称横槎江。宋初州守张垓建仙槎亭,"槎亭秋眺"为古横州八景之一。浮槎馆名称十分浪漫,然少游居此,条件之恶劣却难以想象,单是冬季蚊子之猖獗就令少游这个"北客"不堪忍受。《冬蚊》诗云:

蚤虱蜂虻罪一伦,未如蚊子重堪嗔。

万枝黄落风如射,犹自传呼欲噬人。

蚤虱蜂虻这些毒虫已经够厉害了,想不到蚊子也不甘示弱。溽热的夏季且不论,即使朔风嗖嗖、黄叶落尽的冬季,仍在成群结队"嗡嗡"地向人发起攻击。寻访组请教黄馆长,《冬蚊》描写是否真实。她告诉我们,少游诗歌描写非常真实。横县冬季不会太冷,且气候潮湿,"冬蚊"可谓一道特有景致。此言诚为可信,此次我们来广西已是10月下旬,时值深秋,然白天一直都是穿着短袖T恤。

经历了多年贬谪生活的磨炼,少游对于恶劣环境似乎已经能处之泰然,和谐相安。《浮槎馆书事》(又作《宁浦书事》)六首,六言二十四句,细细解读,能帮助了解这一时期少游的生活状况及其心境,以及当地的自然条件和风土人情等。其一云:

挥汗读书不已,人皆怪我何求?

我岂更求闻达,日长聊以消忧。

少游挥汗读书,自云是为打发漫长的日头,消除心头之忧。既不求"闻达",那么忧从何来?宋代横州郡守刘受祖从《诗经》中的名句"知我者谓我心忧,不知者谓我何求",读出了少游诗歌的潜台词,少游之忧一言以蔽之,"志于忧国忧民"(《海棠桥记》)。

鱼稻犹如淮右,溪山宛类江南。

自是迁臣多病,非干此地烟岚。

少游委婉地说,虽然横州物产、景致非常类似自己的家乡,但是自己羸弱的身体还是难以适应这里的山岚瘴气。

南土四时尽热,愁人日夜俱长。

安得此身作石,一齐忘了家乡。

这是思念家乡亲人痛彻心扉的愤激反语:身处南国他乡,家乡何能一刻忘怀,除非此身化作顽石!其五情感深挚,却写得颇有情趣:

身与杖藜为二,对月和影成三。

骨肉未知消息,人生到此何堪!

明明是孤身一人,因为手挂藜杖而化而为二,加上月下的影子便成了三人。让人想起李白的名句,"举杯邀明月,对影成三人"。诗句情趣盎然,传达出的却是流落天涯、骨肉分离的惨痛心境,此情此景,

◆ 横县淮海书院

◆ 乾隆年间的海棠桥

《冷斋夜话》："少游在横州，饮于海棠桥，桥南北多海棠。有老书生家于海棠丛间，少游醉宿于此，明日题其柱云（词略）。东坡爱其句，恨不得其腔，当有知者。"

令人何堪！诗评家评价其风格"严重高古"。可以看出，历经人生劫难后少游情感和诗风都发生了显著的变化。

宋代横州地处偏远，在少游眼中却不乏秀美景色。月江楼位于海棠桥东郁江（月江）湾北岸，又名横浦楼。少游登楼俯瞰江景，赋《月江楼》诗云：

仙翁看月三百秋，江波日去月不流。
肯因炎尘暝空阔，直与江月同清幽。
苍梧云气眉山雨，玉箫三弄无今古。
九天云雾蛰蛟龙，琅玕长凭清虚府。

诗歌紧扣"月""江"二字，意境清幽而飘逸，若梦若仙，表现出诗人在困境中希望超脱尘世，从仙界寻求精神解脱的道家思想。

一个有趣的现象是：该诗又名《江月楼》，《淮海集》失载，而光绪《横州志·艺文》和光绪《藤州志·艺文》都收录其中。藤州旧有江月楼，苏东坡元符三年（1100）九月经藤州，为江月楼题榜。少游至藤州亦曾登临江月楼。故该诗是为横州月江楼还是藤州江月楼所题难有定论，然从一个侧面说明，少游在横州、藤州时间虽然短暂，且是罪臣身份，却深受两地民众欢迎，青史留名。横州月江楼旧址今已建成月江宾馆，1988年全国第二届秦少游学术研讨会即在此召开。

宋代横州虽被视为南方荒蛮之地，但是自汉代以来，中原一些文人学士、名流重臣到此任职或被贬此地，带来中原文化和习俗，使横州"人文风土已与中州无异"，并逐步形成了崇儒重教的风气。黄馆长介绍，秦少游编管横州，在淳朴善良、热情好客的横州人看来，那是天赐良机，为他们送来了一位难得的"名师"。不少当地及邻近州县的人慕名纷纷前往拜谒求教，少游干脆就在居所收徒讲学，一度荒凉冷落的浮槎馆一时门庭若市。在一位祝姓秀才的首倡和资助下，少游开设了横州第一家书院，"择生童之俊秀而督课之，经指受作文，皆有法度可观"（《横州志·怀古亭记》）。少游获罪远谪，无意之中却肩负起了在南国荒陌之地传播中华传统文化的使命，因而也得到了格外的敬重。在他的影响下，横州读书之风盛行。不知是否属于巧合，少游离开横州后不久，南宋初绍兴年间，横州产生了有史以来的第一位进士甘彦。

据介绍，少游在横州之时，地方官十分开明，没有将少游当着"编管"对象严加管束，使得他有较多的行动自由，有机会与横州士民以诗会友，借酒交友。横州士民常有人邀少游饮酒赋诗，畅叙衷肠。城区西北有一溪流名香稻溪，溪上有桥，桥边遍植海棠花，景色优美。桥畔住有一祝生，与少游交往频繁。春社之日，祝生邀少游和众诗友在家中饮酒聚会。少游是性情中人，很快醉卧主人家床上，至翌晨方被唤醒，题《醉乡春》于主人家屋柱上：

◆海棠桥

唤起一声人悄，衾暖梦寒窗晓。瘴雨过，海棠开，春色又添多少。

　　社瓮酿成微笑，半缺椰瓢共舀。觉倾倒，急投床，醉乡广大人间小。

席间气氛极其融洽欢畅，没有精致的酒具，宾主用一只豁了口的椰瓢，你一瓢我一瓢，轮着舀酒喝。词虽是酒醒之后的急就之作，却不乏妙语警句。特别是结句"醉乡广大人间小"，充满人生哲理。因而广为流传，并深得苏东坡喜爱。

另有《海棠春》一首：

　　流莺窗外啼声巧，睡未足、把人惊觉。翠被晓寒轻。宝篆沉烟袅。

　　宿酲未解宫娥报，道别院、笙歌宴早。试问海棠花，昨夜开多少？

词牌《海棠春》为少游首创，因词句"试问海棠花"而得。此词作于《醉乡春》之后，同样写了"醉"，同样写了海棠花，被认为是《醉乡春》的姊妹篇。少游醉酒于祝生家不止一回，而是至少两次，《重建淮海祠记》中有"两次醉酒后题词于海棠桥畔"之语可资佐证。少游词传开后，横州人便以海棠命名祝生家旁边的桥，海棠桥从此成为横州的象征而美名远扬。以海棠桥为中心，在横州城西的郁江湾畔，逐步形成了一个融自然与人文景观于一体的海棠公园。

海棠桥是园内也是横县目前保存较好的一处历史遗迹。桥始建于元祐三年（1088），南宋淳祐六年（1246）十月至次年四月海棠桥重修，郡守刘受祖亲撰《海棠桥记》，描述桥如"长虹饮涧，灵鳌架空"，"春涛秋潦，民无病涉之嗟；霁月光风，士有咏归之乐"，并说：

　　今之言宁浦者，必曰海棠桥，言海棠桥必曰秦淮海。是州以海棠桥重，桥以秦淮海重矣。桥名海棠，未可更也。

刘太守"州以海棠桥重，桥以秦淮海重"之言，深刻地揭示出秦少游对横州文化发展的意义。

明清两代海棠桥多次重修，清康熙十年（1671），因江洪冲垮而重建，原木桥改为石础石拱。乾隆七年（1742）因崩塌，改移今址而重建，成为城区通往西部地区的必经之道。1985年，桥因年久失修而岌岌可危。横县曾专门成立"筹资修复海棠桥理事会"，协调各方力量，历时约一年，风格古朴的海棠桥重新屹立于香稻溪上。

横县民间一直流传着海棠公公"捐土三尺"的神话故事。康熙年间,州府张榜募捐重建海棠桥,桥将竣工之日,一银须老者立于桥旁微笑。工匠问其将捐何物,老者说:"我已老朽,何来钱物?愿捐土三尺,以表寸心。"众人以为戏言,并未多加理会。孰料次日暴雨引发江洪,石拱上所填之土全被冲走。数日后洪水退去,众人见桥面新增潮泥三尺,已经完全铺筑成功。于是欢腾雀跃,银须老者"捐土三尺"一时传为美谈。秦少游不仅得到了横州士民的景仰,也感动了神仙。

海棠桥东北侧有一座"怀古亭",始建于南宋嘉定九年(1216),州守蔡光祖亲自题匾"登临怀古",并撰《怀古亭记》。

《横县县志》:"清光绪年间,刺史文星昭捐款重建海棠亭。"

◆ 海棠亭

◆ 怀古亭

今所见怀古亭为1988年仿古重建，造型为四柱飞檐。四面皆有匾额和楹联，其中一面楹联化自少游词句：

孤馆春寒，雾重津迷，太息桃源无觅处；
高城望断，山遥水远，可怜魂梦未归来。

海棠亭位于桥的西北侧，与怀古亭互为呼应。南宋乾道年间州守向友夔始建，距少游去世仅六七十年，是横州最早的纪念秦淮海的建筑，明清年间曾多次修缮或重建。1985年重修海棠桥的同时，恢复重建了海棠亭。亭为两层，六角造型，木石结构，雕梁画栋，飞檐斗角，如彩凤临风，欲振翅于芳草萋萋的郁江湾。

从海棠亭前行，"海棠文化碑廊"呈现在眼前。这是一个曲折绵延近百米的仿古碑廊建筑，廊间嵌有人物和文字石刻三十多块。其中有秦少游石刻像、少游在横县留下的诗词、历代名流题咏秦少游及海棠桥诗词，还有依据《横县志》记载重刻的历代与少游相关的碑记。除了前面提到的南宋《怀古亭记》《重修海棠桥记》之外，明正德九年（1514），知州黄琮在海棠桥畔、祝秀才家故址建淮海书院，作为定期讲学之所，并亲撰《重修少游书院记》；明嘉靖三十四年（1555），州守高士楠建海棠祠，"将迎先生主祠其中"，吴时来撰《海棠祠碑记》；1930年，在海棠桥周边拓建槎浦公园，县长李鹗秋撰《重修淮海祠碑文》。移步长廊，让人深感千百年来横州人对少游的怀念崇敬之情绵延不绝，代代相沿。

2007年6月，横县发现了一块清光绪十四年（1888）的石碑——《重建淮海祠记》。这是横县境内发现的一块与秦少游相关的石碑原物，殊为珍贵。淮海祠最初称海棠祠，是祭祀秦少游的专祠，始建于嘉靖三十四年，后改称淮海祠，其址即现在横县博物馆所在地。后淮海祠荒废，嘉庆、道光年间重建未果。光绪十四年，州守文星昭再次发起重建，春初破土，落成于季冬之时。文星昭撰《重建淮海祠记》，勒石立碑。《横县县志》有载。

这块碑发现于博物馆馆舍附近一居民家中。据该居民讲述，石碑原立于淮海祠内。20世纪60年代，祠倾圮无人管理，这位热心的居民便把石碑运回家中存放。石碑为青石，长123.5厘米，宽74厘米，厚13厘米，碑文共有626字，少数文字缺失或模糊不清，但仍基本完整可读。碑文赞颂秦淮海在横州，如同苏东坡在惠州一样，其催人奋进的高尚节操、文采风流永远泽惠后世，绵绵不绝，值得立祠祭祀。横州历代官员民众仰慕、缅怀秦淮海，当文星昭发起重建淮海祠的时候，"同官僚友、州人士众欣欣乐从"。值得一说的是，《重建淮海祠记》提及，淮海祠重建竣工之时，"山阳秦公为公裔孙寄诗咏之"。这位被称为"山阳秦公"的淮海公裔孙到底为何人，却不得而知。

海棠桥一带山清水秀，芳草佳木，环境清幽别致；与秦少游相关的景观遗迹香稻溪、海棠桥、怀古亭、海棠亭、淮海书院、淮海祠等荟萃于此，自然景观与人文历史交融，故而成为人们追寻历史、回归自然的绝好去处。闲暇之日，漫步香稻溪畔，徜徉海棠花间，微风暮雨之中，吟诵《醉乡春》《月江楼》诗句，境界幽雅，情调别致。古横州八景中的"海棠暮雨""紫水呈祥""月江澄练"在岁月的流逝中逐

◆ 海棠文化碑廊

◆ 月江俯瞰

步形成,而"海棠文化"也在历史的积淀中延续至今,如海棠花盛开。

1988年,全国第二届秦少游学术研讨会暨广西纪念秦少游编管横州八百九十年学术研讨会在横州举行。值此盛会,横县复建了海棠亭、怀古亭,重修海棠桥,塑秦少游坐像一尊。碑文称:

> 州郡因淮海而增辉,邑士得少游而开智,海棠文化,自斯兴也。州人感戴先生泽恩,遂于其旧游之地海棠桥畔,建祠画像,追思凭吊。

为着力打造"海棠文化",1999年正式命名海棠公园。2006年以来,横县进一步明确了以秦少游为主题,全力打造"海棠历史文化公园"的总体思路。在园内重塑秦少游坐像,同时对公园周边环境进行综合整治;恢复淮海书院,将博物馆按照书院风格重新规划装饰;兴建海棠文化长廊,充实海棠文化的内涵。一个主题突出、特色鲜明的文化公园已经初步显现。

黄馆长还介绍说,为大力弘扬、彰显海棠文化的巨大影响力,2011年,横县与南宁市委宣传部、文新局合作,以秦少

> 1930年建槎浦公园,县长李鹗秋撰《重修淮海祠碑文》:"园内建置亭池,花草、石几、木椅之属皆备。并摹刊先生遗像,嵌之祠壁,使邦人士之往来游者,咸得以从容瞻仰,而兴起之思油然生焉。"

游在横县兴办书院、收徒授课、传承文化的史实为基本素材，共同打造大型历史剧《海棠亭》。该剧由南宁市粤剧团演出，2011年10月赴重庆参加第十二届"中国戏剧节"，荣获"优秀剧目奖"。是年12月7日，粤剧《海棠亭》在横县公演，万人空巷，轰动一时。

离开海棠公园，时间已过正午。陪同我们的黄馆长刻意将午餐安排在了月江宾馆，还特地点了鱼生、鱼头骨汤、煎大粽、净炒冬瓜和横州米酒等特色酒菜，说这是淮海公在横州时所钟爱的食物。午餐后，寻访组成员兴致勃勃地登上月江宾馆顶楼制高点，骋目俯瞰，郁江呈弯月状，静静流淌在横县城区，仿佛体味到少游登月江楼而赋诗的那份情怀。

下午，黄馆长等陪同寻访组前往位于横县校椅镇龙省村的翰墨泉。离开城区前，特地绕行城西登高岭，即少游初来横州寓居的浮槎馆所在地。登高岭正全面大修，四周建筑脚手架围绕，无法近前探访。黄馆长说，此次除对浮槎馆等历史遗迹修缮外，还将兴建魁星阁。魁星是中国古代星宿的名称，是传说中主宰文章兴衰的神。兴建魁星阁寄托了横县人民希望秦少游开启的文风在横县世代传承的美好心愿。

翰墨泉位于横县城西约二十公里的龙省村文化中心的水乐园中。寻访组来横县之前，尚不知道这一个与秦少游相关的

◆ 淮海公塑像

历史遗存。园内秦少游塑像原先在城区海棠公园，2007年海棠公园新塑像落成，遂将原塑像移置此地。翰墨泉的泉水古已有之，传说当年秦少游经过此地，用泉水磨墨，香气四溢，故题名"翰墨泉"。泉水清澄见底，大家饶有兴致地手掬清泉品尝，感受它的清冽可口。泉前有碑，上刻篆体"翰墨泉，秦少游题"字样。碑非原物，题字亦非少游手迹。

村干部介绍说，受淮海遗风影响，千百年来龙省村一直文风兴盛，文化教育事业走在全县前列。一路走来，看到水乐园内有颇具规模的泉水游泳池，园外有两个篮球场。门外几棵被村民们称为"六旺树"的古树，枝叶婆娑，花果相间，一些上了年纪的村民在树下悠闲地聊天。路东是村民集中居住区，我们惊喜地看到了一个挂着"孔子学堂"的建筑。放眼今日世界，"孔子学堂"可谓比比皆是。然而它出现在横县，一个秦少游曾经留下足迹的村子里，确实令人感到由衷的欣慰。以此来结束我们的横县之行，自然有了一种不虚此行的满足感。

◆ 翰墨泉

鬼门历险

其九

"鬼门关",一个令人望而生畏的地名,它横亘在秦少游南迁途中,被秦少游踩在了脚下,也留在了他的诗文之中。《和渊明归去来辞》中有诗句,"岁七官而五遣,越鬼门之幽关"。他还曾以《鬼门关》为题,赋诗一首:

身在鬼门关外天,命轻人鲊瓮头船。

北人恸哭南人笑,日落荒村闻杜鹃。

鬼门关本是中国神话传说中阴曹地府的一个关隘,是阴世和阳间的交界处,比喻为死亡的边缘。"人鲊瓮"形容地势像盛咸鱼的瓮,人在其中就像是装在瓮中的咸鱼一样。鬼门关、人鲊瓮用作地名,皆极言地势险恶。

元符元年(1098)九月,秦少游再次遭贬,移送雷州(今广东省雷州市)编管。从横州出发不久,就遇到了天险鬼门关。

鬼门关位于古容州境内,今广西玉林市和北流市之间。容州在唐高祖武德年间为铜州,唐太宗贞观年间以境内有大容山而更名,治所在北流县(今广西壮族自治区北流市),后移治普宁县(今广西壮族自治区容县)。清《郁林州志》记载:"天门关,在城东三十五里,双峰屹峙,路经其中,过此则北流县境也。一名鬼门关。"光绪《北流县志·关梁》载:"天门关在县西四十里,高崖邃谷,路经其中,旧名鬼门关。"鬼门关地处六万大山与大容山交接之处,双峰对峙,南面的叫天门山,北面的称龙狗岭,形成天然关隘,其阔不过三十步。这里地处岭南荒蛮之地,层峦

◆ 绣江容县城区段

城市名片

名称:容县(隶属广西壮族自治区玉林市),古称容州。

位置:广西东南部。

主要景点:真武阁、都峤山、贵妃园、绣江、黎村温泉、杨妃井等。

地方特产:沙田柚。

叠嶂，林深草密，怪石林立，山路陡峭。特别是地处热带、亚热带丛林，气候潮湿，充满山岚瘴气，蚊虫鼠蚁繁多，人畜极易染上瘟疫。民间遂以"鬼门关"称之，民谚云："鬼门关，鬼门关，十人去，九不还。"

鬼门关天然险隘，是当年中原通往南方各州必经之路。从北流江越过鬼门关，进入南流江，顺江南下到达北部湾边的廉州（今广西壮族自治区合浦县），这是古代陆上丝绸之路和海上丝绸之路的重要连接点，也是中原文化和海洋文化的交接点。早在秦少游之前，鬼门关就与中国历代名人结下了不解之缘。东汉光武帝时，伏波将军马援率两万大军经过鬼门关，南征交趾平叛，在此扎营，并立有石碑，碑今不存。《后汉书·马援传》载：马援军队经过鬼关门一带时，军士瘟疫流行。马援在民间访得偏方，让军士服用薏苡汤战胜瘴疠。还军之时，以车载薏苡而归。马援去世后被人进谗言，诬告其车上装载的是珍珠，结果让妻、儿蒙冤受难，并留下了成语"薏苡之谤"。

唐宋以后，中原贬谪官员南迁，途经鬼门关者不乏其人，其中多有名流政要、饱学之士。唐宣宗年间，宰相李德裕被贬崖州司马，途经此地，留下绝句《鬼门关》："一去一万里，千之千不还。崖州在何处？生度鬼门关。"生度鬼门关的李德裕最终身死崖州，无幸生还。唐代大诗人李白被贬往夜郎，于鬼门关听见杜鹃啼血，曾作《竹枝词》三叠。其三云：

　　命轻人鲊瓮头船，日瘦鬼门关外天。
　　北人堕泪南人笑，青壁无梯闻杜鹃。

北宋文坛领袖苏东坡携其子苏过两过鬼门关，感而赋诗云：

◆真武阁夜景

自过鬼门关外天，命同人鲊瓮头船。
北人坠泪南人笑，青嶂无梯问杜鹃。

绍圣二年（1095）黄庭坚被贬往黔南，经过此地，夜梦李白，醒后作《竹枝词》：

撑崖拄谷蝮蛇愁，入箐攀天猿掉头。
鬼门关外莫言远，五十三驿是皇州。

几位大诗人对鬼门关之险恶地势描写大致相同，让人有瞻望前程、不寒而栗之感。少游被贬雷州，正是他第五次遭贬，朝廷诏书用语是"差得力州职员，押伴前去，经过州军交割，仍仰所差人常切照管，不得别致疏虞"，如同押解重案犯人一般。地势险恶，加之心境恶劣，少游与其他大诗人一样，赋《鬼门关》诗即景述怀。今天重读他们的诗歌，深感所描写的不仅是自然界的鬼门关，也是官场、人生的一道鬼门关。

时过境迁，寻访组这次来寻鬼门关旧址，未能依循当年少游南迁的路线。因执行会长保昕等应桂平市宗亲之邀，参加桂平秦氏始迁祖治容公诞辰六百七十年大祭活动，故于2015年10月20日，从上海虹桥机场直飞南宁，由容县宗亲接站，驱车约三百公里赶往容县。抵达容县当晚，与宗亲一道，商量了第二天的寻访路线安排。并一同游览绣江（北流江）夜景，观赏有中国"四大名楼"之称的真武阁，还了解了容县秦氏始迁祖秦玮公的生平事迹。

经查阅地方史志，并请教容县宗亲，寻访组了解到：宋元以后，由于南北经济、文化的交融，南方被不断开发，到了明代，鬼门关一带情势不再那么荒凉和恐怖，人们便依"天门山"之名，更其名为"天门关"。《徐霞客游记》载："宣德间改名天门关。"宣德为明宣宗年号，在公元1426年—1435年间。改名以后，在山门东侧摩崖镌刻"天门关"三个大字，题七绝一首："行行万里度天关，天涯遥看海上山。剪棘摩崖寻旧刻，依然便拟北流还。"明朝广西廉访副使伯笃鲁丁任满北归时，赋《过鬼门关》诗云："雷阳任满郁林还，过了千山及万山。但愿人心平似水，不须惆怅鬼门关。"可见过往官员已不再视鬼门关为畏途，因而能够"心平似水"，从容而过。

20世纪20年代初，李宗仁主政广西时，曾筹划修建玉林至贵县以及北流的公路，欲穿天门关而过。终于因面对高耸的石山力不从心，不得不绕道八公里以外。

新中国成立以后，开通了324国道。

《徐霞客游记》："鬼门关在北流西十里，颠崖邃谷，两峰相对，路经其中，谚所谓'鬼门关，十人去，九不还'。言多瘴也。《舆地纪胜》以为桂门关之讹，宣德中改为天门关，粤西关隘所首称者。"

天门关这条古代官道丧失了原有的功能,弱化为一般村道。到六七十年代,由于不断炸山取石,关隘两侧的山峰被炸损变矮,仅留下建有天门亭一侧的天门山,另一侧全部被炸平。昔日险要关隘,今日已成通途。324国道向西通往广西各地,向东则是通往广东的重要干道之一。广西民工经此路去广东打工,总希望得到贵人相助,发家致富,因而此处又被戏称为"贵人关"。

抵达容县次日,寻访组兵分两路。一路由保昕率队赶赴桂平市罗秀镇露塘村,参加冶容公诞辰祭祀活动;一路由容县宗亲仲声(一位熟悉地方史志、对秦少游颇有研究的长者)和超才作向导,实地寻访鬼门关。

从容县往鬼门关,虽说不足40公里,但沿途正在大规模修路,一路车子颠簸得厉害。出发前,曾上网搜索"北流","鬼门关"是作为一个重要旅游景观介绍的,便以为寻访并非难事。然情况并不顺利,容县宗亲凭记忆未能找到鬼门关所在的位置,只得打开导航。提示的目的地叫"会仙公园",看来是刻意回避了鬼门关的"鬼"字,可见在世人心目中,还是喜欢"仙"而忌讳"鬼"的。但是,园内怎么也找不着"鬼门关",公园李经理指着不远处一座山峰,上面隐约可见一个亭子,说"鬼门关"就在那儿,要绕道东面上去。

驱车绕到山峰东面的324国道,却找不到上山的道路,询问当地人也没有一个肯定的答复。大家商议:此行目的,专为寻访鬼门关,决不能轻言放弃,留下遗憾。

于是顺东面的斜坡攀缘而上,山势越来越陡。转过一片湿地,荆棘灌木丛生,茅草过人头顶,攀爬时脚下碎石泥土纷纷下落。几个人都是手脚并用,丝毫不敢大意。差不多到半山腰,突然发现一条宽约1米的石级,上面积满尘埃和苍苔,估摸很长时间没有人光顾了。一行人像发现新大陆一样欣喜异常,以为这才是上山的正道,只是一开始没有找着罢了。顺石级上行,天门亭就位于山峰的顶端。亭子保存完好,"天门亭"匾额较为清晰,估计应是明清时建筑,且20世纪曾经修葺过。置身天门亭,居高临下,视野开阔,向东可以俯视北流县城,向西玉林市容尽收眼底。突然想到,今天恰好是重阳节,民间有重阳登高的习俗,我们一行竟然登上天

◆ 秦观像

◆ 天门山俯瞰

门山而远望,这是何等的幸事啊!刚才上山时的艰难和疲倦瞬间没了影踪。

下山时,本以为顺着石级能够找到山门以及东侧石壁上的"天门山"摩崖石刻。出乎意料的是,石级仍然在半山腰就消失了。上山之时,我们并没有留下什么记号,一时竟无法找到下山的路径。在茅草、灌木间来来回回,转来转去,此时方真正体会到"上山容易下山难"的滋味。还是仲声、超才两位宗亲经验丰富,探出了一条不是路的路,领我们回到了山下。一座两三百米的山头,一上一下,竟花了两个多小时。几个人汗流浃背,手臂和裸露的地方都留下了荆棘划伤的血痕,其情形真用得上成语"狼狈不堪"来形容。"天门关"

摩崖始终未能找见,或是已经消失在炸山取石的硝烟尘土中,或是我们行程仓促,一时还未寻见吧?

登顶天门山,基本弄清了有关鬼门关的一些疑问。

第一,秦少游是什么时候经过鬼门关的?一是在从郴州贬往横州途中,"春,自衡州赴横州,途经容州北流县,曾赋《鬼门关》一诗"(徐培均《秦少游秦谱长编》)。二是在从横州贬往雷州途中,这种观点基本可以确认。

第二,鬼门关不是一个,而是两个,而且相距不远。一个是前文提到的位于玉林市东,即玉林市与北流市之间的水路鬼门关;一个是位于玉林市西、博白县境的陆路鬼门关。由于种种原因,两个关汉代以至唐宋都曾叫作鬼门关。明洪武四年(1371),敕命玉林西的鬼门关改称桂门关,明宣德四年(1429)敕命玉林东的鬼门关改称天门关。那么,秦少游经过的到底是哪一个?秦少游《鬼门关》诗云:"命轻人鲊瓮头船",李白、苏东坡诗中都提及一个"船"字,故以为应以玉林东水路鬼门关为是。

博白县境的鬼门关同样位于从横州到雷州的途中,也是古代海上丝绸之路的必经之路。史载:西晋元康初年,荆州刺史、大富豪石崇出使交趾,过鬼门关,闻知博白县美女绿珠有倾国倾城之貌,以十斛珍珠买得,携归洛阳。后被赵王司马伦派人强抢,绿珠坠楼殉情以明志。此后,南流江支流被命名为绿珠江,绿珠江与南流江汇合处建有绿珠庙。如今,绿珠庙仍是博白一个重要的人文景点。这些可证石崇经过的是桂门关。

如今,天门关仅存一个孤零零的山头和一座天门亭,而且无路可登。而桂门关不仅保留了关名和村名,而且仍然保留着原始的风貌,只是藏在深山人未知而已。正是这个原因,我们此次也未能实地寻访桂门关。因而,对于桂门关是否也留下了秦少游的足迹,未敢轻率断言。

返回容县途中,在北流风景名胜区"勾漏洞天",寻访组短暂停留。勾漏洞位于北流市城区东约3公里处,是全国道教"三十六洞天"的"第二十二洞天"。岩洞全长1500米,勾、曲、穿、漏,奇景天成,石柱、石笋以及天然奇特的钟乳

◆ 勾漏洞天

宋张世南《游宦纪闻》卷十载苏东坡帖云:"……容守之优子(侄子)陆斋郎云:'少游过容,留多日,饮酒赋诗如平常。容守遣船家二卒,送归衡州。至藤,伤暑困卧,至八月十二日,启手足于江亭上。'"

◆ 都峤山

石纵横交错,千姿百态,石壁上历代石刻琳琅满目。

明徐霞客在《徐霞客游记》中以十分惋惜的心情记载了一件憾事。他写道:鬼门关东与勾漏洞并列,"东者名仙区,西者称鬼蜮",却因自己的一个疏漏,仅考察了勾漏洞,而与鬼门关失之交臂,以致失去了"一破仙、鬼之关"的机遇。容县宗亲介绍,少游往返北流期间,曾先后经鬼门关、游勾漏洞,而我们今天恰好重复了少游之路。可以自豪地说,比起徐霞客,少游以及我们这些后来的寻访者应当无憾了。

三年之后,也就是元符三年(1100)七八月间,秦少游放还北归,途中再次经过容州,经过令人望而生畏的鬼门关。但此一时彼一时也,这时少游已经恢复宣德郎职务,不同于前次是以罪臣身份移送雷州。据苏东坡一封书简记载,少游受到容州太守的接待,并款留多日。其间"饮酒赋诗如平常"。后容州太守特地安排船只,派遣两名士卒护送少游至藤州。光绪《容县志·大事记》也有大致相同的记载:"绍圣年间,秦少游由雷州还归京都,路经容州停留数日,饮酒赋诗,容州守臣派员送到藤州时病故。"不过,《容县志》记述时间有误,"绍圣年间"应为"元符年间"。

苏东坡书简中称少游在容州"饮酒赋诗如平常",惜者所赋诗文未曾传流下来。查阅《容县志》并询问宗亲,皆未有新的发现。然据宗亲仲声多年考证,少游逗留容州期间,临时居住地就在都峤山。此说较为可信。都峤山位于容县城区南约十公里,俗称南山,自古为容州著名宗教圣地,被列为中国道教"第二十洞天"。峰奇、洞多、谷幽、道险构成都峤山风光的显著特色。山区有大小岩洞约三百个,岩洞内保留着许多珍贵的文物古迹。特别是都峤山西部庆寿岩半山腰有庆寿禅院,寺内有五百罗汉雕塑供奉于五个天然岩洞之中。

都峤山是佛、道、儒三教并兴之地,历代名人赞誉都峤山的诗文甚多。苏东坡途经容州曾游都峤山,并题诗赠隐居山中修道的邵道人。徐霞客来此考察,留宿灵景寺,《徐霞客游记·粤西篇》有详尽描绘。生平酷爱名山大川的少游,极有可能在山寺中逗留,饱览山中美景,并赋有诗文,却因种种历史原因而散佚了。

寻访组赶到都峤山风景区,天色将晚,苍茫暮色中都峤山呈现出一派朦胧美。摄影师杨建明用镜头记录下了一组美景,特别是有幸拍摄到了庆寿岩的标志性景点,已故中国佛教协会会长赵朴初所书描金"佛"字。"佛"字高108米、宽88米,占据了大半个山面,被认为是世界上最大的单个佛字。当地人告诉我们,佛字晚上会发出神秘的金光,估计这是月色、星光和描金字共同作用的效果。此时,天已经完全黑下来,于是寻访组一行在山脚下池塘边观佛亭旁,与这个神秘的大"佛"字合影留念。

◆ 都峤山

远谪雷州

十

城市名片

名称：雷州市（隶属广东省湛江市），别称海康、雷阳。

位置：雷州半岛中部。

主要景点：雷祖祠、三元塔公园、西湖公园、十贤祠、天宁寺、高山寺、鹰峰岭等。

地方特产：流沙珍珠、覃斗芒果、龙门西瓜、菠萝、田艾饼、蒲草、剑麻、橡胶、雷州黄牛等。

元符元年（1098）九月，秦少游"以附会司马光等同恶相济"的罪名再次遭贬，移送雷州（今广东省雷州市）编管。至元符三年（1100）七月放还北归，在雷州前后几近两年。

雷州位于北宋版图大陆最南端的雷州半岛腹部，属广南西路，治所在海康。东西两面临海，地连九域，海通万国，有"天南重地"之称。古雷州属蛮荒之地，唐太宗贞观五年（631），本地人陈文玉接受唐太宗任命，受封东合州太守。他励精图治，施行德政，发展生产，促进民族和谐，改变荒蛮落后面貌，并以当地"崇雷""祭雷"的风俗和古地名"雷川"为

◆雷祖祠

依据，奏请朝廷，改东合州为雷州。当地人感其恩德，尊其为"雷祖"，立祠祭祀。

2016年5月12日下午3点，刚结束长沙市区的活动，寻访组马不停蹄，乘当天17:05航班赶往广东湛江。时湛江正在下雨，飞机下降过程中出现较长时间颠簸。遂溪宗亲建明夫妇开车接站，在去遂溪宾馆途中，电闪雷鸣，大雨如注。众人感慨：雷州果然名副其实，用货真价实的雷声迎接了我们这批远道而来的"北客"。飞机在打雷之前着陆，大家心中不由暗暗庆幸：一定是雷祖抑或是少游在天之灵的默默庇佑吧？

第二天一早，从遂溪赶至雷州，在雷州宗亲陪同下，开始了寻访行程。一位对雷州历史文化颇有研究的热心人，原雷州一中教师张春生特地从湛江赶来，加入了寻访的队伍。

雷州，是少游放逐南迁最边远的地方，朝廷诏书强调"特除名永不收叙"，这是少游受到的最为严厉、最高级别的处分，他似乎永远再没有翻身的机会了。因而贬谪雷州期间，是少游心情最为消沉、最为绝望的时期。

抵达雷州这一年，少游刚好50岁。生日这一天，子夜已过，他难以入眠，作长诗《反初》，反思自己半百人生。诗句"昔年淮海来，邂逅安期生。谓我有灵骨，法当游太清"，追述自己早年曾经遇见神仙安期生，与道家有缘。然误落"世间网"，五十年过去，事业未成，修道未果，却以"罪臣"身份被放逐天涯。想到这些，他不禁"披衣涕纵横"，辗转反侧，思之再三，从内心深处发出"誓当反初服"的呼声。"初服"典出屈原《离骚》，本指做官以前穿的衣服，代指辞去官职。

古语云："五十而知天命。"少游经历多次沉重打击，一贬再贬，身处边陲蛮荒之地，处境维艰。抵达雷州不久，他的心态渐渐趋于平静，能够用诗人的审美眼光观察生活，以平实的手法感时记事，先后作《雷阳书事》三首、《海康书事》十首、《饮酒诗》四首等，形成他晚期创作的一个高潮。《海康书事》其一云：

灌园以糊口，身自杂苍头。
篱落秋暑中，碧花蔓牵牛。

他被剥夺了一切职务，无俸禄供给，只能像普通的农人一样，灌园自给，糊口度日。

《通鉴纪事本末·逐元祐党人》载："追官勒停横州编管秦观，特除名永不收叙，移送雷州编管，以附会司马光等同恶相济也。"

"篱落"两句，似有陶渊明"采菊东篱下，悠然见南山"的闲适。"谁知把锄人，旧日东陵侯"，他仰天发问：有谁知道，这个把锄耕耘之人，竟是那才华横溢的秦学士呢？

这些诗歌更多的是记述了当地风土人情。其五云：

粤女市无常，所至辄成区。
一日三四迁，处处售虾鱼。
青裙脚不袜，臭味猿与狙。
孰云风土恶，白州生绿珠。

诗歌描写了一群为了生计而到处奔波售卖鱼虾的"粤女"。她们身着青裙，脚不穿袜，因要"一日三四迁"，动作像猿猴一样的敏捷。至于"臭味"，有人将其解释成"一般的气味"，而不是难闻之气。这固然说得通，但是整天忙着卖鱼虾的姑娘，身上又怎么能没有腥臭之气呢？所以，读者毋庸讳言这个"臭"字。秦少游也并没有因为她们的野性和气味而生嫌恶之心，而是将她们比着"绿珠"。这是一个非常恰当的类比，因为绿珠本就是一位南方美女，有倾国倾城之貌。西晋富豪石崇以荆州刺史身份出使交趾时，途经博白（今广西壮族自治区博白县），以重金买得，携归洛阳，恩爱有加。后被赵王司马伦派人强抢，绿珠坠楼殉情以明志，可见她是一位性情刚烈的女子。许多大诗人，如李白、杜牧、苏轼等都曾赋诗赞美，其与一般美女的不同之处，恐怕也是她身上那种野性的美吧。

《雷阳书事》三首主要记述当地的民风民情。其一写当地信巫不信医之风，其二写当地特殊的丧葬风俗，其三写当地青年男女的恋爱生活，描写尤其朴实生动：

旧传日南郡，野女出成群。
此去尚应远，东门已如云。
蛮氓托丝布，相就通殷勤。

日南郡秦时为象郡，此处当指雷州一带。清晨，三五成群头插野花、身穿民族服装的年轻女子，不顾路途遥远，络绎不绝地涌向东门外集市。集市上人流如云，摩肩接踵。青年男女们表面上是在进行原始的以物易物的交易，真实目的却是"相就通殷勤"，互表爱意。这个场景让少游想起了《诗经》中古老的诗句，"氓之蚩蚩，抱布贸丝。匪来贸丝，来即我谋"。于是提笔写下了这个古雷州青年男女热烈而开放的自由婚恋场景。全诗语言平实而轻松，记事生动而充满情趣。这些作品为后世研究这一时期他的生平事迹和思想状况，为研究宋代雷州地区的风土人情和历史文化留下了极其宝贵的第一手资料。而正是这些不朽的作品和高洁的人格，少游流寓雷州虽不足两年，却将自己的名字和形象永远留在了这座美丽的城市，留在了

◆ 苏公亭

屈原《离骚》："进不入以离尤兮，退将复修吾初服。"曹植《七启》："愿反初服，从子而归。"

这座粤西地区的国家历史文化名城。

寻访的起点是雷州博物馆。馆内有专章介绍雷州重要历史文化遗迹"十贤祠"，在历史文化名人部分有专门章节介绍秦少游。听说秦少游后裔专程来此寻访先祖足迹，博物馆工作人员都十分热情，大家围绕"秦少游在雷州"进行了广泛的交流。出博物馆，一行人冒着毛毛细雨去了西湖公园。西湖公园与博物馆相邻，原名罗湖、雷湖，位置在雷州古城的西北角。在少游到达雷州的前一年，也就是宋哲宗绍圣四年（1097），苏东坡由惠州再贬儋州，途经此地，与胞弟苏辙一同载酒泛舟湖中，流连忘返。雷州人为纪念东坡来访，遂改湖名为"西湖"。"苏公亭"位于三面环湖、一径中通的小岛上，亭前有东坡塑像，楹联"弟兄聚散天南北；烟水苍茫情有无"，凝练而生动地写出了苏氏兄弟贬谪天涯、同泛西湖的轶事。我们此行的主要寻访目标"十贤祠"就位于其中。

古雷州地处南部边陲，远离政治中心，在中原人心目中常常以蛮荒瘴疠的可怕形象出现。正因为如此，雷州成为朝廷流放大臣的首选地之一，仅唐宋两代就有七位宰相流寓此地。宋朝自乾兴至绍兴约一百五十年间，先后有寇準、苏轼、苏辙、王岩叟、秦观以及任伯雨、李纲、赵鼎等十位名相贤臣在此留下了他们的足迹和名篇佳作。他们体恤民情，倡办教育，大大促进了中原和南疆的文化交流，为雷州文化的发展奠定了良好的基础，深受当地人民的爱戴。雷州人自古就有"敬贤如师、疾恶如仇"的传统，南宋咸淳十年（1274），知雷州军事虞应龙顺应民众的意愿，发起兴建"十贤堂"，供奉包括秦少游在内的十位贤臣。

南宋名相文天祥途经雷州，应虞应龙之请，挥泪作《雷州十贤堂记》以志其事。被贬雷州的大臣难免鱼龙混杂，文天祥泾渭分明，臧否是非，在赞美十贤的同时，对曾贬经雷州，虽位极人臣却人品奸诈，未被列入"十贤"的宰相丁渭、章惇等人，也没忘顺刺一笔。因而后世常把《雷州十贤堂记》看着是文天祥《正气歌》的姐妹篇。文天祥原稿据传一直为秦少游后裔收藏，直到五百年后的清嘉庆九年（1804）元月，秦少游后裔、按察使秦瀛来访，目睹古祠残破，而委请知府宗圣垣重修，并

◆ 十贤祠

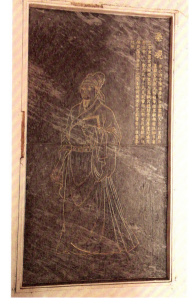
◆ 秦观像

请广东学使、状元姚文田书写文天祥《雷州十贤堂记》，刻石嵌于壁上，并在正厅供奉汉白玉线刻十贤像。

西湖公园是一座集自然风光、贤踪圣迹于一体的园林式公园，风景秀丽，人文荟萃。一路缓缓走去，但见澄湖碧柳，绿波粼粼，椰树、槟榔树挺拔秀颀，各种花草林木多姿多彩，争奇斗艳，九曲长桥蜿蜒湖上，亭台水榭造型各异，显示出特有的亚热带园林风光。错落其间的"西湖平"牌坊、苏公亭、寇公祠、濬元书院等历史遗迹，彰显着公园厚重的历史文化价值。将"十贤祠"建在赏心悦目的西湖，显示出雷州人"敬贤如师"之诚心。近年，雷州还将十贤祠作为廉政教育基地,以"十贤"的事迹作为勤廉教育的教材。

1984年祠堂重新修葺时,新建"宋园",将濬元书院(寇公祠)、"十贤祠"围合其中。十贤祠坐北朝南,为两进四合院式布局,顶脊和垂脊皆灰塑龙凤,前檐绘有壁画。正门楹联"十里湖山千里月,贤人踪迹圣人心",对仗工整,且内涵丰富,巧妙地将十贤祠所处的自然风光和人文底蕴融合在一块。清人陈坤《十贤堂》诗云:"同是天涯谪宦人,十贤堂下倍伤神。斜阳何处无芳草,惜不逢时遇早春。"道出了来访者的共同心声。令我们感到欣慰的是,嵌于正厅壁上的十贤线描阴刻汉白玉像保存尚好,少游像清晰可辨,形象生动。

东厅有十贤生平事迹展览,少游与抗金名将、南宋第一任宰相李纲同在一室,室内有少游半身塑像以及生平事迹展览。

关于少游在雷州的居所,一直是个颇有争议的话题。一般认为,少游在雷州曾居于天宁寺西馆,就是位于西湖公园的濬元书院。宋以前,天宁禅寺本与西湖连为一体,西馆为寺院的附属用房。北宋乾兴元年(1022),宰相寇準被贬为雷州司户参军,两年后与世长辞。为缅怀这位忠直的名臣,雷州人在他寄居的西馆立祠奉祀,宋高宗曾亲赐"族忠祠"匾额。到南宋咸淳八年(1272),官府在此设立培养雷州士子的书院。因寇準曾受封莱国公,祠内一口古井被命名为"莱泉井",书院最早称"莱泉书院"。继而因苏东坡"西湖平、状元出"的题词,先后改为"平湖书院""濬元书院"。大约"濬元书院"这

◆ 濬元书院

个名称与培养人才的最高学府更为贴切吧，因而一直沿用至今，曾被列入广东六大书院之一。不过，在少游到来之时，这儿还被称作"西馆"，是当年接待过往官员的馆舍。继寇准之后，其他被贬官员先后下榻于此，故而雷州许多文史工作者研究认为，少游一定也曾在这儿居住过。

离开十贤祠，寻访组一行在濬元书院门额前伫立片刻，瞻仰了庭院中的寇准塑像，然后去坐落于西湖东边的天宁寺。寺院始建于唐代宗大历五年（770），古称"报恩寺"，亦称"天宁万寿禅寺"，是古雷州第一古刹。寺依山而筑，濒临西湖，山环水绕，雅静幽深。当年，苏氏兄弟游过西湖，再登山寺，东坡亲题"万山第一"匾额。走进寺院，殿阁巍峨、古木苍劲，历代名人题写匾额、楹联甚多，不过最有价值、最吸引眼球的还是苏轼的"万山第一"石牌坊和海瑞的"天宁禅寺"匾额。1100年，东坡自海南放还北归，与少游相会于雷州，少游陪其故地重游，一同瞻仰了天宁古寺。宋末以后，东坡题写的匾额毁于兵燹，明弘治九年（1496），改以坚石建牌坊于门外，嵌"万山第一"四字于其上，以壮其观瞻而传流至今。

离开天宁寺，寻访组专程登门拜访了曾经参与修编《雷州志》的蔡山桂先生，当面请教，并进行探讨，希望能寻觅到古文献中少游寓居天宁寺西馆等相关信息。比较一致的意见是，少游在雷州有将近两

◆ 天宁寺

嘉庆《雷州府志·名胜志》："雷州海康县城北五里，有英灵岗。雷种陈氏，世居于此。按：英灵春，酒名当以此。必有刘姓善酿，故云'爱有抚龙畬，为造英灵春'。"

◆秦观像

年时间，天宁寺西馆只是他的暂居之地，他应该还有属于自己的住所。《海康书事》其三就是少游对自己所居小屋的描绘：

　　卜居近流水，小巢依嵌岑。
　　终日数椽间，但闻鸟遗音。
　　炉香入幽梦，海月明孤斟。

"小巢"傍流水，依山丘，鸟鸣其间，还可观赏海上明月，简直就是一处"海景房"了。少游燃起一炉香，在月下自斟自饮。尽管条件非常简陋，但诗中却明显流露出达观的情绪。诗歌结句为："鹪鹩一枝足，所恨非故林。"此时此地，少游想到人生就如同小鸟，占有一根树枝足矣，唯一遗憾的不是故林。故林者，故乡之谓也。

远在南国异乡，居于陋室之中，难免孤寂凄凉，自斟自饮便成为少游生活中的常态。他曾作《饮酒诗》四首，从字面上看，似有借酒浇愁之意；然细细体味，亦有历经劫难之后对人生、社会的思考，一些诗句充满哲理，发人深省。其一云："我观人世间，无如醉中真。""惜哉知此晚，坐令华发新。"官场险恶，人心惟危，只有在醉后才能寻找到人间真情。可是懂得这个道理为时已晚，鬓发已经花白。其二对饮酒的情态描写尤为具体形象，让人如见其人，如闻其声：

　　左手持蟹螯，举觞瞩云汉。
　　天生此神物，为我洗忧患。
　　山川同恍惚，鱼鸟共萧散。
　　客至壶自倾，欲去不容间。

他左手持蟹，右手举杯，仰望云天。酒在他眼中俨然就是能够驱散心头忧患的"神物"。山川鱼鸟，大自然的一切也仿佛与之相知同醉，诗人抑郁的情怀得到短暂释放。

少游在雷州所饮何酒？《饮酒诗》也有记述：

　　雷觞淡如水，经年不濡唇。
　　爱有扰龙裔，为造英灵春。
　　英灵韵甚高，葡萄难与邻。
　　他年血食汝，当配杜康神。

大意说，雷州原有的酒寡淡如水，我来一年也没沾过唇。后来访得踞县城北五里的英灵岗，一刘姓人家酿造的酒十分醇美，酒以地为名，称"英灵春"。雷州首任太守、被尊为"雷祖"的陈文玉家就世居英灵里傍山村，以打猎为生。少游盛赞英灵春"韵甚高"，甘醇爽口，上好的葡萄酒也难匹比，并且许诺,将来祭祀的时候一定以此为祭品,代替美酒杜康。

秦少游与苏东坡在雷州的交往,被当地人传为佳话。在少游到达雷州之前,东坡弟苏辙曾贬谪于此,而东坡谪居海南琼州,兄弟隔海相望。东坡《寄子由》诗云:"莫嫌琼雷隔云海,圣恩尚许遥相望。"苏辙后移循州,少游接踵而至,与东坡天各一方,隔海相望,常常诗书往来,相互慰藉。

一次,东坡得到少游手迹,欣喜异常,对儿子苏过说:"有自雷州来者,递至少游所惠书诗累幅,近居蛮夷,得此如在齐闻《韶》也。"传孔子在齐国,听到《韶》乐优美的韵律,三月而不知肉味。东坡引用这一典故,形容自己得到少游书诗的时候,非同一般的喜悦心情。他作跋语云:"少游今日草书,便有东晋风味。作诗增奇丽,乃知此人不可使闲,遂兼百技矣。技进而道不进,则不可,少游乃技道两进也。"得到东坡复函,少游孤寂之中的快慰心情完全可以想见。患难之中,两位挚友如"涸辙之鲋,相濡以沫",情真意切,令世人感动。而所谓"技道两进",是东坡充分肯定少游书法技艺和诗歌的精神内涵皆有精进。

元符三年(1100)春,少游自感将不久于人世,乃自作《挽词》。人尚在世,便为自己撰写挽词,其心境之悲凉和绝望可以想见。少游为自己设想的丧礼,没有纸钱飞扬、幡幢飘拂、挽歌悠扬,只有鸟兽悲鸣、寒雨飘零、阴风惨淡,让人感到无边的寂寞和凄凉。诗句"荼毒复荼毒,彼苍那得知",倾诉自己备受荼毒、诉告无门而悲愤至极的心情。"家乡在万里,妻子各一涯。孤魂不敢归,惴惴犹在兹",把自己客死异乡、魂魄不敢回归故里的战栗之状描绘得栩栩如生。诗歌字字含泪,声声泣血,令人不忍卒读。

世事难料。就在少游自作《挽词》不久,时局出现转机,东坡、少游等元祐党人皆奉诏北还。少游得到东坡书信,期盼在海康一晤。至六月二十五日,两位挚友久别重逢,相会于异域他乡,悲喜交集,感慨万千。少游出示了《自作挽词》,东坡阅后感到少游已经看破生死之理,因而颇感欣慰。在《书秦太虚挽词后》说:"予与少游别于海康,意色自得,与平日不少异。但《自作挽词》一篇,人或怪之。予

孔凡礼《苏轼秦谱》:"六月二十日,苏轼从琼州渡海……当日或次日到达雷州。在雷州会晤了秦观、欧阳献(海康令)。当时,秦观在海康滞留未归。秦观并有诗《赠苏子瞻》。"

以谓少游齐生死，了物我，戏作此语，无足怪者。"

作为东道主，少游在海康设酒为东坡饯行，并赋《江城子》词，记述了这次难得的、也是最后一次的相逢：

南来飞燕北归鸿，偶相逢，惨愁容。绿鬓朱颜，重见两衰翁。别后悠悠君莫问，无限事，不言中。

小槽春酒滴珠红。莫匆匆，满金钟。饮散落花流水、各西东，后会不知何处是？烟浪远，暮云重。

一对挚友南迁数年，分手时尚黑发红颜，再次相逢已是一对白发衰翁。悠悠数载，只用"君莫问"三字轻轻带过，世事无限，难言之痛尽在不言之中。席间所饮仍然是雷州名酒"英灵春"，少游频频斟酒、劝酒。两人开怀畅饮后，"相与啸咏而别"。结句"后会不知何处是？烟浪远，暮云重"，格调沉郁而疏落，把分手之时的凝重气氛和洒脱情怀表达得淋漓尽致。有人将其与李白诗句"将进酒、杯莫停"、王维诗句"劝君更尽一杯酒，西出阳关无故人"等比较，认为在意境上有异曲同工之妙。此外，少游还即席赋诗《赠苏子瞻》。"叹息苏子瞻，声名绝后先。衣冠传盛事，兄弟固多贤。感慨诗三百，流离路八千。"感慨东坡才华盖世，却命运多舛，流放天涯。"君臣悦相遇，愿上《角招》篇。"所谓《角招》，是指古之君臣相悦之乐，少游以此预祝东坡北归以后，能重新得到朝廷的重用。诗歌是对东坡身世的感慨和前程的预祝，其实又何尝不是少游的自况呢？

据《苏轼秦谱》记载，时任海康令欧阳献曾参与了少游与东坡此次相逢，然不知何故，少游诗词当中只字没有提及这位地方官。

雷州已近琼州海峡，当年少游在雷州的寓所很可能就在海边，他又常在海边与东坡隔海相望，诗书往来，因而，尽管宗亲说去海边的路不怎么好走，但是我们仍然坚持一定要去海边走一走，看一看。午饭后，首先去了位于城西南的雷祖祠。这是雷州最古老的文化遗存之一，依山傍水，风景秀丽，1996年被公布为国家重点文物保护单位。

出雷祖祠，从雷州大道进入卖鱼街。这是一条曲曲弯弯、拥挤不堪的老街，房屋差不多都是20世纪60年代前后的建筑。左转右拐，好不容易走出来，再经691县道，在靖海宫作短暂停留后，继续前行。经过滩涂上一条坑坑洼洼、泥泞颠簸的澡盆路，终于来到了海边。宗亲告诉我们，这儿的位置在雷州东部，当地人称之为东海。纵目望去，傍晚的海面显得十分平静，海水无边无际，一条小船静静地泊在海面上，临近海岸处，有一簇一簇绿色植物漂浮于海面。没有想象中的惊涛拍岸之声，大海向人们呈现出它宁静而温柔的一面，似乎要在这天涯海角创造出一个片刻安静的空间。我们凝神遐思：少游当年伫立海边，遥望天际之时，该是一个怎样的心境呢？

◆ 雷州 海景

仙逝藤州 （十一）

2015年10月21日晚7点，寻访组离开容县都峤山景区，与容县、博白宗亲在容县城区会齐，驱车带晚赶赴藤县。夜色中，随着藤县灯火的临近，大家的心情

◆ 绣江、浔江交汇处

城市名片
名称：藤县（隶属广西壮族自治区梧州市），古称藤州。
位置：梧州市西部。
主要景点：太平狮山、石表山、蝴蝶谷、袁崇焕故里等。
地方特产：黑叶荔枝、无籽西瓜、粉葛、西江桂等。

随之也渐渐沉重起来。秦少游临终前的情景,一幕幕清晰地浮现在脑海中。

元符三年(1100),随着春天的到来,苏东坡、秦少游等一批被贬南迁的元祐党人似乎迎来了一个良好的开端。正月,哲宗驾崩,徽宗赵佶即位,向太后垂帘听政,下旨"赦天下常赦所不赦者"。二月,诏书下达,"追官勒停人雷州编管秦观移英州(今广东省英德市)"。未及动身,四月又接诏命,再北移衡州(今湖南省衡阳市)。尽管内迁的诏书一道接着一道,因东坡有书信相约,少游并未急于动身。直至六月二十五日,与东坡在海康相聚后"啸咏而别"。七月初,再接诏命,恢复宣德郎职务并放还,少游方踏上北归行程。

离别海康前,少游似有绝处逢生之感,赋《和渊明归去来辞》。"心知免而犹悲","疑是梦而复非",表达出一种且喜且悲、似梦似醒的复杂心境。诗歌回顾了自己坎坷的仕途,以"岁七官而五遣,越鬼门之幽关"概述了贬谪七年的苦难生涯。"荣莫荣于不辱,乐莫乐于无忧","封侯既绝念,仙事亦难期",对于仕途、前程他不再抱有幻想,希望余生能回归故里,洒扫祖茔,耕耘垄亩,饮酒赋诗,安度晚年。然而这一简单而朴素的愿望,最终竟也未能实现。他从七月初启程,再次越过鬼门关,途中辗

转月余，行程几近千里，于八月初到达藤州。

古藤州地处水陆交通要冲，青山丽水，风景秀美。有"南方水上丝绸之路"之称的绣江（北流河），发源自北流市塘屏寨乡，在藤州城区注入浔江。大约因为南方天气溽热、旅途连续颠簸劳顿，加之船舱简陋狭小等因素，到达藤州时少游已经"伤暑困卧"，出现中暑症状。他平生喜爱漫游名山大川，首次来到藤州，尽管身体染恙，仍然阻挡不住他出游的脚步。短短几天时间，他徜徉在藤州的水光山色之中，赋《流杯桥》《玉井泉》《光华亭》和《江月楼》等诗歌，这也是他在人生尽头留下的最后一组讴歌自然风光的绝唱。

藤州旧有流杯桥，传说唐武德初年，一位宣抚使舟行至绣江，游慈圣寺，金杯不慎坠落井中。水干不见金杯，而得一龟。宣抚使命以红帛系龟身，暗暗祈祷说："吾放你入井，望你能显灵。"次日游乾亨寺时，忽见一金灿灿的东西随涧水流至桥边。打捞上来，果是昨日所失金杯。少游《流杯桥》诗云：

曲水分山阴，舆梁胜溱洧，
一咏见高风，驷马安足取？

诗中提及的"溱洧"即河南境内的溱水和洧水，位于当时的京城附近，是两条历史文化底蕴深厚的河流。《国风·郑风·溱洧》是《诗经》中极具代表性的爱情诗篇，生动描绘了青年男女在水边聚会、自由表达爱情的愉悦情境。少游诗云藤州山水胜过"溱洧"，虽有夸张成分，却委婉传达出他北归途中游览山水名胜时的开朗心境。

藤州古城内有玉井泉，少游《玉井泉》诗云：

云蒸昆山液，月浸蓝田英。
临风咽沆瀣，满腹珠玑鸣。

"沆瀣"并非沆瀣一气的"沆瀣"，而是指清晨的露水，代指仙人所饮甘露。屈原《楚辞·远游》诗云："餐六气而饮沆瀣兮，漱正阳而含朝霞。"说的是同一个意思。少游诗歌紧扣一个"玉"字，想象泉水之中涵昆山之云气、蓝田之美玉，饮之如琼浆玉液，神清气爽，腹中犹如珍珠撞击发出清泠之声。《藤县志·舆地志》载："玉井泉，在城西南隅，秦少游诗中有'涵云

渊明即陶渊明，字元亮，又名潜，世称靖节先生。东晋末至南朝宋初诗人、辞赋家。曾为彭泽令，因"不为五斗米折腰"，挂印而去，归隐田园，作《归去来辞》以抒怀。是中国第一位田园诗人，被称为"古今隐逸诗人之宗"。

注玉'之句,盖指此也。"少游当年游玉井泉,而后世《藤县志》将其诗作为玉井泉的注脚,可见少游在藤州时间虽短暂,其影响却流传深远。

藤州江月楼始建于唐代,原为藤州城之东门楼,楼高四丈,巍峨壮丽。位于绣江、浔江交汇处,是观赏江景的绝佳去处。少游登楼赋《江月楼》二绝:

仙翁看月三百秋,江波日去月不流。
肯因炎尘暝空阔,直与江月同清幽。

苍梧云气眉山雨,玉箫三弄无今古。
九天云雾蛰蛟龙,琅玕长凭清虚府。

俯视江水,仰望明月,天地间是那么的澄澈清幽,长期郁结少游心头的阴霾也仿佛被洗涤一空,如江月一般的清澄宁静。苏东坡当年九月经藤州,曾为江月楼题写匾额,并赋《藤州江上夜起对月赠邵道士》:"江月照我心,江水洗我肝。端如径寸珠,堕此白玉盘。我心本如此,月满江不端。"表达了一种"我心如月,天地可鉴"的坦荡胸怀,意境与少游诗仿佛。

光华亭,又称华光亭,始建于唐代。这是一个有着深厚文化底蕴的古迹,其名盖取自《尚书·大传》"日月光华,旦复旦兮"之句。光华亭位于江月楼南不远处,隔绣江与对面东山之上的浮金亭遥相呼应。这是少游在藤州游览的最后一个景点,抑或是他人生的终点。他在光华亭中一边凭栏赏景,一边开怀畅饮,赋诗《光华亭》云:

霞通海天曙,月来东山白。
共是凭栏人,谁足当秋色?

从朝霞升起,到月上东山,他迟迟不愿离开,直至在迷迷糊糊中沉沉睡去。《秦谱》载,少游"因醉卧光华亭,忽索水饮,家人以一盂注水进,先生笑视之而卒。实八月十二日也。"这个"醉卧",或许是美酒的作用,或许是被大自然的美景陶醉,然而他却就此一醉不醒,与世长辞。记载十分简约,但时间非常具体:八月十二日。少游出生时间只能推算到月份,而辞世的时间却能精确到"日"。

对于少游撒手人寰的最后一个细节,《秦谱》的记述也非常生动:少游醉后在光华亭小憩,忽然索要水喝。光华亭就在江边,取水当不是难事。然水至未及饮用

《藤县志·舆地志》:"江月楼在城东横街,俯临绣江,宋绍圣间苏轼登此,有记。秦少游尝留题焉,即今之东门楼。"

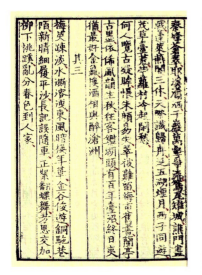

◆《淮海居士长短句》书影

而卒，或许是因心血管方面疾病而猝死，让后人心情有着难言之痛。然少游"笑视之而卒"，传达出的信息是：少游此前已经恢复宣德郎职务，踏上了放还北归之路，他是带着向好的心情走向另一个世界的，这又让人们稍稍感到些许欣慰。

作为名人，或生或死都有可能成为人们议论的话题，少游自然不能例外。关于少游之死，自古就有许多虚虚实实、似是而非的传说，有些还带有浓厚的神秘色彩。《宋史·秦观传》载，少游在光华亭中"为客道梦中长短句"。所谓"梦中长短句"即《好事近·春路雨添花》，作于贬谪处州之时，副题为"梦中作"。词末句"醉卧古藤阴下，了不知南北"。少游感慨，自己如今醉卧在藤州浓荫遮盖的光华亭，仿佛当年梦中情形重现。难道自己此生注定与"藤"有缘吗？于是他兴致勃勃地对身边人讲述了梦中作词的旧事。

少游猝死藤州，因"古藤"之"藤"与藤州之"藤"相契合，因而"醉卧古藤阴下"被视为"谶词"。南宋吴曾在《能改斋漫录》载：

豫章题云："少游得谪，尝梦中作词云：醉卧古藤阴下，了不知南北。"竟以元符庚辰死于藤州光华亭上。

文中"豫章"为黄庭坚别名。黄庭坚仅仅是将醉卧古藤阴下与藤州光华亭相联系，而宋代戴溪在《重修淮海先生祠堂记》中的描述，则叫人难以置信：

少游墓后古松一株，直干高耸，有巨藤自墓穴中出，周匝数四，已乃施于松上，盖覆其墓，此真"古藤阴下"也。松为人砍去，藤芽暨今仅存尔。

巨藤从墓穴中长出，盘曲伸展，缠绕于古松之上，覆盖于墓地上方，而少游就长眠其下。此情此景，仿佛就是"醉卧古藤阴下"的情景再现。少游果真能于梦中预言自己死后的情景吗？对这个一语成谶的奇事，《秦谱》也予以采纳：

先是，先生尝于梦中作《好事近》词一阕，云："春路雨添花、花动一山春色。行到小溪深处，有黄鹂千百。　飞云当面化龙蛇，夭矫转空碧。醉卧古藤阴下，了不知南北。"至是，辛于藤州，人皆以为诗谶。

苏东坡途中闻知少游猝死的噩耗，想到少游已获放还北归，即将苦尽甘来，却意外猝死，不禁悲从中来，仰天悲呼道：

> 哀哉痛哉，何复可言！当今文人第一流，岂可复得？此人在，必大用于世，不用，必有所论著，以晓后人。前此所著，已足不朽，然未尽也。哀哉！哀哉！（《与欧阳元老书》）

东坡感慨，秦少游是当今第一流的文人，不可复得。若得重用，必能大有作为；即使不用，其作品也必将有益于世道人心。东坡痛感从此再也见不到少游的音容笑貌，再也见不到他新的美文佳作问世了。作为师友，他痛失高足和挚友；作为文坛领袖，文坛痛失一代英才，岂能不痛彻肺腑、长叹不已呢？

秦少游的同门师友黄庭坚经过藤州，亦赋诗表示哀悼。《藤县志》收录有黄庭坚《镡江即事》诗云：

> 闭门觅句陈无己，对客挥毫秦少游。
> 正字不知温饱味，西风吹泪古藤州。

镡江即指藤州，唐贞观年间藤州为镡津，故云。诗歌怀念自己的同门诗友秦少游和陈师道，"对客挥毫"四字高度概括少游风流倜傥、才华横溢的形象，让人如闻其声、如见其人。后两句则概述了少游坎坷的仕途，对其猝死藤州表达了无限伤感之情。特别是诗句"西风吹泪古藤州"，情感浓郁深挚，后来成为少游客死古藤州的婉饰之词。有资料介绍，1962年，时任国务院副总理的陈毅向知名学者莫乃群征询编修广西方志意见，得知其籍贯为藤县时，信口念出"西风吹泪古藤州"诗句，显示出陈毅的博闻强记，也从一个侧面反映出少游客死藤州影响之深远。

寻访组与宗亲一行经两个多小时的颠簸，于当晚9点半左右赶到藤县，与藤县以及海南宗亲等会齐。大家顾不上一整天的疲劳，商量好了第二天的寻访行程后方才就寝。22日上午，在宗亲、藤县旅游局副局长秀鸿陪同下，寻访组首先去藤县博物馆，就少游在藤县的行踪、作品以及相关历史遗迹等进行交流，并查阅嘉庆《藤县志》等相关资料，对少游在藤州的生平事迹等有了更为明确的了解。博物馆的同志介绍说，由于年代久远、江洪泛滥等因素，少游诗歌中涉及的几个景点光华亭、江月楼、流杯桥和玉井泉等，今皆不存，然旧址尚可寻觅。唯有位于东山之上的浮金亭，至今保存尚好。于是寻访组及

《藤县志·舆地志》："流杯桥，在水东街得隽坊，为仁封、孝义二乡之路，以唐宣抚采访使所失金杯于此流出得名。秦观有诗。""光华亭，在县东南，与浮金亭对峙，秦少游尝憩于其上。今圮。"

◆ 访苏亭

就在少游猝死后不到一月,苏东坡于九月七日抵达藤州。《藤县志·杂记》引《镡津考古录》云:"元符三年,秦观自雷州放还,卒于藤州光华亭上。九月,苏轼北归,与藤州徐㻌游浮金堂。"浮金堂即浮金亭,东坡有《浮金亭戏作》一诗:"昔与徐使君,共赏钱塘春。爱此小天竺,时来中圣人。松如迁客老,酒似使君醇。"亭始建于北宋初年。后屡遭水毁,历代均有名贤捐款修葺。元泰定五年(1328)重建,明、清、民国累加修葺,并移至今址。清道光二十年(1840),于浮金亭西山麓临河处建"访苏亭"一座。后屡遭水毁,1917年,邑人何亮辅重建,移至今址。藤县人民政府于1962年、1981年两次重建。

一行人来到东山脚下,看到周围是一个正在施工的工地,东山已经被削去近半,几台挖掘机正在待命。访苏亭位于山脚面临绣江一边,四周荒草丛生。亭坐西向东稍偏北,四角皆有方形石柱,飞檐翘角。在亭的东南侧,芟除杂草和荆棘,发现两块嵌于崖壁的石碑,左边为藤县人民政府1982年7月17日所立文物保护标志;

宗亲十数人一道驱车前往东山。

东山位于藤县城东绣江与浔江交汇处,登山顶可俯瞰藤州城全景。这里自然景观与人文景观相得益彰,"东山夜月"是藤州旧八景之一。1988年,藤县政府曾在此建"东山公园",园内有观光广场、烈士纪念碑,还有浮金亭、访苏亭等古迹。

右为碑文，皆为阴文楷书。在山脚，仰见一亭翼然于半山腰上，料定必是浮金亭无疑。于是众人从东侧乱草丛中攀缘而上，不一会便到达亭前。亭为六角形，上有回纹栏杆装饰。虽历经风雨沧桑，仍显出古朴和俊秀。亭东侧下方有大理石碑简介和文物保护标志。明嘉靖程文德《重建浮金亭记》记载：此亭唐代李靖、李白、李德裕、宋之问，宋代苏东坡兄弟、秦少游、黄山谷、陈无己、李光等诸贤，皆尝登临而品题之。可证少游亦曾登临浮金亭并且赋诗，惜者诗文已经散佚不存。

在嘉庆《藤县志》中，寻访组发现这样一条记载："二女墓在东山下，秦少游谪于藤，葬其二女于此。"老馆长李炎明分析说，因为方音等原因，"二女"应为"义女"，这个"义女"应该就是长沙义倡。得知少游猝死藤州，她身穿孝服，赶到藤州，在少游灵前殉情而死。作为正史的县志回避了"义倡"，而采用了"义女"的说法。藤县民众感念义倡为少游殉情的节烈之举，将其葬于县城东山之麓，并立碑纪念。按照《藤县志》记载，在东山脚下寻找"二女墓"及墓碑，已经全无踪影。

登上东山之巅向西眺望，江面宽阔而湍急，江堤蜿蜒而壮观，远处青山逶迤呈青黛之色。藤县宗亲告诉我们，江岸对面往南是光华亭旧址，向北绣江与浔江交汇处则是江月楼旧址。

离开东山，藤县宗亲领着众人去寻访流杯桥遗址。车行至城郊一处村庄，步行一段至一片茂林修竹之间，有一处废弃的河沟，藤县宗亲指认说：这就是当年流杯

◆ 浮金亭

桥所在。还告诉我们，不远处有一口千年古井。沿乡间小路步行前往，在一片竹林和湿地间行走了大约一两里地光景，终于看到了那一眼古井。井呈方形，边长约一米五。井边石壁已经严重磨损，但是十分光滑，井水清澄见底。从井壁的磨损程度看，"千年"应非夸张。

离开古井，一行人马不停蹄，赶赴城区西江路，实地寻访并瞻仰光华亭旧址。当年光华亭所在地，如今已经开发为一大片民居。从西江路拐向路边，登上三十九级台阶，进入西门巷。宗亲告诉我们，一户门牌为"西江路西门巷18号"的民居，就是当年光华亭的位置。当年少游在此饮酒赋诗，期待回归，不幸匆匆逝世于斯。怀着崇敬的心情，大家肃立以表缅怀和崇敬之情。

出西门巷，穿过西江路，便是浔江大堤。此处眺望江景，又是一番壮观气象。两岸江堤均为大理石护坡，绵延数里不见尽头，其气势宏伟，令人感叹。江堤之上每隔一段皆建有仿古亭阁，以供行人休憩和观景。而这里正是江月楼、光华亭等历史人文景观的旧址所在。

古藤州虽地处南国边陲，然较早接受中原文化浸染。汉代以来，许多名流政要、骚人墨客都曾到过藤州，留下不少胜迹。他们题咏藤州胜景、民风民俗的诗词文章，丰富了藤州的历史文化底蕴，对推动南北文化交流和经济社会发展起到了促进作用，遂使藤县成为广西经济文化开发较早、历史文化积淀深厚的大县之一。藤县人民对这些历史名人怀有深厚情感，明代县城建有"八贤祠"，供奉唐代李靖、李白、宋之问、北宋苏轼、苏辙、秦观、黄庭坚以及南宋吏部尚书李光等旅居藤县的文化名人。遗憾的是，"八贤祠"在"文革"中被毁，现在仅仅存在于地方史籍和

◆ 光华亭旧址

◆浮江大堤

人们的记忆之中。

当天中午，众人赶赴藤县天平镇格木泉生态度假景区。景区主人、宗亲福新是自治区政协委员、藤县商会副会长。格木泉景区距离城区大约15公里，有山有水，野趣天成，是一个具有开发前景的生态景区。大家品尝了刚刚采摘下来的生态水果，午饭也都是原生态的绿色食品。福新先生介绍，景区开发分三期实施，第一期已经投入约七百万元。为此，保昕和亲友们提议，后期开发要将自然景观与历史文化嫁接，打生态、文化两张牌。如今要在藤县城区恢复光华亭、江月楼、八贤祠等古迹受到许多因素制约。作为秦少游后裔，可在格木泉景区后期开发中融入先祖淮海公以及苏氏兄弟等旅居藤州历史文化名人的元素。福新先生及其子秦壮对此都表示出了浓厚的兴趣。

党碑沧桑 之十二

> **城市名片**
> 名称：桂林（广西壮族自治区地级市），古称桂州、静江等。
> 著名景点：阳朔漓江、兴安灵渠、独秀峰、象鼻山、七星景区、两江四湖、八路军桂林办事处旧址、李宗仁官邸等。
> 地方特产：桂林米粉、辣椒酱、豆腐乳、三花酒、荔浦芋、"漓江四宝"等。

2015年10月23日上午，完成了与藤县博物馆老馆长李彦明的交流，寻访组一行立即驱车赶赴约三百五十公里外的桂林，实地寻访《元祐党籍碑》。

元符三年（1100）八月十二日，秦少游猝死藤州光华亭，巨星陨落，一代词宗在盛年结束了他短暂的一生，然而政治迫害并没有因为他生命的终止而终止。宋徽宗执政之初，建元"建中靖国"，实施了比较宽缓的新政，"元祐党人"得以稍稍北还内迁。然新政实施不到一年，随着向太后的去世，即改元"崇宁"。崇宁者"崇奉熙宁"之意也，标志着徽宗放弃了执中之道，政治天平再次倾向于神宗年间的"熙宁变法"，倾向于新党。厄运再次降临到旧党人物的头上，尽管少游、东坡等人已经相继去世，也不能稍稍幸免。

徽宗执政期间，奸臣蔡京逐步掌握朝廷要职，崇宁元年（1102）担任右仆射兼门下侍郎，抓紧迫害旧党人物。九月，徽宗采纳蔡京的主张，下诏立元祐党人碑，将宰相文彦博、侍从苏轼、余官秦观、内臣张士良、武臣王献可等共一百二十人，通称为"元祐奸党"，徽宗亲笔书写姓名，刻石立碑，置于京城文德殿端礼门外。这块碑就是最早的《元祐党籍碑》，碑上"秦观"名列余官之首。

次年九月，蔡京以"元祐奸党"姓名虽颁行，而天下人尚未尽知为由，请旨于京城以外的各路府州军，遍立元祐党籍碑，得以获准施行。崇宁三年六月，蔡京又广为搜罗，将原定元祐党一百二十人与后来所定的"邪类"合为一籍，共三百零九人，蔡京亲自撰写《碑序》。从《碑序》可知，碑分两种：一为徽宗御书，"皇帝书而刊之石，置于文德殿门之东壁"；一为蔡京书写，"又诏臣京书之，将以颁之天下"，就是立于全国各州县的碑。

不仅如此，朝廷还对元祐党人实行了"一人定罪、全家株连"的政策，最为突出的有两条：其一，崇宁二年（1103）三月，朝廷下诏："党人亲子弟，不论有官无官，并令在外居住，不得擅到阙下。"（《续资治通鉴长编拾补》）被列入奸党名单的，自然早已被放逐在外；而他们的直系亲属，也一律不得在京城及周边居住。其二，当年九月，诏令"宗室不得与元祐奸党子孙为婚姻"。更有甚者，为防元祐党人诗词文章流芳后世，崇宁二年四月，朝廷下诏焚毁元祐党人文集。"三苏"及"苏门四学士"秦少游、黄庭坚等人文集的印版，被悉行焚毁。

然而，世事往往不以人的意志为转移。从徽宗下诏，到各地立碑甫成，已经是崇宁四年（1105）。次年正月，天象出现异常。《宋史·徽宗本纪》有载：先是"彗出东方，其长竟天"；继而"太白昼见"；又一日大雨，文德殿东墙上的元祐党籍碑突遭电击，破而为二。搞得徽宗心惊胆战，以为必是上天降怒，是"天谴"，上天对立《元祐党籍碑》之事表示了愤怒和谴责。于是，派人在夜半时分将位于端门的碑悄悄毁掉。事后，徽宗仍觉心有余悸，心神不安，为表示对上天的敬畏，特下诏毁碑：

应元祐及元符末系籍人等，迁谪累年，已定惩戒，可复仕籍，许其自新。朝堂石刻，已令除毁；如外处有奸党石刻，亦令除毁，今后更不许以前事弹纠，常令御史台觉察，违者劾奏。

《续资治通鉴》收录了这段文字。诏书称元祐党人贬谪多年，惩戒已经足够，可以恢复官职，改过自新。并且严令：各地石碑要尽行销毁，今后不得再纠缠老账。还下令御史台经常察访，发现有违者予以弹劾严惩。蔡京之流立《元祐党籍碑》，企图让"奸党"遗臭万年的良苦用心，可惜在当朝便迅即破灭。

诏令下达，朝廷内外、全国各地尽数除毁；神州上下，再难觅《元祐党籍碑》的踪影。十分幸运的是，时光过去了大约八百年，人们在广西境内发现了两块石碑：一为"桂碑"，位于桂林市七星山瑶光峰下的龙隐岩龙隐洞崖壁之上；一为"融碑"，珍藏于广西融水苗族自治县民族博物馆内。

当天下午3点多钟，经过约五个小时的车程，寻访组到达桂林。未及休息，就由桂林宗亲少忠带领，赶赴坐落于桂林七星公园的桂海碑林博物馆。少忠预先约请了博物馆领导、专家陪同观摩并讲解。"桂林山水甲天下"，龙隐岩龙隐洞自古即为

《宋史·徽宗本纪》："崇宁元年九月己亥，籍元祐及元符末宰相文彦博等、侍从苏轼等、余官秦观等、内臣张士良等、武臣王献可等凡百有二十人，御书刻石端礼门。"

文化游览胜地,其天然山岩是寄情山水、摩崖刻石的绝佳之选。自唐以来,历朝历代许多名流政要、骚人墨客在此留下了他们的足迹和墨宝。天长日久,形成"唐宋题名之渊薮,以桂林为甲"之大观,誉满海内,吸引了海内外游人和专家学者来此寻幽探胜。1963年,桂林于石刻最为集中的龙隐岩建立桂海碑林,1984年成立桂海碑林博物馆,保存由唐至民国珍贵摩崖石刻二百一十余品,2001年6月被列为全国重点文物保护单位。

穿过桂海碑林仿唐宋风格的门厅,沿园内石径一路走去,环顾绿荫掩映的山崖石壁,渐渐为浓厚的石刻文化氛围所感染。龙隐岩气势壮观,龙隐洞开口很大,往后渐次收缩,仿佛一个大喇叭口,形成一面巨大而平滑的斜面,确为摩崖刻石的绝佳之选。整个崖面"摩崖殆遍,壁无完石",其强烈的视觉冲击力令人震撼。洞内正在进行维修,钢管搭成的脚手架并未影响我们的视线。

《元祐党籍碑》位于正面较为醒目之处,碑距地丈余,高197厘米,宽147厘米。碑额"元祐党籍"四字为蔡京手迹。碑文由三个部分组成,虽较模糊,但仍可辨识。第一部分为《序》,落款为"司空尚书左仆射兼门下侍郎蔡京谨书",据此可以确知,碑文确系出自蔡京之手。第二部分为

◆桂海碑林博物馆

"元祐奸党"姓名共三百零九人,秦观名列余官之首。众人虽立于平地,但"余官秦观"字样仍看得较为清楚。秦观名后有一"故"字,表明已故世之意。第三部分为《跋》,概述了"桂碑"的由来。在徽宗下诏毁《元祐党籍碑》后的九十三年,即南宋庆元四年(1198),曾任左丞的元祐党人梁焘之曾孙梁律任桂林府钤辖。此前六十余年,宋高宗已经为元祐党人平反昭雪。梁律深以先祖为荣,为申辩功过,明辨是非,以使元祐党人名垂千古,请好友静江(今广西壮族自治区桂林市)府司理饶祖尧题《跋》,连同蔡京原书碑文,一道摩崖刻石于龙隐洞内,于是便有了我们眼前所见之"桂碑"。

《元祐党籍碑》左下方,有康有为撰《观元祐党人碑题记》碑刻。1894年某日,康有为与桂林几位名士策马来到龙隐岩。驻足《元祐党籍碑》前,想到"戊戌变法"失败后处于危亡之中的国家和自己的处境,百感交集,提笔撰写了这篇《题记》。其文辞简洁,观点鲜明,指出"党人"流芳后世,而攻击党人者则为后世所不齿。《元祐党籍碑》的右手位置,是明

◆ "桂碑"

代万历年间罗作读《元祐党籍碑》的诗刻。诗句"岩石坚刚胜竹帛",肯定岩石的坚刚远胜于书写历史的竹帛,"贤良自是留芳远,追贬徒劳奸佞谋"。碑上的贤臣必定流芳千古,而奸佞们贬损贤臣的图谋只

《宋史·蔡京传》:"时元祐群臣贬窜死徙略尽,京犹未惬意,命等其罪状,首以司马光,目曰奸党,刻石文德殿门,又自书为大碑,遍班郡国。"

◆ 龙隐岩龙隐洞

能是枉费心机。

　　大家一边听博物馆专家讲解,一边仔细瞻仰观摩。馆内荟萃了唐宋以来名家的摩崖精品,著名的有唐《张浚刘崇龟杜鹃花唱和诗》,宋《石曼卿饯叶道卿题名》为现今所见石曼卿唯一书法真迹,还有宋《狄青平蛮三将题名》《米芾程节赠答诗》《龙图梅公瘴说》等。《元祐党籍碑》作为国内幸存的反映宋代"元祐党争"的实物资料,自然成了桂海碑林博物馆的镇馆之宝。

　　出龙隐洞,一行人浏览了新建的碑阁"拓园",观赏了园内集中陈列的市内迁移或复制的散碑,以及"桂林石刻拓片精品展",欣赏到了一批有较高历史和艺术价值的名碑和拓本。

　　在桂林期间,寻访组还与宗亲少忠、慕曦等进行了广泛交流,游览了象鼻山公园和"两江四湖"景区。当年,少游贬谪途中经过桂林,很难尽情游览桂林的山水名胜。南宋初朱弁诗话《曲洧旧闻》载有一个掌故:说桂州(桂林)当地一个举子参加省试不第,听说少游被贬南迁之事,感慨万千,题诗于秦城铺壁上:

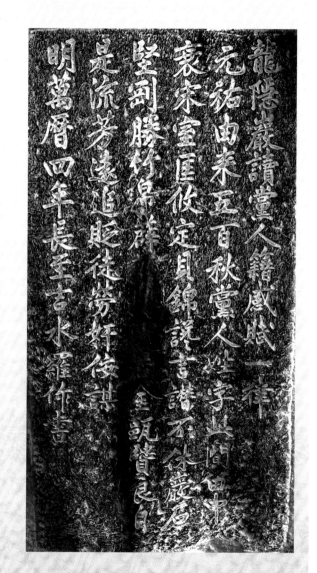

◆ 罗作读《元祐党籍碑》诗

◆ "融碑"拓片

我为无名抵死求,有名为累子还忧。

南来处处佳山水,随分归休得自由。

举子自云为得功名,抵死以求,这正是少游入仕之前的状况。可是现在看看金榜题名后的少游,结局还不是一贬再贬吗?于是举子自我安慰说:不如顺其自然,徜徉南方秀美的山水,以获得身心自由吧!少游读诗后涕泪雨下,所谓"男儿有泪不轻弹",此诗触及了少游的伤心之处:如今即使想放弃功名,获得一个自由自在身,也难以实现,怎不叫人痛心疾首、悔之晚矣!

至于掌故中提到的"桂州秦城铺"今在何处,众人皆难以确指。史籍中能够找到的相关史料是:秦统一后,为征伐岭南,从秦始皇二十八年至三十三年(前219—前214),征集五十万兵员开凿中国历史上第一条人工运河——灵渠。部队一方面要与岭南越人作战,一方面要进行紧张的施工,营地就在工地附近。据说为了使军队安心作战、施工,秦始皇从北方派来了数万女子,与这些兵士们婚配。他们的营地后来扩展成了"秦城",就是桂林最早的城池,遗迹位于兴安县城西南约25公里处大溶江与灵渠汇合的三角洲上。近年，兴安县已经打造成功"秦城水街"景区，展示秦汉建筑文化、灵渠历史文化和岭南市井风俗等，为国家4A级景区。然而，真正的秦城魏晋时期已经荒废，那么北宋时期秦少游经过的秦城铺，到底是位于秦城遗址的一个铺子，还是桂林城区一个叫"秦城铺"的地名，这还有待足够的史料佐证和进一步的实地寻访。

24日上午，寻访组由诸葛进陪同，驾车前往柳州市融水苗族自治县，去实地寻访"融碑"。诸葛先生是桂林秦氏的外甥，其驾驶技术娴熟。导航显示，桂林至融水县距离约为165公里。但是多为盘山公路，且多处路况复杂或正在修路，行程艰难。上午7：30出发，近中午12点，越野车经过约五个小时的颠簸，方到达融县城区。顾不上吃饭，在融水县委办副主任、接待办主任张庆华陪同下，寻访组直接驱车去民族博物馆。

在博物馆宽敞的展厅中间位置，有一巨大的玻璃展柜，《元祐党籍碑》静静地斜躺其中。大家一边围绕展柜细细观赏，一边听馆长石磊讲解。他饶有兴致地谈起了"融碑"的发现过程，谈及当年少游三十五世孙秦伯益将军来访，并与寻访组愉快合影。他介绍说，这块碑是国宝级文物，融水博物馆的镇馆之宝。他还表示，秦观后裔寻访党籍碑之举很有意义，对于家族历史的研究，对于宋史特别是宋代"元祐党争"的研究，以致形成《党籍碑》文化，皆大有裨益。

"融碑"高154厘米，宽82厘米。碑分四层，一层为碑额《元祐党籍碑》，比"桂碑"多一个"碑"字。二层为碑序，三层为"党人"姓名，与"桂碑"同。四层为重刻题《跋》。碑刻于南宋嘉定四年（1211），晚于"桂碑"十三年。名列"元祐奸党"之中的沈千，其曾孙沈瞱任融水知军时，深感其先祖姓名能与司马光、苏轼这些名流大家同列于一块石碑之上，乃是一件十分荣幸之事，不能因碑毁而就此湮灭。于是取出家藏拓本，请名家重新刊刻立碑，置于真仙岩老君洞内，希望流传后世，光宗耀祖。该碑在20世纪发现之前，一直置于洞内，较少风吹日晒、自然风化，故字迹十分清晰。所憾者碑身的下方有一条横贯的斜缝，是被人为砸断的痕

◆ 老君洞局部

迹，虽修复得很仔细，但依然看得十分清楚。

"融碑"藏身的真仙岩老君洞，这个充满神秘感的洞名引起了我们浓厚的兴趣。离开博物馆，立即赶往真仙岩，希望能一探究竟。置身洞中，寻访组深感当年沈晖将重刻的党籍碑置于其中绝非偶然。老君洞本是道家圣地，山清水秀，景致幽深，洞内有司马光等历代名流以及许多道家经典的摩岩石刻。明崇祯十年（1637），著名旅行家、地理学家徐霞客曾来融水，从六月二十五日至七月初七日，有十三天时间憩息于此，对老君洞及周围地理、地势进行考察，《徐霞客游记》中有翔实记载。关于老君洞的得名，《游记》引用洞内摩崖石刻、南宋绍兴七年（1137）融守胡邦用的《真仙岩诗叙》云：传道教始祖老子南游到融岭，对人说：这是洞天之中绝顶优美之处。山石嵯峨，溪流清幽，我不打算再往西行，就隐居在这里了。一天夜里，老子化身为石。徐霞客描绘说：石壁的东南侧，溯溪岸进入洞中幽深闭锁之处，有一巨大的石柱悬在当中，上面如连缀着珠玉宝串和宝石璎珞，下边环列着白象和青牛。老君石天然形成，不经雕琢，酷似老君形象。老君面向石柱安然端坐，须眉俱白。徐霞客对老君石和周围的奇异景象给出了科学的解释，"皆玉乳之所融结"，即由钟乳石溶解凝结而成。

《徐霞客游记》也印证了沈晖置《党籍碑》于老君洞之说。其六月二十七日记云："憩息真仙洞中。有拓碑者，以司道命来拓《党籍碑》。"七月初一日记曰："盖此中无纸，前因司道檄县属僧道携纸来岩拓《元祐党籍》，余转市其连四陆张。拓者为吏所监督，欲候《党籍碑》完，方能为余拓韩忠献大碑，故栖迟以待。"七月初五日再记曰："会拓者以余纸拓《元祐党籍》。"徐霞客日记多次提及《元祐党籍碑》，说明他曾见到了这块碑；在明代，还有许多人知道这块碑的存在，并且经常有人奉命来洞中拓碑。

"融碑"置于老君洞不是偶然，而"融碑"的重新发现确属偶然。"文革"中，当地部队为建战备物资仓库，将洞内上百块碑石清出。据介绍《元祐党籍碑》在被百姓捡去修筑水库时，一镐断成两截。地方有识之士见碑上有字，遂报告当地政府。赶巧郭沫若来访柳州，县政府连夜拓下碑文送呈郭老鉴定。郭老一见大喜，称这是失落多年的国宝级文物，叮嘱当地政府妥为珍藏。地方政府遵嘱将碑修复后珍藏博物馆内至今。

正是看到《党籍碑》和老君洞极高的历史文化价值和旅游发展前景，融水县制订出"真仙岩文化旅游景区"综合开发规划，并已进入实质性开发阶段。景区开发商刘顿顿听说江苏老家来人，特地赶来与寻访组会面，并就该碑的来由和意义等进行探寻和交流。刘总熟悉老君洞历史，对

城市名片

名称：融水苗族自治县（隶属广西壮族自治区柳州市），别称融州、融县。

主要景点：贝江景区、元宝山国家森林公园、真仙岩、老子山、龙女沟农业旅游景区等。

地方特产：糯米柚、"三防香鸭"、元宝山茶叶、重阳笋、重阳酒、香菇、木耳等。

◆真仙岩徐霞客塑像

《元祐党籍碑》也有所了解。他简略介绍了打山水名胜牌、道家文化牌、《元祐党籍碑》牌、徐霞客和历代文化名人牌,倾力打造景区的方案。大家听后颇感欣慰,期待再次来访之时,会看到一个集自然山水和历史文化于一体的新景区。

尾声：情归惠山

无锡市，太湖之滨的一颗明珠；惠山，有着"江南第一山"美誉的名山，成为秦少游最终的归宿之地。

从元符三年（1100），秦少游猝死藤州光华亭，到最终迁葬于无锡惠山二茅峰，其间经历了崎岖而漫长的历程。这一年岁末，其子秦湛扶柩沿江而下，开始了漫长的返乡历程。此时，元祐党禁尚未完全解除，离平反还有较大距离，因而少游灵柩不能获准还乡，只能"藁葬"长沙橘子洲。直到崇宁四年（1105），少游去世后第五个年头的早春，朝廷下诏解除元祐党禁，秦湛方得奉父灵柩归葬广陵（今江苏省扬州市）。一路沿江而下，途经黄州（今湖北省黄冈市），秦湛拜谒了父亲同门师友张耒，张耒特为作文祭奠。船过当

◆ 惠山二茅峰

城市名片

名称：无锡市（江苏省地级市），别称梁溪、金匮、雲泽等。

位置：江苏省南部，长江三角洲平原腹地。

主要景点：太湖、鼋头渚、惠山、梅园、无锡中视影视基地、灵山胜境、长广溪国家湿地公园、锡惠公园、荡口古镇祠堂群等。

地方特产：酱排骨、油面筋、惠山泥人、阳山水蜜桃、太湖"三白"等。

◆ 惠山秦观墓坊

涂（今安徽省当涂县），少游好友李之仪闻讯，在江边迎候，哭祭少游灵柩于江上。一路激流险滩、风险涛恶，终于结束了五年的漂泊，归葬于"扬州西山蜀岗以南，祖茔之旁"。

北宋政和年间，秦湛任常州通判、宣教郎。他选择在武进的新塘乡居住，并改村名为秦村，秦湛因此成为常州秦氏一脉的始迁祖，族人尊称处度公。秦湛喜爱江南的秀山丽水，将父亲灵柩从广陵迁葬至无锡惠山，与夫人徐文美合殡。《秦谱》云："旧谱止云政和间迁葬，不注何年，今不敢妄定。"政和为北宋徽宗年号，从政和元年至七年（1111—1117），迁葬应在此七年之间。

少游灵柩迁葬无锡，而且是从祖茔迁出，无疑这是一个重大举动，其原因何在？倘若没有充分且必要的理由，秦湛是断然不会轻率为之的。《秦谱》对此采取了存疑的态度，只提出疑问，而没有给出答案。后人一般认为，一则是秦湛喜爱江南惠山的山水林泉之胜，二则与自己为官、居住之地靠近，便于瞻仰祭祀。亦有研究者提出另一假想：迁葬惠山是少游生前愿望，秦湛此举只是了却了父亲的一桩夙愿，其缘由还要追溯到此前的元丰二年（1079）。

这一年四月，秦少游赴会稽探望祖父承议公和叔父秦定。恰好苏东坡自徐州移知湖州，途经高邮。少游及参寥子法师同乘东坡官船南下。三人一路游览名胜，诗词唱和。经无锡，同游惠山。惠山坐落于无锡西郊，相传西域高僧慧照曾来此研习佛法。他佛学造诣精湛，喜好结交文人雅士，名盛一时。慧、惠相通，惠山由此得名。苏东坡是惠山的常客，地方史志记载了他许多名篇佳作和逸闻趣事。惠山寺至今留存有苏东坡《惠山谒钱道人，烹小龙团，登绝顶望太湖》的诗碑，诗句"石路萦回九龙脊，水光翻动五湖天"，气势磅礴，读之令人荡气回肠。而他与惠山寺住持慧能法师交往，留下一副妙趣横生的对联"坐、请坐、请上座；茶、敬茶、敬香茶"，更是在民间广为流传。

与少游等人游惠山，东坡当仁不让地做起了向导。此次游惠山的重头戏是欣赏唐人王武陵等三位处士留下的诗作。王武陵字晦伯，唐代诗人，曾于唐贞元四年（788）八月与窦群、朱宿同游惠山，赋诗以记其事。惠山素以名山胜泉著称，山形奇丽，西面临水，林石幽深秀丽，让人如临神仙之境，忘却尘世烦恼。东坡等爱唐人诗"其语清简，萧然有出尘之姿"，于是追用其语，三人各和诗三首。

年轻时候的秦少游希望自己的才华能为世所用，建功立业，报效国家；然其命运多舛，仕途坎坷，一生常常在用世、出世之间徘徊。在遭受挫折之时，往往借助佛老，寻求解脱。在游惠山前一年，他首次赴京赶考受挫，已届而立之年的他难免产生出世念头。游惠山览唐处士诗，触景而生情。惠山的清幽之景令少游一见而倾心，而唐人诗中"旷然出尘境"的情绪更触动了他的心弦。《同子瞻赋游惠山》三首其一有诗句："俯仰佳览眺，悠哉身世忘。"置身惠山清幽之境，超然出世之感悠悠然而生。其二这种情感又深化了一步：

洞天不知老，金界无栖尘。
缅彼人间世，乌蟾阅青旻。
讵得踵三隐，山阿相与邻？

俯仰于惠山之中，少游有了一种"洞天不知老"的感觉，对恍如人间仙境的惠山产生了眷恋之情，表达出希望能追随三位先贤的足迹，隐居惠山，与山水林木为伴的心迹。然而他又怀疑：这样的愿望能够实现吗？幸运的是：他的儿子秦湛也是一位很有才华的诗人，他读懂了父亲题咏惠山诗歌中的潜台词，读出了父亲对惠山的眷恋之情。而到无锡附近的常州任职，又为实现父亲的这个遗愿提供了可能。于是他精心选择了惠山这片风水宝地，将父亲的遗愿变成了现实。

少游迁葬惠山，历朝都有文人墨客题咏。《秦谱》收录了宋张理《秦太虚墓》，诗云：

九峰朝暮云，摇落少游坟。
野蔓碑全没，晴庵磬亦闻。
洞偏泉路细，松折鹤巢分。

《秦谱》："案：崇宁四年已归葬广陵矣，今岂从广陵迁葬于此耶？"

◆ 诰命碑亭

高视太湖近，雪涛鸥起群。诗歌描写墓地背倚苍山，俯瞰太湖，松林间仙鹤起舞，浪涛里湖鸥翻飞。安葬于如此景物绝佳之地，少游那颗饱受伤害、摧残的心灵，大约能够得到稍许慰藉吧？

在对惠山少游墓地实地寻访之前，寻访组对墓地所蕴含的沧桑历史做了较为翔实的考证。《锡山志》记载："其墓有诰命碑记，岁久湮没，今仅存'龙图墓'三字碑，以识其处云。"迁墓之初，尚没有诰命碑和龙图墓碑，张理诗题《秦太虚墓》可佐证。大约十五年以后，即建炎四年（1130），南宋第一位皇帝高宗下诏彻底平反，并追赠"苏门四学士"秦观、黄庭坚、张耒、晁补之直龙图阁。诏书文字也就是诰命碑的内容：

敕故宣德郎秦观等，自熙宁大臣用事变法，始以异同排斥士大夫。维我神祖念之不忘，元丰之末，稍稍收召；接于元祐英俊盈朝，而尔四人以文采风流为一时冠，学者欣慕之，及继述之论起，党籍之禁行，而尔四人每为罪首，则学者以其言为讳。自是以来,缙绅道丧,纲纪日隳。驯至宣和之乱,言之可为痛心。肆朕纂承,既从昭洗,今尔四人,复加褒赠,斯足以见朕志矣。呜呼,西清之游,书殿之选,唯尔曹为称。使生而得用,能尽其才,亦何止于是欤?举以追命,聊申贵志之恨;亦以少慰天下士大夫之心。英爽不亡,歆此休显。

这是一次迟到的平反,距少游去世已经有三十年。诏书开篇以"故宣德郎秦观等"代指"苏门四学士",这是一个值得注意的细节。文中称赞四学士"文采风流",在人才济济的元祐年间能够脱颖而出,却因党争获罪,令人痛心,对四人生而不能尽其才表示了惋惜。追赠直龙图阁,级别虽高于"左宣德郎",而实质只是一种附加的职务,只增加荣显,厚重身份,表示皇帝给予的恩宠。但这毕竟可以视作少游的最高职务,因此,少游后人尊称先祖为"秦龙图",在墓前立"龙图墓"碑,在墓边建亭立诰命碑。

南宋戴溪《重修淮海先生祠堂记》载:"墓故有亭,刻建炎四年追赠龙图阁敕,并山谷送秦少游诗,置之亭中。"戴溪还记载了其后的一段曲折:墓、亭建成后,由于一段时期秦氏族人"仕不显,诸孤贫窭",没有做大官之人,家境较为贫寒,墓地四周土地曾被富豪侵占,亭亦被毁。黄庭坚诗石被好事者占为己有,诰命碑废弃于荒草丛中。直到南宋开禧年间,一位颇具文化品位的官员应纯之来无锡任职,他敬仰秦少游才华和人格,亲访墓址遗迹,追还墓地周边土地,并筹资重建碑亭,立诰命碑,追回黄庭坚诗石,使祭祀得以延续。

《无锡陡门秦氏宗谱》载:明洪武年间,陡门始迁祖继陵公在"荒榛野蔓间"寻得先祖墓,但史籍中所载"亭宇碑石,无有存者"。于是祭拜于墓下,重新"勒石以表志之"。明正德四年(1509),无锡人氏、著名学者、曾任礼部尚书的邵宝亲撰《秦淮海先生祠记》,记载了少游十九世孙秦锐重修墓地、兴建秦淮海先生祠堂的史实。此后,龙图墓、淮海先生祠屡有兴废。一直到清嘉庆年间,少游迁葬无锡七百年后,少游二十八世孙秦瀛有感于历代墓、祠的兴废,担心"万一年代久远,墓更湮没",作《先淮海公墓考》,确认

邵宝《秦淮海先生祠记》:"淮海先生祠堂者,先生十九世孙锐之所建也。"

墓址在惠山而不是璨山。不仅如此，秦瀛还重修了墓和祠堂：

> 爰于惠山去墓仅半里许之祖师殿，选屋櫻三楹，蠲资整葺，刻淮海、少章、少仪三公像暨建炎四年诰勒石，而陷诸壁，为淮海公祠。盖自公葬无锡，迄今七百年矣。

重建的淮海公祠在原规制基础上有所扩充，名称也由原来的秦淮海先生祠改为淮海公祠。秦瀛请名家刻少游兄弟三人像，以及建炎四年（1130）诏书，嵌于祠壁之上。原来的"龙图墓"碑散佚，秦瀛重刻"秦龙图墓"墓碑一块立于墓前。此后，关于秦龙图墓和淮海公祠鲜有记载，墓和祠倾圮、荒废。

早在我们这次追寻先祖足迹的行程之前，20世纪70年代末80年代初，秦少游三十三世孙、《华尔街日报》驻北京记者秦家骢先生就开始了他的寻根历程。1981年秋，他与姐姐家懿、姐夫韦尔·奥克斯托比来到无锡。在当地旅行社一位吴先生的陪同下，从无锡博物馆了解到先祖墓冢在惠山二茅峰下，开始了艰难的寻根之旅。

那时，惠山尚未开发，许多地方几乎无路可走。他们攀陡坡、穿竹林、跨沟坎，脚下多是松动的石头和沙砾，可谓举步维艰。虽几经曲折，仍未能如愿。时隔一年，家骢在大哥家驹陪同下，再次来到惠山，攀上山势陡峭的头茅峰，在一位七十多岁售货员的热心帮助下，从头茅峰下到山谷，再爬上二茅峰，在半山腰一个电视中继站附近，发现一圈堆砌的石块，中间矗立着一方石碑。他们小心翼翼拨开荆棘藤蔓，看到墓碑虽饱经风雨侵蚀，左上角已有缺损，然上面阴刻"秦龙图墓"四个大字仍清晰可辨。显然，这就是乾隆年间秦瀛重刻之墓碑。终于找到了！大家依次站在墓碑后拍照，留下了这一难忘的镜头。之后，宗亲伯益、宝庭等也先后攀登惠山，拜谒"秦龙图墓"，宝庭作《秦龙图墓墓址考》，伯益作《怀祖情结》文。

秦龙图墓的发现一经媒体报道，立刻引起了广泛的重视。在无锡宗亲和各方的努力下，1984年无锡市政府拨专款修缮秦观墓冢，两年后修竣。此后陆续完成周边环境整治，建成山区沥青公路等配套工程。2002年10月，秦龙图墓被列为江苏省第五批省级文物保护单位。2006年，锡山宗亲秦稚麟偕子女拜祭先祖时，见

◆ 秦家骢在秦龙图墓前

◆ 祭祖现场

"山道幽幽,绿树成荫",然"墓道闭塞,罗城荒芜",出资十四万元加以修葺,至2009年2月竣工。如今,"秦观墓"已成为惠山景区一处重要的人文景观。惠山的秀丽景色、一代词宗秦少游的美名,令络绎不绝的市民游客、文人雅士纷纷慕名来此,寄情山水,瞻仰膜拜文坛先贤。

惠山属于浙江天目山由东向西绵延的支脉,最高峰为三茅峰,海拔328米,周围约20平方公里。传舜帝曾躬耕此山,山有九陇,古称九陇山;又因九峰由南北望,宛若九龙,旧称九龙山。九峰之中最著名的是头茅峰、二茅峰和三茅峰。传西汉之时,道教茅山派祖师"三茅真君",即大茅君茅盈、中茅君茅固和三茅君茅衷在此修道,因而得名。

2016年11月19日,寻访组和苏州大学出版社编辑倪浩文等,一道登上惠山二茅峰。山道两边，林木深秀，郁郁苍苍。虽是中午时分，仍是雾气缥缈。路南侧立有"秦观墓"石牌坊，牌坊上所刻的"东南淮海、国士无双"由黄庭坚诗句化出；背面楹联"讵得踵三隐，山阿相与邻"则出自少游诗句。向南下行约六十级石级，是重建的诰命碑亭，碑正面刻建炎四年诰文，背面为黄庭坚《送少章从翰林苏公余杭》诗。

穿过碑亭，远远看见墓碑上"秦龙图墓"四个红色大字，字体端庄古朴。因背倚山崖，在绿树藤蔓映衬下分外醒目。仔细辨认，墓碑左上角有修补的痕迹，很显然就是清嘉庆年间少游裔孙秦瀛所立古碑。墓地周边有块石垒砌的罗城，墙前立有省和无锡市文保单位碑、2008年重修墓记和六块诗碑。

特别引起众人兴趣的是，墓碑后有"团瓢泉"。那是一汪泉水，泉池状如半瓢，上面落叶很多。拨开层层缠绕的藤蔓荆棘，山崖上有三个描红的篆体字："团瓢泉"。宗亲振庭介绍，泉水源于山崖之上，九百多年来从未枯竭。若为晴天朗日，可见太湖旖旎风光。遥望大浮，那边有"大浮秦氏墓群"，现为省级文保单位。墓主秦瀚、秦梁等都是少游后裔。

从墓地上行不远的二茅坪是一片开阔地，虽是阴天，仍是游客如云，大都是徒步登攀而上。商家的触角已经延伸到这里，绿荫之下有凉棚和一排排桌凳，为游客提供饮料和小吃。路北侧的山崖上有一座两层的旧亭，大约就是"沐香阁"吧？前人文章描述，登阁极目远眺，蠡湖、太湖、梁溪美景尽收眼底，令人心旷神怡。

◆ 秦瀛刻碑（局部）

◆ 团瓢泉

然今日雾重,却不能一饱眼福了。

继续上行至三茅峰,山巅之处有"云龙""三吴第一山""东坡题处"等刻石。东行不远,就是三茅峰古庙,又称老君庙。庙门有一副不是楹联的楹联:"江苏最古庙,无锡最高庙。"两句大白话,将这座古庙的地位在时间和空间上予以恰当的定位。三教宝殿上的一副联句,"圣佛仙云集三茅峰、儒释道共技天下春",则简洁地概括了这座古庙的内涵。惠山历史悠久,景色秀美,清乾隆帝对惠山情有独钟,曾感慨:"唯惠山幽雅娴静,江南第一山,非惠山莫属。"遥想北宋末年,秦湛选择此地作为父亲的最终归宿,真打心眼里赞叹他的好眼力。

无锡,秦少游的最终归宿之地,也是秦氏后裔繁衍兴盛的福地。南宋淳祐年间,少游十一世孙秦惟祯从秦湛定居的常州秦村迁居胡埭,成为锡山秦氏始迁祖。无锡秦氏后来成为名扬海内的江南望族,曾有过"辰末连科双鼎甲,高玄接武十词林"的荣耀。

位于惠山东麓的寄畅园(即秦园)始建于明正德年间。少游后裔、曾任五部尚书的秦金告老还乡,颐养天年,以惠山寺"南隐"和"汇寓"两僧舍改建别业,初名"凤谷行窝",后改称寄畅园。清康熙、乾隆二帝南巡,十四次驻跸寄畅园,乾隆曾留下"爱他书史传家学,况有烟霞护圣文"的诗句,并亲笔题写了"孝友传家"匾额。优游园中,由衷赞叹它历史的厚重,历五百年而不改姓,成为秦氏家族的荣耀。更为它炉火纯青的造园艺术而折服,诸如八音涧流泉所创造的山水清音的听觉景趣,巧借锡山、惠山优美风景的视觉情趣等,以有限空间,造无尽意境,成为中国古典园林的杰出典范,成为无锡山水城市的一个重要标志。

出寄畅园,寻访组来到位于无锡市区

秦瀛《先淮海公墓考》:"先淮海公墓,旧县志皆云在璨山,盖本元王仁辅志,今墓在惠山,非璨山。"

崇宁路的"淮海宗祠"旧址。宗祠始建于明正德十四年（1519），位于大河上，是最早奉祀秦少游的专祠。河岸两边人家几乎全是秦姓，20世纪50年代初，河道被填平，改建成无锡市东西向主干道之一的崇宁路。门厅、咏烈堂、享堂、碑廊等，为同治、光绪年间重建。

现在宗祠由"文渊坊"管理，功能尚未恢复，但碑墙上多块古碑仍然令我们精神为之一振。有明正德四年（1509）邵宝亲撰的《秦淮海先生祠记》碑，清嘉庆八年秦瀛摩刻少游公及少仪公、少章公三兄弟像碑，还有明嘉靖、清道光年间古碑三方。特别是少游公三兄弟像线条清晰流畅，栩栩如生，都具有较高的历史价值。

与之毗邻的秦邦宪故居建于光绪末年，是典型的江南水乡民宅。中国共产党早期主要领导人之一、党的新闻事业的奠基人和开拓者秦邦宪（又名博古），少年时期在此居住六年。走进故居，已时近黄昏，室内灯已亮起，仍有三三两两的游客出出进进，在屋舍间、展板前驻足流连。

无锡，如今也是中华秦观宗亲会总部所在地。当年秦少游所钟情的惠山，已成为子孙后辈祭祀先祖、拜谒先贤的胜地。自2006年起，少游后裔多次在此举行祭祀活动，来自全国各地二十五个分支的宗亲代表在此祭拜共同的先祖。近千年来，秦氏家族分枝开叶，繁衍传承，从高邮、从常州、从无锡，少游后裔走出了太多留名史册的人物，留下了太多值得记载的故事。2014年，英国BBC电视台来华拍摄

◆ 寄畅园

◆秦邦宪故居

《中华的故事》，以秦氏祭祀先祖活动为由头，从一个家族近千年的故事，引出一个民族、一个国家的故事，产生了广泛的社会影响。

寻访将要结束之时，忽然记起锡山《秦氏公学校歌》中的一句歌词："淮海家风，世泽绵无穷。"秦少游将他的足迹永远地定格在了惠山之上，而由他开启的"书史传家""孝友传家"的秦氏家风，已经成为秦氏家族乃至中华民族一份珍贵的精神财富，必将世代传承，千古流芳，泽被后世。

◆ 秦淮海祠碑廊

跋

秦家骢先生著述的《秦氏千年史》于1988年出版，促进了无锡秦氏修缮家谱，以及全国宗亲在无锡进行或发起的一系列寻根问祖和文化活动。在纪念少游公诞辰960周年活动之后，经秦钢先生倡导及族人努力，成立了中华秦观宗亲联谊会。联谊会在拓展中持续推进研究和弘扬先祖留下的文化遗产。

近年来，联谊会文化追寻活动丰富。纪念少游公诞辰965周年及逝世915周年系列活动隆重举行；创办"淮海讲坛"打响"秦观文化"品牌；协同英国BBC拍摄六集专题片《中华的故事》，以秦氏家族历史为由头进而追溯中国4000多年的历史与文化；启动"淮海秦氏"谱系工程，建立家谱档案；会刊《秦氏文化研究》编印近百期，得到学术界和社会多方赞扬。同时，包括联谊会在内各方关于少游公及其文化的专著不断，《秦淮海诗词文选》《悲情歌手秦少游》《秦少游诗词文精品》和《淮海清芬》等研究书籍相继出版。近期经族人努力，传承先祖人文内涵代表载体之一的"双孝祠"在惠山祠堂群内易地恢复，使海内少游公后裔又多一处寻根问祖、祭拜祖先的所在，同惠山之上的秦龙图墓相呼应，可谓幸事，影响深远。

我们的文化活动之源来自于先祖少游公，他是北宋杰出的词人、婉约派词宗，是中国历史上一位影响深远的历史文化名人，是秦氏族人心中的一座丰碑。少游公足迹遍及大江南北多个省区的数十个城市，他的一生就是一次漫长而崎岖的文化之旅，所至之处留下了许多优美的作品。众多与少游公生平事迹和作品相关的遗存，已成为当地著名的人文景观和游览胜地，他的形象已经成为有关城市的名片。他的诗词文章是在何种环境下、以怎样的心情写就的，与各地的人文地理、历史文化有怎样的内在联系，今天该如何去还原解读，又该怎样感悟与传承？这些问题一直在引发我们思索，激发起我们重走先祖短暂又坎坷的人生之旅的心愿。

2015年初，我们将上述想法知会并征求宗亲们的意见，秦振庭先生首先赞成并表示将积极参与此举。各地宗亲认为：追寻先祖的足迹，以其行踪为脉络，用图文并茂的方式成书，有助于秦氏后裔和广大读者解读其诗词文章与祖国山川大地、城市乡村的内在联系，加深对其作品思想性、艺术性的理解，更好地了解其坎坷而不平凡的一生；还可为日后寻访秦少游提供一份导游图，为秦少游研究者提供一份重要的第一手参考资料。从弘扬中华优秀传统文化的角度说，对于传承、弘扬秦少游这位历史文化名人留下的珍贵文化遗产，又开辟了一条新的路径。无疑，这是一项功德无量的文化工程。

为此，由宗亲会牵头组成寻访小组。聘请少游公故里的许伟忠先生担任本书的总撰稿人。他是研究秦少游的专家，治学严谨，出版、发表有研究专著和学术论文。他不计个人得失，任劳任怨，全身心投入。秦保昕、许伟忠、秦振庭先生参与了寻访的全过程，秦志伟、秦瑞山、秦长萌、秦炜立以及摄影师杨建明、张延会和毛雅萍先后参与寻访。寻访组认真制订计划，研定方案。从2015年6月至2016年11月，依据《秦氏宗谱》《淮海先生年谱》及少游公著述中提及的信息，有时公共交通，有时自行驾车，行程4万多公里，寻访苏皖豫浙赣桂湘粤8个省、自治区的40多个城市。对少游公走过的地区及其生活和作品涉及的景观遗迹进行实地寻访，拍摄图片。

秦伯益先生曾游历祖国各地，寻访过与少游公相关的多处景观遗迹，他的建议使我们少走弯路。中华秦观宗亲联谊会名誉会长秦新华女士给予了大力支持，并指示要尽心、尽快、扎实、安全地搞好寻访。秦俊康先生首先捐出5000元，作为此次工程的启动资金。寻访开始前，中共高邮市委宣传部就给予了热情的支持和帮助，相关寻访目的地的宣传、文化、文保等部门热情接待了寻访组，广西横县博物馆、浙江丽水市博物馆、青田县文管办、湖南祁阳县文广新局等向寻访组提供了相关资料，在此谨致谢忱。寻访组所经之处，得到了各地宗亲的极大支持和帮助，他们或提供信息，或陪同踏寻，或协助安排行程。如在湖南时，正住院的秦术泉先生和出访美国的秦保国先生悉心帮助排线路、定行程，让寻访组常常有一种"走亲戚"的亲切感，并屡屡为"血浓于水"的亲情所感动。因人员众多，书稿行文中亦有记述，不再一一列举。在此谨表深挚谢意！

在撰写书稿过程中，曾参阅海内外诸贤的论著、文献和图片等资料，并深受启迪，在此一并鸣谢！

由于水平限制和时间安排等主客观因素，我们的寻访有时还不够实不够细，书中难免会有这样那样的疏漏和错误，敬请专家学者、有识之士和各地宗亲批评指正。

秦保昕　秦志伟